北大中文文库

魏建功文选

魏建功 著/ 严绍璗 张渭毅 编选

北京大学出版社
PEKING UNIVERSITY PRESS

图书在版编目(CIP)数据

魏建功文选/魏建功著;严绍璗,张渭毅编选.—北京:北京大学出版社,2010.10

(北大中文文库)

ISBN 978-7-301-17689-4

Ⅰ.魏… Ⅱ.①魏…②严…③张… Ⅲ.汉语—语言学—文集 Ⅳ.①H1—53 ②H2—53

中国版本图书馆 CIP 数据核字(2010)第 164694 号

书　　名:魏建功文选

著作责任者:魏建功 著　严绍璗　张渭毅 编选

责 任 编 辑:张弘泓

标 准 书 号:ISBN 978-7-301-17689-4/G·2936

出 版 发 行:北京大学出版社

地　　址:北京市海淀区成府路 205 号　100871

网　　址:http://www.pup.cn

电 子 邮 箱:zpup@pup.pku.edu.cn

电　　话:邮购部 62752015　发行部 62750672　编辑部 62753334
出版部 62754962

印　刷　者:三河市北燕印装有限公司

经　销　者:新华书店

650 毫米×980 毫米　16 开本　20 印张　330 千字

2010 年 10 月第 1 版　2010 年 10 月第 1 次印刷

定　　价:36.00 元

目　录

那些日渐清晰的足迹(代序)

随着时光流逝，前辈们渐行渐远，其足迹本该日渐模糊才是；可实际上并非如此。因为有心人的不断追忆与阐释，加上学术史眼光的烛照，那些上下求索、坚定前行的身影与足迹，不但没有泯灭，反而变得日渐清晰。

为什么？道理很简单，距离太近，难辨清浊与高低；大风扬尘，剩下来的，方才是“真金子”。今日活跃在舞台中心的，二十年后、五十年后、一百年后，是否还能常被学界记忆，很难说。作为读者，或许眼前浮云太厚，遮蔽了你我的视线；或许观察角度不对，限制了你我的眼光。借用鲁迅的话，“伟大也要有人懂”。就像今天学界纷纷传诵王国维、陈寅恪，二十年前可不是这样。在这个意义上，时间是最好的裁判，不管多厚的油彩，总会有剥落的时候，那时，什么是“生命之真”，何者为学术史上的“关键时刻”，方才一目了然。

当然，这里有个前提，那就是，对于那些曾经作出若干贡献的先行者，后人须保有足够的敬意与同情。十五年前，我写《与学者结缘》，提及“并非每个文人都经得起‘阅读’，学者自然也不例外。在觅到一本绝妙好书的同时，遭遇值得再三品味的学者，实在是一种幸运”。所谓“结缘”，除了讨论学理是非，更希望兼及人格魅力。在我看来，与第一流学者——尤其是有思想家气质的学者“结缘”，是一种提高自己趣味与境界的“捷径”。举例来说，从事现代文学或现代思想研究的，多愿意与鲁迅“结缘”，就因其有助于心灵的净化与精神的提升。

对于学生来说，与第一流学者的“结缘”是在课堂。他们直接面对、且日后追怀不已的，并非那些枯燥无味的“课程表”，而是曾生气勃勃地活跃在讲台上的教授们——20 世纪中国的“大历史”、此时此地的“小环境”，讲授者个人的学识与才情，与作为听众的学生们共同酿造了诸多充满灵气、变化莫测、让后世读者追怀不已的“文学课堂”。

如此说来,后人论及某某教授,只谈“学问”大小,而不关心其“教学”好坏,这其实是偏颇的。没有录音录像设备,所谓北大课堂上黄侃如何狂放,黄节怎么深沉,还有鲁迅的借题发挥等,所有这些,都只能借助当事人或旁观者的“言说”。即便穷尽所有存世史料,也无法完整地“重建现场”;但搜集、稽考并解读这些零星史料,还是有助于我们“进入历史”。

时人谈论大学,喜欢引梅贻琦半个多世纪前的名言:“所谓大学者,非谓有大楼之谓也,有大师之谓也。”何为大师,除了学问渊深,还有人格魅力。记得鲁迅《关于太炎先生二三事》中有这么一句话:“先生的音容笑貌,还在目前,而所讲的《说文解字》,却一句也不记得了。”其实,对于很多老学生来说,走出校门,让你获益无穷、一辈子无法忘怀的,不是具体的专业知识,而是教授们的言谈举止,即所谓“先生的音容笑貌”是也。在我看来,那些课堂内外的朗朗笑声,那些师生间真诚的精神对话,才是最最要紧的。

除了井然有序、正襟危坐的“学术史”,那些隽永的学人“侧影”与学界“闲话”,同样值得珍惜。前者见其学养,后者显出精神,长短厚薄间,互相呼应,方能显示百年老系的“英雄本色”。老北大的中国文学门(系),有灿若繁星的名教授,若姚永朴、黄节、鲁迅、刘师培、吴梅、周作人、黄侃、钱玄同、沈兼士、刘文典、杨振声、胡适、刘半农、废名、孙楷第、罗常培、俞平伯、罗庸、唐兰、沈从文等(按生年排列,下同),这回就不说了,因其业绩广为人知;需要表彰的,是 1952 年院系调整后,长期执教于北大中文系的诸多先生。因为,正是他们的努力,奠定了今日北大中文系的根基。

有鉴于此,我们将推出“北大中文文库”,选择二十位已去世的北大中文系名教授(游国恩、杨晦、王力、魏建功、袁家骅、岑麒祥、浦江清、吴组缃、林庚、高名凯、季镇淮、王瑶、周祖谟、阴法鲁、朱德熙、林焘、陈贻焮、徐通锵、金开诚、褚斌杰),为其编纂适合于大学生/研究生阅读的“文选”,让其与年轻一辈展开持久且深入的“对话”。此外,还将刊行《我们的师长》、《我们的学友》、《我们的五院》、《我们的青春》、《我们的园地》、《我们的诗文》等散文随笔集，献给北大中文系百年庆典。也就是说，除了著述，还有课堂；除了教授，还有学生；除了学问，还有心情；除了大师之登高一呼，还有同事之配合默契；除了风和日丽时之引吭高歌，还有风雨如晦时的相濡以沫——这才是值得我们永远追怀的“大学生活”。

没错，学问乃天下之公器，可有了“师承”，有了“同窗之谊”，阅读传世佳作，以及这些书籍背后透露出来的或灿烂或惨淡的人生，则另有一番滋味在心头。正因此，长久凝视着百年间那些歪歪斜斜、时深时浅，但却永远向前的前辈们的足迹，有一种说不出的感动。

作为弟子、作为后学、作为读者，有机会与曾在北大中文系传道授业解惑的诸多先贤们“结缘”，实在幸福。

陈平原

2010 年 3 月 5 日于京西圆明园花园

前　言

魏建功先生(1901—1980)是我国20世纪杰出的人文学家,是在"五四"文化运动精神中在北京大学成长起来的超越"世纪"影响的一代学人之一。

魏建功先生以自己毕生的真诚与勤奋、智慧与热情,在20世纪中国文化的伟大的进程中,几经磨难,造就了自己的人品和杰出的学术。当我们今天来阅读和品味这位老人的精神遗产的时候,我们不仅仅要领会他的学术的精萃,透过这位老人一生的经历,更应该体验到他与时代的博动、文明的跃进息息相通的人格精神。1996年3月,时已90高寿的我国杰出的语言学家周有光先生在为《魏建功文集》而作的《序文》中,开首和结尾有如下的表述:"魏建功先生是我的师辈,他是我心目中最值得崇敬的学者和语文改革家。不仅我如此崇敬他,我的许多同辈也如此崇敬他,因为他是一位始终坚持"五四"精神的伟大学者。……我从他的言行中看到了一个真正革命家的品格。"①

魏建功先生1901年出生于江苏如皋,1919年18岁时进入北京大学英文预科,1921年20岁时进入北京大学国学门(中文系前身),受业于钱玄同、沈兼士、沈尹默、马裕藻诸位名师,并受陈独秀先生推进社会改革思想影响甚深,1923年在"五四"精神的直接感召下,22岁的魏先生在北大加入中国共产党。在专业研究之余,积极参与创造新文化、创造新中国的社会活动,他于学生社团,例如"戏剧社"的演出、"民间歌谣"的收集等等,尤为热心。1925年中国爆发"五卅运动",魏建功先生为抵制帝国主义文化侵略,与朋友一起创立"黎明中学",同年8月,鲁迅因为女师大学潮而被北洋政府免职,魏先生专程到鲁迅宅第拜访,诚

---

① 《古音系研究·周有光序》,《魏建功文集》第一卷,江苏教育出版社2001年。

邀鲁迅到黎明中学任教，对逆境中的鲁迅给予全力支持。1926 年鲁迅到厦门大学任教，委托魏建功先生为他的《唐宋传奇集》进行校对。鲁迅在信中特别致谢说："给我校对过的《太平广记》都收到齐了，这样的热天做这样麻烦的事，实在不胜感谢。……"后来在《唐宋传奇集》的《序例》中又再次点名致谢。1925 年 1 月大学毕业前，业师钱玄同、黎锦熙先生创办《国语周刊》，邀约魏建功参与编辑，一个北大文科的学生成为了该刊的主要撰稿人之一。1926 年，魏建功先生在北大国学门毕业，留任为北京大学教师，开始了他以北京大学中文系作为基本的学术基地而进行的多层面的学术活动。1928 年，国民政府教育部建立教育部国语统一筹委会，魏建功时年 27 岁，在音韵学研究中始露头角，与蔡元培、钱玄同、黎锦熙、胡适、刘复、周作人、赵元任、林语堂、钱稻孙、马裕藻等学界名人同为该筹委会委员，并被推举为该会常委，负责编审《国语旬刊》，由此而奠定了他此后从事推广"国语"的基础。1935 年，34 岁的魏建功先生出版《古音系研究》一书，在音韵学研究中具有划时代的意义，被后世评价为"从传统音韵学通向近代音韵学的桥梁"[①]。据说，当时的北京大学中文系有三门被称为最有特色的"概要"课程，此即胡适先生的"中国文学史概要"、沈兼士先生的"文字学概要"和魏建功先生的"声韵学概要"。抗战爆发，魏先生奔走于西南联大与内地各大学之间，对于处于困厄中的陈独秀先生竭尽全力予以帮助，并在陈先生作古后筹划《独秀文存》的编刊，为保存中国新文化运动巨匠之文粹，功劳至高。1945 年，抗战胜利，台湾光复，魏建功先生受当时国民政府之委派，任职台湾省国语推行委员会主任，与同道何容先生等一起，在被日本军国主义殖民 50 年之久的台湾全省，特别是在中小学教育中，强制取消日本语，限制闽南语，推行"国语"，其彪炳业绩，惠泽今日。魏建功先生同时参加取缔"日本台北帝国大学"，参与创建"国立台湾大学"，出任台湾大学中文系首届主任。1948 年年底，在华北战场隆隆的炮声中，魏先生以迎接新中国诞生的满腔热情，再次越过台湾海峡，返

① 此为 1956 年中国科学院对授予魏建功先生为"哲学社会科学学部委员"的评语。材料见北京大学保存的"魏建功档案"。

回北京大学。1949年3月，魏建功先生奉命出任当时刚刚解放尚在恢复中的北京大学中文系系主任。不久受命任职"新华辞书社"主任，主编惠泽普世的《新华字典》，同时兼任北大中文系教授。1956年成为中国科学院哲学社会科学学部学部委员。1959年在高等教育部和北京大学支持下，出面组建"北大古典文献专业"，设置于中国语言文学系。1962年出任北京大学副校长。魏建功先生是20世纪中国主要的民主党派——"九三"学社的主要创始人之一、全国人民代表大会第三、四届代表。1973年末至1976年秋季，由当时的中共中央主要负责人指派，担任"梁效大批判组"顾问。魏建功先生以自己一生对民族和国家的忠诚，光明磊落的胸怀，不倦的努力与奋斗，历经磨难，在自己钟情的学科诸领域内树立了一代风范，创造了不仅属于当时而且也是属于未来的杰出的业绩。他的学术属于中国和世界，他的磨难属于时代。

魏先生一生撰著有500余万字的著作存于世上，并有篆刻墨宝上百件光耀艺苑。2001年7月，魏建功先生百岁寿辰之时，江苏教育出版社刊出《魏建功文集》五卷，约计250万余字。此《文选》由北大中文系古典文献专业首届学生、严绍璗的同窗吴永坤先生主其事。此次北大中文系百年华诞，编辑20位学术巨匠之《文选》，然永坤学兄不幸已驾鹤西去，绍璗虽为不肖门生，但深感责无旁贷，故简陋上场，邀约学弟张渭毅，努力为之。然从500余万字中选择近30万字表现先生学术之业绩，万般思索，难解其惑，勉力为之，条分缕析，试图从音韵学研究、文字学研究、文学研究、民俗学研究、在台湾推行"国语"的理论与实践研究、人物志(人文学术史研究)和大学语文教学研究凡七个组类，选取近30万字，聊为蜻蜓点水，希望能够借此展示其凤毛麟角。

《文选》第一组是魏先生的"音韵学研究"业绩。

音韵学是魏先生学术生涯中用力最勤、著述最丰和成就最大的研究领域，他发表了论文41篇，有专著8部(其中2部与他人合著，3部生前公开出版，5部生前未公开出版，收入《魏建功文集》)，共计400余万字，内容翔实，研究范围广泛，涉及汉语语音史、音韵学方法论、上古音、《切韵》系韵书和韵书史、中古音、近代音、国音研究、方音学、中国音韵学史和对音研究等多个方面。限于篇幅，本《文选》仅选录并导读其中较具代表性的论文三篇[①]:(1)《研究古音系的条件》(节选),(2)《论〈切韵〉系的韵书》(即《〈十韵汇编〉序》),(3)《张洵如〈北平音系十三辙〉序》。力图初步展示魏先生深厚的学术功力、卓越的学术创见和鲜明的学术特色。

《古音系研究》成书于1934年除夕,1935年由北京大学出版组出版。1996年中华书局重排重印此书,2001年收入江苏教育出版社出版的《魏建功文集》第一卷。全书分前序、正文、附录和后序四个部分。本书不仅是魏先生的音韵学代表作,也是集中体现20世纪二三十年代中国音韵学成长历程的高水平的代表作。它的问世,奠定了魏先生在音韵学界和中国语言学界的地位,20世纪30年代末日本桥川时雄编著的《中国文化界人物总鉴》就收了魏先生的条目。本《文选》选录了第五章《研究古音系的条件》以窥斑知豹。在导读本章之前,有必要阐述贯穿于全书各个章节的三个特点,即时代性、独创性和和建设性。

(1)时代性。上个世纪二三十年代,以瑞典汉学家高本汉为代表的一班国外学者,将历史比较法和内部拟测法引进汉语音韵学,取得了突破性进展,尤其是高氏的《中国音韵学研究》(1915年—1926年陆续发表)以及他的一系列古音学论著,引起了中国音韵学在观念、方法、材料和工具等方面的革命,开启了现代音韵学的新时代。引进、学习、翻译、批评和借鉴高氏的学说和体系,成为那个时期中国音韵学的主要特色。[②] 当时国内音韵学界有所谓"旧派"和"新派",两派学者的学术理念和治学方法不同。此外,还有综合旧派和新派之长的"古今中外派",以钱玄同为代表。"古今中外派"既能够不固步自封,大胆地接受现代音韵学新方法,用国际音标具体讨论声韵音值,打破传统音韵学"古音""今音""等韵"的界限,积极跟外来新学说的潮流接轨;又能够"从善求真",不妄信盲从国外学者,立足于中国传统音韵学的既有成果并加以

① 本《文选》原计划还选录魏先生的上古音研究代表作《古音学上的大辩论——〈歌戈鱼虞模古读考〉引起的问题》(见《魏建功文集》第三卷,91—160页),并加以导读,看清样时惜为篇幅所限,删去。

② 何九盈《中国现代语言学史》,234页,广东教育出版社2005年。

光大，反对把"形体"、"音韵"、"训诂"割裂拆散研究。在对待旧派和新派学术的态度上，钱先生主张"章（太炎）得高（本汉）而益彰，高因章而更高"[①]！钱先生长期在北京大学中文系兼职讲授音韵学课程，魏先生是钱先生最得意的入室弟子之一，他秉承和发扬"古今中外派"融贯古今中西学术的精神，经过十余年的读书、思考、研究和实践，写成这部三十余万言的著作，列举按断成说，敢于批评争论，洋溢着浓厚的时代气息。堪称上个世纪二三十年代"音韵学乃至语言学领域最富推陈出新、时代气息、战斗精神的"[②]总结性著作。

（2）独创性。作者不满足于当时语言文字研究的现状，提出了"不做应声虫，不做和事佬"的学术口号，以"'古今中外'之说必须成立，一方面有摧拉腐朽之用，一方面有变化神奇之效"的学术魄力和勇气，[③]锐意进取，大胆创新，"于古音之历史与对象，纵横搜讨，论列详明，能将前人贵古贱今重文轻语之积习一扫而空"。[④] 这种强烈的学术个性，在本书中表现为观念、方法、材料和结论等方面的独创性。正如罗常培序所说："这是一部能够表现自己的书——做人要有个性，作书也要有个性。凡是根据自己的观念，运用自己的方法，组织自己的材料，而不因袭别人的，无论如何也算得是一部好书。"[⑤]

（3）建设性。本书的宗旨即卷首《开宗明义》（引言与总纲）所指出的："对于如何担负完成中国语音语言史工作使命的讨论和报告。"为此，作者系统地提出了建立中国语音史和语言史的理论和见解。这就决定了本书具有很高的不同于一般音韵学通论和教材的学术品味，正如罗常培序所说："这是一部能提出问题的书——真正能启发读者兴趣的著作不在乎有很多武断的结论，而贵乎提出一些新颖的问题，并且指

---

① 《魏建功文集》第二卷，467—481页，江苏教育出版社2001年。

② 此引文见鲁国尧《魏建功〈古音系研究〉的科学精神》，《南通师范学院学报》2001年第3期。

③ 魏建功《古音系研究·自序》，《魏建功文集》第一卷，江苏教育出版社2001年。

④ 《古音系研究·沈兼士序》，《魏建功文集》第一卷，江苏教育出版社2001年。

⑤ 《古音系研究·罗常培序》，《魏建功文集》第一卷，江苏教育出版社2001年。

出它们的解决方法。所以一部撮举成说毫无识见的书，只可以勉强为初学指示门径，而不能给受过相当训练的人作研究指导。这部书的前五章提出好些解决问题的方法，举了好些处理问题的实例，最后在第六章胪列出二十个实际问题，供读者们参考，真正聪明的人，一经启发，随便就可以拈出一题去作精邃的研究。”①

本书前四章讨论了古音系的分期、内容、材料和方法，这也是古音系研究工作的基本内容，如何才能够使古音系研究工作落到实处，还需要研究者树立正确的学术观念，具备优越的研究素质和科学的研究条件，第五章《研究古音系的条件》从三个方面论证和阐发。

一论“知难”。古音系研究有“三因两难”，一因去古远，二因缺音标，三因汉字形音义相纠缠。造成两难：即语言系统难明，语言变转难知。由此学者很容易产生困惑，要先知难而后理惑。

二论“理惑”，即处理古音系研究中的疑难问题。古音学属于语音学范畴，不仅要探明语音演变的原因，还要探求古音的实况，建立古音系统。为此作者提纲挈领举出了十条原则：(1)审音声韵须兼顾；(2)材料取舍轻重须精确；(3)书音语音须等视；(4)方言凡通语须分别；(5)现象之常变须辨识；(6)引证时代须审察；(7)事实因果须明瞭；(8)研究方法采用之先后须知缓急；(9)形音义须求贯通；(10)立论解释须为通则。凡不符合这些原则的，就是研究古音系的困惑所在。

三论“持衡”，即要有全局观念，统筹兼顾，方能合理持论，解决问题。古音系研究在“知难”的基础上“理惑”，很容易矫枉过正，持论偏颇过激。因此，作者提出“按部不离大经，开言能恰在行”，这个“大经”，其实就是上一节“理惑”的十条原则。为了纠正古音研究的偏颇，作者结合自己多年思考和研究的实例，用十四小节的篇幅精辟论证了独到的见解，综合起来，有以下十点。

(1) 讨论字音的演变不能忽略声母的关键作用，古音研究“只论韵是靠不住的，而必须讲声”。

(2) 研究上古音不能死守等、呼条件，要以主要元音为先决条件，

---

① 《古音系研究·罗常培序》，《魏建功文集》第一卷，江苏教育出版社 2001 年。

必须兼顾声母与韵母的结合关系。因为等呼只是等韵时代的等呼,不能推断和解释谐声系统的上古音值。

(3) 研究古音除了探寻音变的轨迹,还应该注意语根的关系,音义并重,既看到文字的音的方面,又得兼顾义的方面。这个“义”不是“音训”的“义”,而是文字形体中所含谐声字声符(作者叫声母)的“义”。

(4) 研究古音单凭单个汉字的类析是不够的,还要重视连语的探求。所谓连语,作者指由两个意义相关、相对、相成或相反的字合成的、语音上有一定规律的复音词。戴震、程瑶田称为“转语”,王念孙、王国维归在连绵字。

(5) 研究古音要重视方言的调查和整理,要先下工夫搞清和解决汉语方音本身的问题后,再做同语族语言的比较研究。如果要做古音与同族语言的比较研究,必须注意同族语言声韵变化的历史,要做“对等”的研究,即搞清同族语言材料的时代、语音的来源和变迁以及跟汉语词语的音义对应关系。对于古音跟非亲属关系语言的比较研究,不能取声音上的偶合之例,而必须注意非亲属语言所受汉字的影响和所保存汉字读音的变迁。

(6) 研究古音引用例证,要重视时代的准确性,不能搞乱了时代界限。

(7) 研究古音不能只注意《切韵》读音的推测和假设,要重视韵书韵目的衍变,从韵目分合的变迁来论证谐声关系和谐声系统。

(8) 研究古音要兼通汉字的形音义,不能只做纯粹的字音研究。还要打破汉字形音义的束缚,注重汉语的语音和同族语语根的研究,以语言为中心研治音韵训诂,使得语言中的语音与汉字所表的音义互相贯通。

(9) 寻找古音演变的条理,确定音变规律,应该同时兼顾不同的原则,不能死守一个原则,因为横向的音变和纵向的音变所适用的原则不同。

(10) 古音研究要破愚祛妄,懂得音理。

本文又是一篇充满鲜明的学术个性的音韵学理论批评之作。作者“纵观古今通塞,尚论群贤得失”,对于“群贤”的著名论断,能够做到不

“尼守陈言,”不“骛效新说”,敢于批评论争,按断是非,被批评的当时的著名学者有:章太炎、马叙伦、胡适、郭沫若、林语堂、高本汉、王静如、徐中舒、方壮猷、马宗霍、潘尊行、曾广源等。作者在严格的学术批评中树立和完善自己的学术见解,体现了“新音韵学的朝气蓬勃、充满创造力的特色”①。

作者提出的一些古音研究的理念和见解,如:等韵时代的等呼不能决定等韵时代以前的字音,不能用等韵的标准决定《切韵》音,再由此上推上古音,上古音不能全部从《切韵》找解释;对待古音与亲属语言比较研究的态度,应该是首先要搞清自家语言的实际,不能“专俟族语(亲属语言)”,要“先理方言,再对族语——换言之,且慢骛外,请先治内”!必须了解亲属语言声韵变化的历史,做到“半斤对八两”——以语言对语言,以字音对字音;古音研究要音义并重,重视音变与语根的关系;研究音韵必须兼通文字训诂,研究文字和语言必须兼通文字音韵等等,至今还有非常深刻的现实意义。

20 世纪初,陆法言《切韵》的唐写本和增订本残卷在敦煌和吐鲁番发现,引起了国内学者整理和探究《切韵》系韵书的热潮,形成了专门的学问——《切韵》学。1921 年,王国维先生最先把斯坦因劫去的三种《切韵》残卷(《切一》、《切二》、《切三》)照片手录抄印,公诸于世,并首先考证了《切韵》系韵书的源流。此后,中国学者做了大量的卓有成效的整理和研究工作,代表人物有王国维、罗振玉、罗福苌、刘复、姜亮夫、魏建功、罗常培、丁山、董作宾、方国瑜、唐兰、陆志韦等,王国维、魏建功用力最勤。其中 1936 年出版的《十韵汇编》,是当时所能见到的《切韵》系韵书材料的总结集,可以看作全面反映《切韵》系韵书搜集和整理工作成绩的代表作,至今还有无法替代的重要的学术价值。由刘复、罗常培和魏建功合编,成书的经过如下:刘半农先生留学法国期间,在巴黎国家图书馆抄录了 104 种敦煌写本,分为三集:上集文学史材料,中集社会史材料,下集语言史材料,定名为《敦煌掇琐》,1925 年作为中央研究

① 此引文见鲁国尧《魏建功〈古音系研究〉的科学精神》,《南通师范学院学报》2001 年第 3 期。

院历史语言研究所专刊之二、北京大学研究所国学门丛书之一刊行。其中下集辑录了王仁昫《刊谬补缺切韵》残卷(P2011)和一些韵学资料。1932年,刘先生把所集三种唐写本《切韵》残卷(即《切一》《切二》《切三》)、两种唐写本王仁昫《刊谬补缺切韵》(即敦煌掇琐本、故宫藏项子京跋本)、唐写本《唐韵》(吴县蒋斧藏)、五代本《切韵》(即P2014、P2015)和古逸丛书本《广韵》等八种韵书排比剪贴,定名为《八韵比》,后来改称《八韵汇编》。1933年秋,魏建功先生提议增加两种韵书,即日本大谷光瑞藏唐写本韵书断片一种和柏林普鲁士学院藏唐写本韵书断片一种,《八韵汇编》就改名为《十韵汇编》。1934年夏,此书写定待印,刘先生去世。于是由罗常培、魏建功整理遗稿,补制凡例,重新抄写各种残本,每页按时代早晚从上往下排列,《广韵》用原书剪贴,排在最下面,便于读者对照排比各韵书韵字,比较异同。编辑工作历时两年半,三易其稿,1935年秋成书,罗常培、魏建功先生分别作序,魏序居卷首,1936年由北京大学出版组出版。魏序又以《论〈切韵〉系的韵书》为题,发表在1936年《国学季刊》第五卷第三期上。

本《文选》所录《论〈切韵〉系的韵书》(即《〈十韵汇编〉魏序》)是魏先生研究《切韵》学和韵书史的代表作,也是中国音韵学史上的重要文献。该文把当时新发现的《切韵》系韵书残卷和一部分韵学材料置于中国音韵学史和语音史的大背景之下,详细阐述了韵书的产生、发展和体制演变的历史,考订了《切韵》系韵书的源流、系统及其音变,论述了以下七个问题。

(1) 先有反切,后有韵书。反切出现在东汉末年,中国儒者用反切注音分析音素的知识受到了梵文传入和佛经翻译的影响。

(2) 最早的韵书《声类》和《韵集》以"五声命字,不立诸部"。宋、齐以来的韵书以"四声"分字。"五声"与"四声"不同,各有意义,不能直接对当。李登、吕静以五声分别字类,大约与声调无关,不一定是以韵和四声分字。

(3) 魏先生遍检史籍著录、称引中带"音""声""韵"字的书名,分类罗列了一百六七十种可能存在的韵书,实在完整存在的韵书不过十来种,中古韵书只有一部《广韵》。

(4) 魏先生详细介绍和描写了上个世纪前三十几年新发现的隋唐以来十一项韵学残缺材料,包括《十韵汇编》纂辑的除《广韵》以外的九种韵书残卷和另两种韵学残卷(即唐写本韵书序二残卷和写本守温韵学残卷一种)。对于这些新材料,作者力图窥瞰韵书体制的演变,钩稽韵书源流的脉络,判断韵书系统的划分,在辨析前贤时彦论断的基础上,系统地阐述了自己的新见解,主要创见有:

第一,上虞罗氏印秀水唐兰仿写本《刊谬补缺切韵》(即学界所谓"王二"),是参合陆法言《切韵》和王仁昫《刊谬补缺切韵》两部韵书的混合本,既非王书,也非陆书。此书的四声韵目次序自成系统,有其自身的价值;

第二,隋唐韵书名称相袭相重屡见不一,我们不能因为知道王仁昫有刊谬补缺之作,遇有刊谬补缺的韵书时就认为王仁昫遇缺即补。《刊谬补缺切韵》不止王仁昫一种,唐兰仿写本王韵和《敦煌掇琐》本王韵不同。P2014 和 P2015 是两种五代刻本韵书,也不与那两部王韵相同。

第三,日本大谷光瑞所藏唐写本韵书断片不一定是长孙讷言笺注本。

第四,德国柏林普鲁士学士院所藏唐写本韵书断片不一定是陆法言原本。

第五,"反""切"两字含义不同,"反"是两字相切之音的名称,"切"有名、动两义,作名词指声母,作动词是拼切之义。反、切初有名、动之别,后改动词作名词,废弃了原有之名,"反"改称"切","反切"成为一词。

(5) 魏先生论证了这些新材料在音韵学史和语音史研究中的价值,指明了研究方向,即利用这些新材料做声韵学史的研究,跟一般做版本目录研究的注意点和侧重点不同,不必找著者的主名和论断韵书之间的关系,应该务其大端,有四点:即由音类的分合情形论证声韵的演变和音值,从韵中收字反切之穿错考定韵类分合的变迁并构拟音值的同异,由谐声系统的分布状况窥测文字音读的变迁,从系统不同的韵书里统计增删文字和考证音读的变迁。这也是韵书系统分类的标准。

(6) 魏先生提出韵书音类分类的五个标准,即声调标准、音尾标准、韵呼标准、音符标准和反切标准。反切是总标准。

(7) 魏先生从韵书体制、分韵和韵次的角度透视韵书系统自六朝、唐代到宋代的差异和语音变化，指出《切韵》前韵书和唐代韵书跟陆法言原本的音系有差异，最显著的差异是阳声韵和入声韵的韵次移动，阴声韵没有什么变化。《广韵》的格局虽然经过若干次移动，但这些变化“也许毫无音值改估的意义”。

20世纪20年代，兴起了以研究《中原音韵》系统韵书所反映的近代汉语北方话的语音为主要内容的新学科——北音学。《中原音韵》的语音基础问题和《中原音韵》跟现代国语的关系问题，构成北音学的重要内容。当时民国教育部已经颁定北平音为国语标准音。这个北平音，指北平音系而言，不包括北平土话的读音。现代北平音的来源是什么？是否来源于《中原音韵》？北平音为什么能够成为现代国语的标准音？北平音系是怎样形成的？这些问题成为当时北音学和国音研究关注的热点话题。所谓十三辙，指明清以来北方戏曲、曲艺等通俗文学押韵用的十三个韵部。“辙”大致相当于韵部，“合辙”就是押韵。各地流传的十三辙，辙名和次序不一致，北平的十三辙有目无书。1933年张洵如首次编定《北平音系十三辙》，又名《北平同音小字典》，以十三辙为韵目，分十三卷，每卷一辙，汇集普通常用字，凡同音字类聚在一起，用注音字母注音，除注声韵调外，还标识轻声字，加注释义。由魏建功先生参校，1937年中华印书局出版。该书是在魏先生的指导下写成的，对当时的戏曲研究和国语统一运动起到了推动作用。卷首有黎锦熙序、罗常培序(《中州韵和十三辙》)、魏建功的《张洵如〈北平音系十三辙〉序》和自序，并在卷首转载魏建功1933年发表的论文《说辙儿》。

本《文选》选录的《张洵如〈北平音系十三辙〉序》，是魏先生从事近代音和国音研究的代表作。该文的中心内容是探讨北平音形成的历史过程，下面结合魏先生的相关论文《说辙儿》，把本文的要点总结为六点。

(1) 今北平本属古幽州地界，魏晋以来才形成一个比较宽泛的“幽州人语系”。公元936年，“幽州和其他十五个州同时被石敬瑭送给了契丹人，第二年契丹人把幽州设析津府作了‘南京’，因此成了华夷杂处的大都会,到现在整整一千年了”。原来的“幽州人语系”逐渐消灭,变成了另一个新的语言系统,这就是中国语的标准系统,称为“北平语系”。按魏先生的这种说法,北平音作为标准音的历史最早可以追溯到辽朝。

(2) 北平自建为都会以来,经辽、金、元、明、清乃至民国,中间除了明太祖和建文帝时期三十多年,算到 1928 年国民政府迁都南京,一共 957 年,是中国建都历史最久的地方。中国历史上形成了五种标准语,即秦语(咸阳、长安)、豫语(洛阳、开封)、宁语(金陵)、杭语(杭州)和北平语(平语)。现代官话分两大支,一支是北平音系的正则官话,另一支是南京音系的蓝青官话,以上五种标准语与这两支官话的关系正表现北平语成长发育的状态,早在一千年前的“北平语系”,正则官话就有了它的骨架。

(3) 从五代至北宋,辽国人跟汉人的关系密切,契丹语和汉语并用,契丹人使用着一种汉语,辽代的北平音系统应该是被俘获以及依附的汉人的方言的混合。“这些方言的混合,与南京(按即北平)设置以后的都会语言的成立多少有些关系。”作者大胆假定这大部分汉人方言的混合就是今天“北平语系”的雏形。

(4) 魏先生根据他 1936 年发表的论文《辽陵石刻哀册文中之入声韵》和白涤洲 1931 年发表的论文《北音入声演变考》,指出辽国当时(1031—1101 年)北平汉人的入声字读音已有后来《中原音韵》“入派三声”的现象,他们“所作韵文用的入声字系统就已开了《中原音韵》的先河”。北平语系至少建设了一千年。现代北平音入声的演变从辽宋时期大体上已成定局。

(5) 魏先生反对北平音系受外族语言影响的说法,主张北平音系是中国标准语自然演变最晚出的结果。

(6) 魏先生列表展示《中原音韵》(1324 年)、《韵略易通》(1442 年)、《韵略汇通》(1642 年)、《五方元音》(1655 年)和现代北平音(1918—1934 年)的声类、韵类和入声字归属的演变,旨在说明从《中原音韵》到《五方元音》的音变大势,跟现代北平音系的现状大致差不多,去掉时代问题,只是略有出入。北平音系自《中原音韵》演变而来,北平音系十三辙经历了《中原音韵》到《韵略汇通》的建设，是元到明的产物，是按着习惯自然的分配，口耳相传、自然而然的发生的。

《文选》第二组是魏先生的“文字学研究”业绩。

魏先生在“文字音韵训诂学”的课程中曾教导我们，“汉语语言以文字为其载体，文字以其形象和语音释义”。先生的“音韵学”研究，自然地与他对汉字的感悟、理解与把握相关，由此构成先生的“文字学”研究业绩。魏先生的“文字学”研究，可从他撰著的《汉字形体变迁史》、《文字学概要绪论》、《文字类纂》、《中国语言文字学专书选读——〈说文〉》、《论六书条例不可适用于甲骨文字责彦堂》、《文字音韵训诂》（讲授提纲）以及关于“字例释疑”的众多的论著作为代表。本《文选》在这一层面中选取了三篇文章，具有编选者领悟的某些特殊的意义。

其中《读〈帝与天〉》是一篇不长的读书笔记，是著者在阅读刘半农先生的文章后引发的感想，并补充顾颉刚先生的观点。这篇文章的意义其实是提示了三位先生“释字”的基本逻辑，此即把握“上古文献原典文本”、注意“特定时空文化语境”、关注“声韵学相关联系”，成为他们释疑“帝”字本义即系当时人对“死后权威”的尊称，此字具有“神格化”的意义。魏先生则又由此而引出了“帝”即是“天”的释义。这一“释义”对理解中国思想史（包括当今继承历史精神遗产）具有根本意义的提示价值，在一个基本的层面上可以说成为“释字”的一种范本。

魏建功先生作为文字学家，当然十分关心汉字形体的历史变迁与发展的趋势，其中令学界乃至万民关心的则是“汉字形体简化”的大事，这是一个争论已久的大问题和老问题。魏先生继承他的业师钱玄同先生的见解，主张“汉字简化论”，1952 年 2 月起，他出任中国文字改革研究会委员，兼汉字整理组副主任。本《文选》选入的《汉字简化的历史意义和汉字简化方案的历史基础》一文，从精神意义和学术表述诸层面中表达了魏先生主张“汉字形体简化”的本质性思考。这一思考实质上包含两个层面。此即第一，“按照世界文字发展的规律，简化是一个基本精神”，“汉字形体发展就是它的简化过程”，其实质“是在谋求记录语言方法的简化”。魏先生在这里强调的“汉字形体简化”是“世界各种文字发展的普遍性规律”，他认为汉字的形体发展也在这样的“普遍性规律”

之中的。依据魏先生在《文字音韵训诂》的长文中的阐述，他认为“概括古今(汉)文字，可分五目，实为四体”，此即“篆体(含“古文字目”及“大小篆目”)、隶体(含“隶书及真书目”)、草体(含“草书及行书目”)、楷体(含楷体简体目)”依据汉字字体的这一发展轨迹，任何一个汉字的“笔画”都是从“繁复”向“简便”演变，所以“汉字简化”不过是循此规律的发展。第二，魏先生强调汉字形体变化的最基本的原则就是“约定俗成”，就是继承“千百年来经过人民大众实践应用”的所谓“俗字”——即把“人民大众自己常用的字体”，使其从“不合法”“取得合法化的资格”。这就是阐明了“汉字形体简化”不是主张者的“随意行为”，而恰恰是遵循“文字发展的普遍性规律”，“重视人民智慧的成果”。无论“汉字简化”中有什么样的主张，具体运作中有什么样的复杂的个案处理，魏先生阐述的两个本质性思考，无疑构成为前瞻“汉字形体变化”的历史基础，它展现了魏先生作为一位在近代人文学术中成长起来的文字学家的理性精神。

自 20 世纪 50 年代以来，学界一直把魏建功先生誉为“字典之父”，这是由于他主编的《新华字典》已经成为全世界印数最多(1998 年统计约 3.4 亿册)，受众面最为广泛(从小学生到大学教授，从国内到国外)的汉字释义工具书而获得的美誉。《新华字典》多次修订，一版再版，但先生高风亮节，始终未取过一分钱的“稿费”[①]。魏先生关于汉字“工具书”的编纂，在选词(字)、释义、注音、体例等多个层面有过系统丰厚的论说，大约有 70 余万字的论著。本《文选》选择了 1972 年魏先生就《新华字典》的修订写给当时北大中文系相关负责人曹先擢先生的两封信。当时北大依据周恩来总理的建议，组织专门小组修订《新华字典》，魏先生因为受当时最高层之命，调往“林彪专案组”从事“辨认林彪笔记潦草字体”的工作而中途退出，但他时刻关注《字典》的修订，惦念之心见于信中的字里行间。通读全信，有两个层面可谓感知最深。一是字里行间可以读出魏先生对“修正”中的《新华字典》的诸多方面不甚满意，对

① 有关出版方面以魏建功主编之《新华字典》获利已至过亿钜富，无人算计，也为当今世界出版史上之奇观。

修改中的缺憾提出了体系性的批评。这些批评基于先生的文字学修养，他从文字学的立场上，对于“新华字典”的编纂，从选字、释义、注音一直到“字”、到“词”、到“词组”的“三级释义”体系的组成方式，做了相当详尽和示范性的阐述。这些阐释虽然是对修订中的《新华字典》的建言，但事实上，它是对汉字字典的编纂学理论做了既是基础性的又是理论性的表述，无疑构成为“字典学”的基本内容。二是透过这两封信的纸背，可以感知先生高扬的“学术人道”精神。他明确地反复表述，“字典”应该以适应“群众需要”和“群众能运用”为原则，所以他明确地不赞成“形式上注意了思想性，实质上滋长了随意性”的意识形态倾向；也不赞成“在汉语史上把现代和古代分得过死”的学术关门主义。它无声地表述了一个杰出的人文学者心中包蕴着对广大的“国民”和“群众”的挚爱。

《文选》第三组是魏先生的“文学研究”业绩。

大凡语言学家都是很关注“文学”的研讨的，但他们对文学的关怀与文学研究家的着重点未必相同。魏建功先生在他的许多论著中都表现了对“文学”的很大的兴趣，像《中国纯文学的形态与中国语言文学》、《从‘说’到‘唱’》、《关于戏文》、《谈‘文’翻‘白’》、《谈何容易“文”翻“白”》、《元代搬演南宋戏文的唱念声腔》、《快嘴李翠莲话本中的‘快语’》、《略论〈西游记〉的结构形式和语言工具的成就》、《释张协状元戏文中诨砌谈论》、《关于〈南戏拾遗〉的一封信》等等，都为我们提供了一个杰出的语言学家关于“文学”的精到的思考。本《文选》选择了《〈邶风·静女〉的讨论》和《论文学体制所以演变之原则》两篇论文，读者可以感受魏先生关于文学研究的基本思路，以及透过具体个案研究表达的文学主张。

《〈邶风·静女〉的讨论》一文，是魏先生为阐释对《诗经》的理解给他的师兄顾颉刚先生的信。信一开头就直言：“要解决古书中问题，我想最好用两条办法自然可以表示得清清楚楚：第一，各人依自己的见解加以标点；第二，各人依自己的见解译成今言。……凡古书中之所以有难解的地方，不外今言古语的差异，这标点和对译便是惟一无二的上法。”这里提示的则是魏先生自己的经验，此即“文学研究”是以真正读懂“文本”为论理阐述之本。此信先从《伐檀》说起，讲到学界对“不素餐兮”的阐释竟然南北项背，他举例有人把此句解释为：“君子啊，是不白食其禄的”，他自己则与胡适之先生的见解一致，魏先生此句“今译”成：“唉——那些混账王八旦，无菜不下饭”。研究者只要展示个人读出的“今言”，对文本的阐释就跃然于纸上。据此，《静女》的解释也是如此，古今文意对译，了然于目。魏先生在这里主张的便是读懂“文学文本”便是“文学研究”的入门起始。回想在我们当学生的时候，先生反复教导的是“要弄懂人文这门学问，根本的就是要会念文章、多念文章”。初听起来以为是“老先生的过时之论”，但在自己的一生实践中，现在可以说的，这才是真正的安身立命的根基。眼下的学术界，躁动嚣张氛围甚浓。此时重温先辈教导的“文学文本”的入门途径，是何等的亲切。一个人如果要想讲谈“古代文学”，当然必有言谈所本的“文学文本”；手拿“文本”就应该以真正“读懂”为开口的条件。何以判断你“真正读懂”，魏先生说，请你先做了“标点”和“对译”这门功课，然后再“论坛纵横”也不迟。其实，一百年学术史上的北大中文系，因为有了与魏建功先生及其同道的诸位先生这样的“文本主义”，它的辉煌才能坚持到今日！

《论文学体制所以演变之原则》一文，展现的是语言学家观察“文学史”的发生和发展的新视野，魏先生提出了“文学体制所以演变之基础”的“三原则”：第一，“文学随语言而变之原则”，即“语言变，文学亦随而变”；“第二，“语言变而文字不变，文学随语言变，而复随文字不变”，即“文学随文字而不变之原则”；第三，“文字与语言日趋合一，则文学之为文字所牵制而不得随语言变者复归其始”，即“文学随语言文字而同变之原则”。魏先生认为，此“三原则者……文学史之所由生也”。语言学家所感知的“文学问题”，其本质是揭示“语言文字”不仅与“文学”密切相关，而且是作为基础而存在。这样的“文化视角”则又常常被“文学研究者”所忽略。然而从 20 世纪世界文化史的全景观察，一百多年来“文学”的演进与“流派”的演绎，却真的常常与语言学的思潮的兴起与调式密切连接在一起。从这样的意义上说，魏建功先生的“文学观”，本质上不仅是很基础的，而且也是很前卫的。

《文选》第四组是魏先生“民俗学研究”的业绩。

19世纪后期起始，东亚主要国家开始了“近代化”的历史进程，传统学术为之一变，学者们不再仅仅以“大学堂”、“国学院”的学问为唯一，有些学者摆脱“经学的道学”的束缚而把“民间文化”纳入研究范围，是学术近代转型的标志之一[①]。魏建功先生从在北大读书时代开始，就开始关注“经学”之外的“文化存在”，例如他参加北大实验戏剧社，男扮女装出演自己喜欢的戏剧，又在歌谣研究会从事“民间歌谣”的收集和整理。在成为北大教师后，又进行现在称为“田野考古”的“文化社会调研”。魏建功先生对“民俗学”的兴趣和所作的努力以及由此而获得的业绩，多少表明他在20世纪初青年时代开始，并不是一个安分守己的“庙堂知识分子”，而是个在学术上有着激情的追求的人。魏建功先生在“民俗学”领域中论著甚丰，例如《歌曲之辞语及调谱》、《歌谣表现法之最要紧者》、《变物的情歌》、《“耘青草”歌谣的传说》、《杞梁姓名的递变与哭崩之城的递变》、《姜女庙之朝鲜人记录》、《歌谣采集十五年的回顾》、《〈歌谣〉四十年》、《〈歌谣〉发刊四十年周年纪念》等。本《文选》选择《收录歌谣应全注音并标语调之提议》和《吴歌声韵类》两篇论文作为范文，从中可以体味出魏建功先生从事“民俗学”研究，目的可能有三：一是他十分强调中国文学除“文人文学之外，还存在着许多熟语、各地老百姓自己的文学，歌谣是其中最活跃的部分”；二是他以“民间歌谣”为材料，研讨“民间歌谣”对提升“文人文学”的价值；三是以“民间歌谣”作为推进“音韵学”、“文字学”等学术研究的有价值的材料。

在魏先生“民俗学”研究的业绩中有一个层面是不能忽略的，此即1927年至1928年，魏先生在朝鲜所作的许多相关调研和实地现场记

---

① 把“民间文化”纳入研究范围，本来是各民族文化的本源活动的主要内容。例如华夏民族上古的“采风”以及各个时代被记录的“山歌”等等，但是随着文明的自然进程，大众的“民间文化”逐渐被排除在“主流文化”之外，同时又以“主流文化”的基本价值观念规范和阐释“民间文化”，使它们从“大众文化”变异为“贵族文化”的材料和成分。近代人文学术的一个显著的特征，则是把“被规范和阐释”的“民间文化”在本源的意义上“回返”它们的本来面貌，使它们成为“总体文化的”一个层面而成为阐释的对象。

录，主要的文章有《侨韩琐谈》、《榛子店养闲的》、《鲜史拾零》等。本书因为篇幅所限，未能录入，实在是件憾事。这一部分有两方面的记录，应该是极为珍贵的。一是魏先生对朝鲜的民风琐事、特别是“活着的民心”作了有文化价值的观察和记录，对朝鲜历史和文化的认识极有价值，二是对清乾隆年间朝鲜人朴趾源的《热河日记》，依据魏先生实地感受作了相当深刻的读评。此本《热河日记》就是被称为《燕行录》的一种。近十余年来，国内东亚研究中有若干篇关于《燕行录》的“博士论文”和“博士后报告”，若以我们读到的论说与魏建功先生70余年前的同类研究比较，当代研究中眼光的呆滞，真是无可名状。以我的经验可以断言，当代的博士和博士后一定没有人阅读过他们的先师魏建功先生的关于这一主题的论说，使人唏嘘万状！

《文选》第五组是魏先生“在台湾推行‘国语’的理论与实践研究”的业绩。

作为音韵学和文字学家，魏先生终生主张“一个统一的民族必须使用统一的语言”，从学生时代起他就致力于“国语运动”。1925年，24岁的魏建功先生就以“打倒国语运动的拦路虎”为标题，抨击“高坐堂皇”、“舞文弄墨”的“国学家”对“注音字母”的攻击，魏先生在文中指出汉字只有有了“注音的符号”，才可能有“统一的发音”，而“注音字母正是出于‘经学’中的‘小学’”，正是出于太炎先生“所定的‘纽文’和‘韵文’”。先生在这篇“檄文”中满怀激情地说：“咱们的国语运动，就好比‘唐僧取经’，没有磨难显不出‘法力’，不受磨难修不深‘道行’。……咱们只希望同志们个个身体刚强，武艺精练，都来做十万八千众齐天大圣，一心保佑‘师傅’——国语——平安到那极乐世界！”[①]通读魏先生的论著，他把“国语”英译为“National Language”。年轻的魏建功先生对于“统一祖国语言”是何等的激情！他一生中彪炳千古的贡献与推行“国语”的伟业之一，则是1945年我国接收了沦为日本殖民地的“台湾”后，他出任台湾省行政长官公署国语推行委员会主任，大声疾呼：“台湾光复

① 见《打倒国语运动的拦路虎》，原载1925年8月30日《国语周刊》第12期，收入《魏建功文集》第五卷，433—434页，江苏教育出版社2001年。

了以后第一件要紧的事情，是推行国语！”他在台湾创办《国语日报》，建立“国语电台”，发表了一系列论说，终于使在当时71%左右使用“日本语”的台湾地区把“国语”变为主流语言，为我国未来的大统一创造了基础性人文条件。台湾广大同胞今日大多与祖国大陆同胞语言交流没有障碍，魏建功先生之功绩当永远铭记！但是，今天不要说广大民众，就是我国学术界能够明白这件对祖国未来具有决定意义的千古大事者，能有几人！2004年我们的师兄、北大中文系1955届学生、南京大学教授、我国著名的语文学家鲁国尧先生在台湾对“国语运动”进行了考察，其考察报告《台湾光复后的国语推行运动和〈国音标准汇编〉》一文已经在同年《语文研究》第四期刊出，堪称凤毛麟角。希冀欲明白台湾发展史的诸位，务必阅读此文，并可以把它作为理解魏建功先生在台湾推行“国语”的理论和实践的导论。

魏先生有关这一层面的成文的论说，大约有40余万字，其中如《何以要提倡从台湾话学习国语》、《国语运动纲领》、《国语的四大涵义》、《怎样从台湾话学习国语》、《台湾语音受日本语影响的情形》、《谈注音符号的教学方法》、《中国语文教育精神和训练方法的演变——〈国语说话教材及教法〉序》等等，都是魏建功先生为使刚刚光复的台湾地区民众能够尽快从日本殖民主义文化奴役下在“语言说话”层面回归祖国而贡献的精神力量，也是中国语言学界不能忘却的历史遗产。本《文选》选收了《“国语运动在台湾的意义”申解》和《国立台湾大学一年级国语课程旨趣》，从中透露出魏先生主政台湾“书同文，言同音”的深邃的理论思考和最终的目标以及切实的行动步骤。1946年2月初，魏建功先生到达台湾，即在台湾电台发表讲演，表述“国语运动在台湾的意义”。《文选》选录的《“国语运动在台湾的意义”申解》一文，是魏先生对自己在电台的讲演做的进一步的解释性阐述，他就“台湾光复了以后第一件要紧的事情，是推行国语”的基本主题，做了层层深入的解析，提出推行“汉语”为“国语”，是国家统一的象征，他指出语言文字是“(民族)共同表意的标识”，“文化进步而组织健全的国家，没有不是确用一个标准声音系统做国语的”，“我们要仔仔细细的坦坦白白的再把敌人(日本人)搅乱过的语言组织方式，一一在全台湾返本还原起来”！他说，我们采用“共同的标识”是表现中华民族“联合的一致”，这也是“恢复台湾同胞应用祖国语言声音的自由”！文中充溢着先生的爱国热情。由此深入，魏先生从语言学层面上解释了什么是“汉语”的“国语”，他界定为“北平社会受过中等教育的人日常应用的话”，“它的沿革就包涵了很多的民族兴衰的回忆”，魏先生认为，北平话是“经过一千多年培养，二三百年应用，几十年政府提倡的声音系统，当然应该切实推行”。先生由此进入从“声韵学”的学理层面阐释“台湾地区”的人究竟应该怎样学习“国语”。关于这个层面的研讨，还可以参见“国语推行委员会”编辑的《国音标准汇编》。本文可以看作魏建功先生在台湾推行“国语运动”的纲领性表述。本《文选》又选入的《国立台湾大学一年级国语课程旨趣》一文，旨在使读者诸君理解，魏先生推行的“国语运动”有一个依托的重要的基地——大学，特别是国立大学。本文是他为台湾大学的“国语”课程所作的设置，请务必注意，它不仅仅是台大中文系或者文科的“国语”设置，而且是魏先生为台湾大学全校一年级设计的“国语”课程，是进入台大的台湾优秀知识青年必须要接受的“祖国语言教育”。魏先生这样的安排，显然是把“国立大学”作为国家民族语文复兴的基地，是大学应该承受的历史之重！特别有意思的是，作为全校大学生这一必修课程的阅读文本，魏先生开列了赵元任、罗常培、叶绍钧、老舍、曹禺、丁西林、梁启超、蔡元培、鲁迅、落华生、胡适、冰心、巴金、朱自清诸位的作品。这就是说，在我国政府收回台湾主权后，魏建功先生首次以国立台大全体学生必读的方式，把20世纪上半叶祖国新文化中优秀杰出的作家和作品以“整体”的而不是“零星分散”的方式送给台湾社会，培育台湾年轻的一代。严绍璗自20世纪90年代初期以来多次访问台湾，与老先生们交谈，不少先生说到他们知道大陆的近代作家都是从当时的“国语读本”上学得的。魏建功先生出任台湾大学首届校务委员兼任中文系主任，在台湾推广祖国新文化新文学功劳至大矣！

《文选》第六组是魏先生的“人文学术史研究”业绩。

魏建功先生作为钟情于人文学术的先辈，在自我学术研究中，十分留意于“学术史”的状态，这无疑是人文学者最可宝贵的性格和精神状态。一个学者如果忽略了对于“学术史”的理解和把握，就像我们有时候可以看到的那样，研究者的精神便会陷入要么“狂妄”、要么“自卑”的失常状态中。魏先生对学术史的把握大都是以“学者个案”的方式表现的。他写过不少师友的“传记”、“回忆录”、“纪念文”等等，构成鲜活的学术史线索。本《文选》收录了《胡适之寿酒米粮库》、《十年来半农先生的学术生活》、《回忆敬爱的老师钱玄同先生》和《忆三十年代的鲁迅先生》四篇学者叙说，叙事朴实而感情真挚，使我们感知作者生活在以胡适、刘半农、钱玄同、鲁迅为代表的学界耆宿中的诸种状态，他们彼此默契而勤勉，各有独特的秉性而又开诚磊落，他们共同组成了特定时空中中国学术史的一个层面，20 世纪中国的人文学术，如果缺漏了这样的层面，不就显得残缺了吗？

《文选》第七组是魏先生关于“大学语文教学研究”的业绩。

自 1919 年进入北大英文预科，魏建功先生开始了他 60 余年的大学生活，从留存的由他筹计的许多语言文学“教学提案”与“教学大纲”来看，例如从本《文选》录入的 1925 年魏先生还是学生的时候撰写的《致中文系教授会书》，到本《文选》未录入的 1959 年他为新设立的“古典文献专业”设计的《五年课程计划书》，他的一生对于在“大学”这样的教育机构中如何造就相应的学术人才，可以说殚精竭虑，思索有加。今天来复习这些“提案”和“大纲”，猛然间觉得我们现在天天在讲的“教育改革”，不是我们的先辈们已经想过不少的么！

《致中文系教授会书》是魏先生 24 岁毕业前夕写给他的老师们关于中文系究竟应该怎么办的“建言”。魏先生说，他“致书”的目的是因为“这两年来，国文系在社会上的地位很显得责任的重大。在这样重大责任之下，最易招人猜忌。我们惟有切切实实把组织整理完密起来，教他们知道(国文系)不是他们所想象得到的那样简陋或纷杂”。魏先生描述的当年国文系面对的形势，好像就在我们的眼前。他提出学生究竟希望上些什么课程，他说：“学生听讲的要求是要知道每科学问的门径，及其本身价值的批评，……三四年级专修科目宜注意课外读书报告，作为单位之若干分加以考虑，从今年起就试行起来。如此，我敢说能令进国文系的学生知道他自己的责任，……自然国文系的成绩就有进步。”魏先生还说：“师生隔阂这件事实是北京——尤其是北大——方面的最大弱点。我们处处不能不受政治环境影响，有些教人不能不留神……。”听着魏先生这样说，好像他就在我们中间一样！魏先生为中文系教授建言，全系设立语言文字学讲座、纯文学讲座、国学讲座三大讲座，下设十个分讲座。据说，中文系教授会议接受了魏先生方案的基本内容，并于当年秋季开学时对课程进行了调整。这正是一件极具“北大性格”的佳话——一个学生竟然能从办系宗旨到教学课程理念提出一套方案，一个教授会议竟然能从善如流接受学生的大部分建言而重新布置全系的教学，只有北京大学才能有这样如诗如梦般的学术氛围——这就是“北大神圣”的精神，这就是我们今天仍然需要阅读上个世纪北大先哲遗留给我们的精神财产的根本之点。

魏建功先生，中国新文化中培育出的语言文字学家，他在一般人看起来远离“火热生活”的“声韵文字学”的领域中，也永远是和中国大众在一起的。中国人文学者的“真善美”与“假丑恶”不是以“学术领域”来区分的，而是以学者自己的“心”来显现的。

读者诸君若能屏息静气、慢慢读来，从录入本《文选》的片羽吉光中，也一定会感受到这位世纪老人的学术智慧，一定会触摸到他在相关领域中举步行走的踪迹，或许，我们还真的能由此而入径，受到魏先生学术智慧的沐浴与他永远向上磊落光明的人品的熏陶。

严绍璗　张渭毅

2010年9月于北京大学

第一组:音韵学研究

研究古音系的条件

——《古音系研究》第五章

古音系研究的大端已经在前面说过。现在得谈到如何使得这些研究的工作有完满的结果。综观古今通塞,尚论群贤得失,借鉴多士,略定三事。

一　知　难

研究古音有如猜谜,猜谜无一定标准的方法,而研究古音总有条理可循。其所以如猜谜,有若干因:

一因去古远。

二因音标缺。

三因汉字形音义相纠缠。

中国历史时间长远,史实记载纷伪,今日文化的根源枝叶何如,迄无切密叙述;例如民族的分合必非从来所传"黄帝子孙"一系,若依汉司马迁所写古史,我们便可看出母系分姓的痕迹,商周秦显然是来源不同的三个民族。民族来源不一,语言的来源也必不一。表示语言的文字像是承袭一系,但我敢信其读音必不一致;或经若干变递将文字之所代表的意义以至声音都改更了。"三代"以上不可究诘了,暂时只有沿袭旧文姑认作混沌一团。汉晋而后,外族与国内旧族界划至明,史册所纪也可见其同化的痕迹,同化之中自有若干与之化同的地方。最显著的,北魏时之鲜卑语(后来的西夏语),辽代的契丹语,金元时之女真语,元朝的蒙古语,清代的满洲话,都有不少渗进汉语的可能,汉字也尽多是他们造出来的或是改用的了。然则语言的来源亘古及今日日在极复杂的系统里了，这里纵方面的事实，横方面东西南北各地的语言在同系统中声音又有些异同错综的现象；扬雄所记《輶轩使者绝代语译别国方言》便是兼纵横两面的著作；语言来源复杂，语音的变转也就很绮错。这复杂绮错的原因固是后人去古代日远而日起变化不能尽知古昔状况；扬雄所以作《方言》的重要作用便是将这变化记录给后人知道。

我们若看扬雄《方言》所记的地域与今日那些地方的语言相对照，没有一处相同；也许反在别处地方存留相同的话却不是原指地域。这所谓相同也不过是由汉字所表的音读，这音读又随了这相同的地方方音变异；例如"北燕朝鲜洌水之间谓伏鸡曰抱"，北京话依然是"抱"，朝鲜洌水却不是"抱"，而今日通常所写"孵"有些地方读若"步"，与"抱"读若"步"者同。这伏鸡曰抱的"抱"，以北京音读之是 pau；"孵"字音 fu，读若"步"的音 pu，"抱"音如"步"的也是 pu。我们不知道扬雄所记"抱"字该音什么，虽然有了记录依旧跟了"时""地"变幻！所以这复杂绮错的原因又是记音的工具不能表现真实；"抱"之与"孵"音变交错在于没有音标记音。

刘熙《释名》"天""风"二字注明方言，其为音法善于扬，使一二千年后人可以推定。

"天"曰——

a. 豫司兖冀以舌腹言之，天，显也，在上高显也。

b. 青徐以舌头言之，天，坦也，坦然高而远也。……

"风"曰——

c. 豫司兖冀横口合唇言之，风，氾也，其气博氾而动物也。

d. 青徐踧口开唇推气言之，风，放也，气放散也。……

然而这四条若只就第一音释看，我们很能明白一个是舌头齐齿音与舌面腭化音的不同(b，a)，一个是双唇摩擦与双唇兼舌根摩擦的不同(c，d)；再依第二第三的训释，我们难免不受其惑以为天读如"显"及"坦"，风读如"氾"及"放"！这因为中国语言为汉字所累，汉字的形与义牵累住音了！所以中国所谓"训诂"之学不通，便打不破文字语言间的隔膜，也就走不过语言文字间的关津。这复杂绮错的原因更是汉字的连环套；释文字往往将不相关的"音""义""形"纠缠起来。

三因相因，便成两难：

（一）语言系统难明。

（二）语言变转难知。

两难难解，古音研究故如猜谜。

归纳以上的话，所谓三因两难，合为四点：

（1）时代远，音标缺。

（2）语言来源复杂。

（3）语言转变纠纷。

（4）文字形音义混淆。

有此四点，学者每易生惑。惑之大端，非“愚”即“妄”。所以先知难而后理惑。

二 理 惑

古“音”研究与古“韵”研究不同。我大胆的说，古韵研究是过去的学者守住汉字在书本里头排比的工夫，因为历来作者论古音分合都是单知道韵而不知道声，除了钱大昕、章炳麟，虽知道韵还不知道读，所谓韵直是押韵的字，而不是那字表示的音！这样的工夫不能算什么大学问！试看段茂堂能分之支脂为三部，而不能道其音之不同，便是此故。我所谓“不是大学问”是今日的言语学、语音学所建筑的“古音学”的收集材料、鉴定材料、整理材料的预备工夫。那当然在前贤筚路褴褛的努力上说，“古韵学”有古韵学自身的地位和价值是无可疑的；不过我们今日应该讲的却不是“古韵学”的一小范围了。

自从 Sinology 在欧洲学术界兴盛起来，中国文字语言就有不少专家在研究，结果给了国内学者许多新颖的参考和注意。声韵学方面有了音标的帮助，学者才得到探求语音变转的解释的便利。因此今日论古音的趋势就在求明语音变转的所以然，并且推展而试探语言的系统。这里所谓语言的系统，乃指古代中国语的实况。我总觉得中国语的初型不是现在这样。旧日典籍有许多文字足以启示我们研究这个问题，例如“蝃蝀”之于“虹”，“科斗”之与“活东”、“活师”，“蒺藜”之于“茨”，

“髡鹖”之与“戴焦”、“戴胜”……以至于一切根据双声叠韵或异字叠音的连绵语。这些材料能不受汉字分写之蔽障而从其声音方面注意，我想总可以有一点收获。要想得良好的收获就得注意语音变转的问题。

这不过是略略指出古音系研究上过去的缺憾。那些缺憾的具体讨论，要在下面叙述。这里提纲挈领举出十条原则，与那些缺憾的事实足以针锋对照。十条是：

(1) 审音声韵须兼顾。

(2) 材料取舍轻重须精确。

(3) 书音语音须等视。

(4) 方言凡通语须分别。

(5) 现象之常变须识辨。

(6) 引证时代须审察。

(7) 事实因果须明瞭。

(8) 研究方法采用之先后须知缓急。

(9) 形音义须求贯通。

(10) 立论解释须为通则。

这十条原则属于正面的，反而求之，我们可以知道所谓“惑”的内容了。“理惑”云者，将欲于“持衡”一事中详细言之。

三 持 衡

语言变转条理未明，从何说到古音实况！古音实况难知，语音变转条理又无标准，何必乱去猜谜？论古音固似猜谜，为贴切还像扪象，到底都是空中楼阁，说来全凭心理同然：按部不离大经，开言能恰在行，法眼高明，会当点头。知难容易退却，理惑深恐过正，臆见所得，聊作论衡，明公方家，相饶放肆则个！

〔一〕古音研究在声不在韵。

说到研究古音的过去，前人功力贡献，成书俱在。三百年来，纸上谈兵，部甲类乙的整理真算精密，若问某读为何，某与某异在何点，还是回报不出。能用音理的实际讲文字语言间的变化交通，那是最近的事。

这便是馀杭章太炎(炳麟)先生。

章先生定古韵二十三部,又釐合古声为二十一组,用这标准作《文始》、《新方言》,开论文字训诂以声音实际变化为关键的门径。他著作的影响,利弊相参。就是他自己虽注意到古声类的分合转变,但还似乎侧重“成均图”式的通转论,所以许多应用他的学说讲古文字的人常不免在“对转”的解说上发生问题。我们随便举几个例子在下面:

(1) 䨴,从卑,鹹省声。……疑从鹵,卑声,幽侵对转而幽侯声近也(商务印书馆马叙伦《说文解字研究法》页95前)。

(2) 幾下曰:微也,殆也,从丝从戍。戍,兵守也。丝而兵守者,危也。丝即丝字,戍为守边,不得会意;盖从丝,戍声。幽脂声近,故幾戍声(同上,页97前)。

(3) 夃下曰:秦以市买多得为夃,从乃,从夂。乃者,曳词之难也。夂者,从后至也。即令会意,安得训秦以市买多得为夃?盖秦语谓市买多得之声如夃,而夃之本义,今不可寻。字在夂部,盖从夂部,乃声。乃音奴亥切,古音奴等切。夃音古乎切。两字送音,皆在鱼类。乃之送音,夃之送音,亦同鱼类也(同上,页97前)。

(4) 大本古文人字,假借为大小之大。西为棲之本字,而假借为东西之西。形之部分,无待复言。声之部分,今音大为徒盖切,西为先稽切,似亦未尝同也。然此由古今音有变迁;如人在日纽,古读归泥,舌音也;大音透纽,亦舌音也:而人大二字之收音,又为脂真对转。西棲则仅送音少殊。其初造字之时,人大西棲,殆绝无殊(同上,页102前)。

䨴之声母与卑之声母不同,便说其韵为幽侵对转,更以幽侯声近来说䨴从卑声,实为可商!戍字声母既不同于幾,韵母就以幽脂声近来说通他;吾人牵强连于卑岂不亦可率意谓之幽脂声近!夃乃两字以反切上一字之韵为其“送音”,更言“送音”同部,为夃从乃声之证,恐难令人置信!本来“发”“送”“收”,等韵家惯用于声母,如混之于韵母,则令人迷离:夃字条言“送音皆在鱼类”之送音与大字条所云“人大二字之收音又为脂真对转”之收音,似未明辨;西棲既云“送音”少殊,是以送音言声母者,而乃夃送音皆在鱼类之说,又相抵牾!此种疏失盖但取太炎对转间架,而未守其不可忽略之条件的缘故。新近郭沫若氏治甲骨金文颇多创获,关于由音证断的地方也不免取太炎之形似有如马氏者。

> 有一例,余以为大有可考索之价值者,即《商颂·长发》:"洪水茫茫,禹敷下土方"二韵。
>
> "禹敷下土方"句甚奇特,"禹敷下土"可以为句,亦可以为韵,因土与茫乃鱼阳对转。"禹敷下方"可以为句自亦可为韵,然二者均不取,而独用五字为句曰"禹敷下土方",此当非单为音节之故。余意,"土方"当即卜辞中所常见之敌国名"土方"。
>
> ……
>
> 猃狁于《诗》称"朔方",金文《不其毁》又称"驭方",朔驭上古音均在鱼部,则所谓土方当即朔方、驭方。
>
> 知此则所谓土方即是夏民族,夏字古音亦在鱼部,夏土朔驭一也。(郭沫若《中国古代社会研究三版书后夏禹问题》)

郭君不顾夏字之声母与土朔驭不同也,也不问朔字之韵应是入声,只凭了"鱼阳对转"使土与茫叶,以"古音均在鱼部"联络了朔驭土三字!按驭即御字,古音为 ŋ 声,朔从屰声,亦为 ŋ。声母相同,韵得对转。夏古音 h 声,与驭同位异势相转,韵同类。土声字如牡羜为 m 声,m、h 古音相混,眉以釁为之,梅海同声母之类是也;故土夏韵既同部声复得通。论其变音,朔声为 ʂ,ʂ(u),混于 f(u),夏之 h 与 f(u)有混似可能;从土之字古与士实不分,朔与土初亦有可同之迹。于是可以理想知其文字先后时代而定其为一。

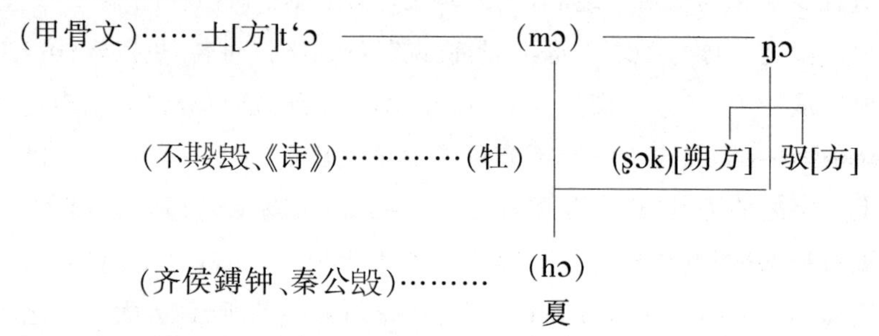

所以,我提出第一个问题,也是第一个条件,研究古音在声不在韵。我所谓在声不在韵,意思说只论韵是靠不住而必须讲声;就是要讲韵的转变必先求其声的相同。

〔二〕古音研究在韵不在呼。

在国内学者的别一方面，有得一位瑞典学者高本汉先生(Prof. Bernhard Karlgren)，他给我们很大的启发，对于《切韵》时代的音有了极可贵的贡献。他用等韵的标准定出《切韵》音来，更由此向上推证《切韵》以前的音。例如他订的《切韵》音，为了要合于“四等”的“等呼”条件，于是假定出“合口韵”有种种不同：

wan，wän，ji̯wɐn，iwen。

这样的细微的分辨，音理上是说得过的，不过中国的语言是否有这样细微的分辨倒是问题。林玉堂先生在北京大学《国学季刊》第一卷三号跋他译的高本汉《答马斯贝啰论切韵之音》时已经提出疑问了。罗莘田先生最近又加以精密的研究，对于这种 w 有所讨论。莘田先生是专攻《韵镜》的，他总可以给我们解答了这等韵之谜。我对等韵之学只有一些朦胧的认识：我以为等韵的方法是中古时期讲语音的一种排列，所谓“等”与“呼”起初并不和现在的说法全同；所以一面“开合齐撮”可以谓之四等呼，一面开合又分四等，开至于三便为齐，合至于四便为撮，使得我们如临多歧之逵，而莫知所之！这里，我相信高元先生《阐等呼论》中所解释的等呼论有两期理论的不同(见《高元国音学》第三章第八节)；我看了等韵的“摄”有先后合并的事实，对于用它作推求中古音的依榜的办法以为还可以，而由它上推中古以上的音是相对的可以，若壹仍等呼以上探未定四声及等呼以前的古音，就期期以为不可！例如一个“凡”字，高本汉假设的《切韵》时代音是 b‘ĭwɐm。他为了解释“韵尾”的“异化作用”说：

> 拿一个风字，在古音(《切韵》音)是 pĭung，可是风字从凡声，凡字在古音是 b‘iwɐm，是-m 尾字，可见得上古风字的音是 pĭum。还有在《诗经》里风字照例跟心，古音 sĭəm，林，古音 lĭəm 押韵；也是一个证据。所以说风字的上古音是 pĭum 是稳当的。

他这是从“古音系统里的空当”得着的要紧的暗示。韵尾问题这里且不谈，我觉得赵元任先生加注的一句话比高本汉原意才是稳当的多。赵先生说：“至少说它的 p-m 是稳当的。”(与上译文同见中央研究院历史语言研究所《集刊》第一本第三分页346及347注三)这里,我们似乎只能说到风字上古音的声首和声势的假定;而高本汉却将声首放过,古音和上古音的假定都是p。我以为中古轻重唇的分化问题在这一例上应该有一些关系;我们相信汉字有些变迁是声变了而后韵变,有些韵变了而后声变,若谓风字上古音与古音的不同只在-m -ng的一点上,恐怕未臻完密,从风的“飒”今作“帆”,口语中尚谓之“篷”。从凡的“汎”与从乏的“泛”同用作浮游之意,口语中尚谓之“滂”。都可以看出声母与主韵的不同,韵尾的声势的变化不过是结果里的当然。譬如家之为ka;如果不是k变为kj,哪会有ia的韵读?ka为开而kjia或kia为齐,这显然告诉我们古今音的沿革。如果我们只知有kia,执高本汉方法,岂不仅能推出一个kiɐ或kiæ之类来吗?我在这里是说高本汉以《切韵》音的等列作上古韵母辅音的标准是可以商榷的一点。假使王静如先生所补充的高本汉举的方音中“患”“唤”“镌”等字有合口韵异化作用的痕迹的例子是无问题,我们也能证明这句话。王先生举的例:

a	刃牣肕讱认轫靭韧忍涊	厦门全为	ẓim.
	刃忍	汕头	dźʻim.
	刃	汕头	ẓim.
b	炘忻䜣欣	厦门全为	him.
c	禅蝉婵	广州全为	siːm.
		客话	sam.
	患	汕头	huam.
	赚	厦门	tsam.
d	天	《切韵》	dʻäm.
	觇		lĭäm.
	姦(古文悬)		kan.
		厦门	ham.
e	噻蟺	厦门	khim.

(中央研究院历史语言研究所《集刊》第一本第四分《论冬蒸两部》)

我们都可以见到声母与韵母相互的异同;刃声母之非dʒ或ẓ,斤声母之非 k 或 x,叩声母之非 x,干声母之非 k,堇声母之非 k,乃致韵母亦异。

所以我大胆的提出第二个问题,即第二个条件,研究古音在韵不在呼。我之所谓“韵”,指的韵读的主要元音,也就是说等呼之变化要在决定了韵读主要元音以后再说。

因为前两条的牵连,我便提出第三个问题。

〔三〕古音研究在声韵之交涉,不在死守四等。

国内过去的学者,讲古音往往鄙弃等韵。他们大体是以谐声系统为经,以旧书雅记的韵脚为纬。自从高本汉用等韵系统研究了《切韵》音以来,才合了“谐声系统”,“韵脚”,以及方音,与等韵的现象一同去解答许多上古音的问题。上面我说过了对于等韵所认定的意义,此地还是那意思,就是等韵以前的音看来谐声系统比较重要些,我们不能教上古音全按着中古音的排列上找解释。我们知道:有许多音(字)整个的变成新的音,简直无从说起了;有许多音(字)整个的没有变掉而一部分变做新的音,得于谐声系统分化在等韵里的情形上知道。我们须要注意一个条例:同一谐声声母的字音,其声韵必为相同,至少相通。然后我们可以明白分化在等韵中间的谐声系统的字,其分化的异点必能于音韵学上得到相当的解释。所以我认为前乎等韵的谐声系统的音值可以自上而下的来解释等韵的所以然,却未必能自下而上的推断谐声系统用这等韵的音值。例如上段说的“家”字,今音是 kjia,方音里存有 ka 音。如果是 kjia,声母的等第应是三等,因为我们知道《切韵》音见母三等不与一二四等相同。我们看《韵镜》,ka 音应是“内转第二十七开”的一等,kia 音应是“内转第二十九开”的二等,因为中古时代的“家”是与“嘉”同音;我们似乎只能知道到这步田地为止,再无法可以从这里说“家”与“歌”原是同音,虽然从“可”声的字和从“加”声的字在一二等里是穿错互见的。因为可知等韵之等呼只是“等韵时代的等呼”,除了知道先后关系可以用来解释音的沿革,而显然不能决定在等韵前的字音。

话又回过去说,这就是研究古音不能但凭韵的“等呼”,必须兼顾于声与韵的瓜葛。这种瓜葛自古至今常有变化,所以如要上推古音也得下论今音。这是说等呼不须死守之意,是对依着等列的高本汉例说的

(这个“家”字高氏早已从马斯贝啰的主张改为 ka 不作 kia)。又如前面举例中所指出马氏《说文解字研究法》里的“𠭰”字,用作谐声声母而成的形声字计有——

1 禫　2 蕈　3 嘾　4 𦗼　5 簟　6 橝　7 𨛭　8 䆯

9 驔　10 燂　11 潭　12 鱏　13 撢　14 㜤　15 蟫　16 镡

17 醰　18 鷣　19 藫　20 谭　21 𧼒　22 䆱　23 𢅏　24 瞫

25 䞡　26 𥳫　27 䐺　28 憛　29 潭　30 磹　(31 覃)

我们从这三十字在《广韵》中的读音知道是分属在附-m 声的四韵里侵覃盐添。其分排列等的情形是:

一等　开

定纽　(覃韵)　31,7,11,19,6,15,20,21,10,16,4,22,8,23,

(勘韵)　17,25,29,24。

透纽　(覃韵)　13,

(感韵)　1,8,17,3,25,20,

(勘韵)　13,27,28。

四等　开

定纽　(忝韵)　5,9,26,6,

(㮇韵)　30,

泥纽　(忝韵)　14。

三等　合

审纽　(寝韵)　24,14。

四等　合

从纽　(盐韵)　10,

(寝韵)　2,

邪纽　(侵韵)　16,12,

以纽　(侵韵)　15,18,13,16,12,

(寝韵)11。

我们相信谐声声母与所谐之字原必同音;其后音变也必合于同音的标准,声韵变化都有可寻的条理。这“覃”声字较早的声韵应是 dom,这里排列的“覃”声字,若是细加分析,自 1 至 17 是《说文》里的字姑且承认为可以代表古音时代以前的形声字,18 到 30 是《广韵》比《说文》多出的字,应该不羼杂在一处。再看前十七个字中,声母的古今变转的痕迹可以告诉我们是“定”母的语根。透母要晚于喻(以)之分化。我们说这下面的些个字声原同于“定”,大概可以相信的:

蟫　撢　镡　鱏　潭　禫　橝　醰　嘾

如果以等韵说,属于喻母的四等字多半是与定透母一等字相重复(除了鱏字与邪母重复),我们不妨细细检举一下。

蟫　喻四←定一:同训“白鱼虫”。

撢　喻四←透一:前者训“探也”,后者训《周礼》“撢人”之“撢”及“深取”。

镡　喻四←定一:前者训“剑口”,后者训“剑鼻”及姓氏。又邪四,训“剑鼻”。

鱏　喻四←邪四:同训“鱼名”。

潭　喻四←定一:前者训“水动摇貌”为“潭泺”复词,后者训“水名”及“深水貌”。

从邪母音“覃”声的来历,我以为是“定”母的颚化,如日本ダヂヅ之ヂヅ音变一样。所以,燂字是“覃”声变了以后起的音,因为读从母之训为“炙烂也”与“定”母之训“火爇”并无意义的悬殊;而蕈字是“菌生木上”的训解,实在就是“菌”字的变音,是“覃”声变了以后新起的形声字。审母原来与心不分。泥日之音有的与审相混。只有审泥二读的“嬞”字的声母读“审”母,不是“定”母来源;但其初当是与“定”相通。至于韵母之异自然由于声母的变化而起,同时是韵母起了变化,声母也就一同变了。这样看来,变化错乱了的谐声系统散布成为等韵排列。高本汉说的从古音现象里找空当的话,我在这里发生异议!异议的重要点便是等韵排列的空当是不能给我们做出一定不疑的配对假设。古音没有合口的-uam,给我们的暗示也许是“上古音并不以开合齐撮相配”。我们可以假设上古音根本没有-uam 的音也是事实上所能的。但是我并不能一定反对人说“上古音有-uam 的音”。而却敢一定反对人不由声韵两方的关系来说“上古音有-uam 的音”。因此我提出第三个条件,而连带到第四个条件。

〔四〕古音研究在音变之轨迹与语根之不同,不在一二偶合之例。[①]

高本汉自汕头语附-n 韵之读为-m,解释上古音的-uâm 在古音系统里归入-uân 了(中央研究院历史语言研究所《集刊》第一本第三分页 348 至 349)。我将他的例子写在下面:

	汕头	古音 上古音
唤	ham	xuân←xuâm
患檍	huam	ɣwan←ɣwam
镌	chiam	tsǐwän←tsǐwäm

关于这个现象,我的方言(江苏如皋)里读元寒桓删山先仙韵与覃谈咸衔韵一样,而有几个韵读:ĩ ɛ̃ õ。其中有些字开合相混,“干”“看”“安”“寒”“罕”“旱”“汉”“翰”“岸”照例读 õ 而兼作 ɛ̃,“探”“南”“龛”“簪”“蚕”“谙”“含”“感”“坎”“惨”“绀”“暗”“憾”也都是读 õ 而兼作 ɛ̃,与“端”“团”“官”“宽”“钻”“酸”“剜”“欢”“桓”“銮”“短”“断”“暖”“管”“款”“纂”“算”“椀”“缓”“段”“贯”“玩”“窜”“唤”“换”“乱”及“甘”“酣”“敢”“阚”同样。这是语言里用的字音,读书时大概读 ɛ̃ 的多于 õ,而方俗之以为说“雅言”的也是读 ɛ̃,往往矫枉过正将无读 ɛ̃ 可能的一例变成 ɛ̃ 了。我知道这 ɛ̃ 等于“官音”的 an,õ 等于 uan,与江南音对照,ɛ̃ 是相当于 æ 或 ɛ,õ 相当于 ø 或 θ。自我的方音“眼镜”里看,我觉得与高氏所举的例有相近的道理,而应是-m 韵-n 韵混合以后的错乱现象,并不是-n 韵原有-m 的事实。又譬如南通读三(-m)上(-ŋ)山(-n)同音作 sãᵑ,我们显然不能说三或山原是 sãᵑ 的音。我们固然可用许多音韵学的条件来解释,像这就是“阳声通转”。然而为了合理的说,我们是不能以一二偶合之例下结论。所以像高氏的假设和引证是我所疑而不敢断为非的。我可敢提出说高氏的说法恐怕是反因为果:我以为是上古音-m-n 有别,古音-m 并入了-n,并入以后也许为了特别注意的关系,反把不应附-m 读做附-m 的了。如果我举的例子是切当的,我相信与这个解释极相像;最近四五百年来,精清从心邪的齐齿与照穿床审禅的齐齿,以

① 原书从〔四〕到〔十四〕文内标题与目录标题不一致,今仍其旧。

及见溪群晓匣的颚化齐齿读成ㄐㄧ ㄑㄧ ㄒㄧ的音，唱戏的人还要分ㄗㄧ ㄘㄧ ㄙㄧ，ㄓㄧ ㄔㄧ ㄕㄧ ㄖㄧ，ㄐㄧ ㄑㄧ ㄒㄧ为三组，于是弄不清楚的人反把ㄐㄧ ㄑㄧ ㄒㄧ的音全改成了ㄗㄧ ㄘㄧ ㄙㄧ！度曲家所谓“尖团音”即ㄗㄧ组（尖）与ㄐㄧ组（团）之别；今一般优伶皆不知其所以不同，故多混讹。尝听平歌女鼓词皆蹈此失，当是已成师传的误解了。南方人ㄗㄧ ㄘㄧ ㄥㄧ音很通行，北平的学生（以教会学校及女学生为最显著）受了无形的影响往往只可以听到他们满口的ㄗㄧ ㄘㄧ ㄙㄧ；南方人说北平话的也往往容易遗失了一切的ㄗㄘㄙ而为ㄓㄔㄕㄖ。推其原故实有二点：一是西洋老师学说华语之影响，一是南北语言之混合。我们可以注意这种语言接触的影响结果是语音变迁的推动。

引申高氏之说而证明他的，有王静如先生的跋赵译文及《论冬蒸两部》。我在《古阴阳入三声考》里很注意“对转”的现象，对转的关键我放在“鼻韵”上，说见《转变说故》节。鄙见未能有新谊，以为冬蒸之于侵只可以其押韵字及谐声穿错者定为“阳声通转”之例，其音则为“鼻韵”；自馀冬自为冬，蒸自为蒸，侵自为侵，不能必以“侵冬蒸也皆为收-m 之韵”说也。今方音中“鼻音”之势力实较“附鼻声韵”为大，吾人似不可舍近求远。这也是所谓一二偶合之例终不敌音变之轨迹的大原则。高本汉先生的《分析字典序》里研究喻母上古音的原组属，便是在“音变的轨迹”上下的工夫，那种结果是极有价值的。

我以为音变轨迹以外还应该注意“语根”的关系；就是既看到文字的音的方面，又得兼顾义的方面。音义并重，训诂学才可以语言学化得很合理起来，这个“义”不是“音训”之“义”，而是文字形体中所含之谐声声母的“义”。例如“凡”声字有“庬杂丛盛”谊，与“丰”声语根相同，拙著《释午》略言其概。丰，汉世音变为“缝”，足徵汉以前其声有二可能之读音：

（1） x 或 ɣ→k‘或 g‘→k 或 g，

（2） p‘或 b‘→p 或 b→f 或 v，

《说文·丰部》，丰，艸蔡也，像艸生之散乱也，读若介。从丰声之字若夆若害皆匣母声，㓞字与丰为见、溪母声，若丰本是见母，许氏读若介之音读为赘笔，大约匣母声较早，见、溪声是新出，故第一假设为 x 或 ɣ→k

或 g。又生部，丰，草盛丰丰也，从生上下达也。从丰之字若——

《玉部》玤……读若《诗》曰瓜瓞菶菶，

一曰若𤉊蚌；

《夊部》夆……读若缝。

都是表现丰字本音邦非系声，才会注出读若邦非系的声来的。从丰、丰两字的形义看，很像是一体两歧的，因为声音方面可以解释邦非声有从晓匣转的轨迹；日本音 h 与 p 转可证。故第二假设为 p'或 b'→f 或 v。因此，夊部的夆训相遮要害，夆训牾；前者是匣母声，后者是读若缝为敷母声，义本相近（直可云同），声复得转，故谓是同一语根。此二字正表明；

（1）声不变韵变——夆，

（2）声变韵不变——夆。

因为语音自然的转变，上述声母变化得表此语根的 m 声母，列表明之如下：

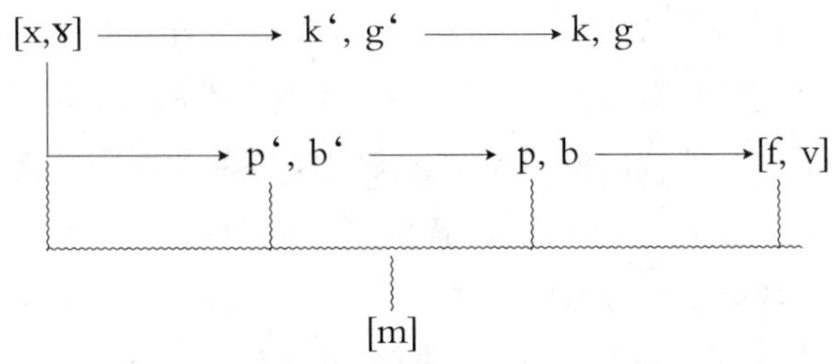

表中有[ ]之声为表示语根之声。x,ɣ 是舌根通声；f,v 是唇通声；m 是唇鼻声。

故今音 xuŋ，kuŋ，k'uŋ，p'uŋ，muŋ，fuŋ……皆示“尨杂丛盛”之“大”“多”的意思；“薨薨”之言虫多，“蓬蓬”“芃芃”之言黍苗旺盛，“蒙茸”“蓬松”“洪荒”“鸿濛”……都是声母的转变，韵读的大齐都离不了“洪音”——舌后韵——韵尾依中古音系统似乎附-ŋ 与-m 相出入。但从此我推想谐声声母之音虽必相同于谐声之字，而只能到相近的程度；尤其是附声韵排列部居的韵部，不过是个大概齐。我们可以这样说：

中国语根之表示“尨杂丛盛”的音，是以舌根及唇通声（摩擦）或唇鼻声与舌后韵相拼的附鼻声韵（或鼻韵）。

如果在这方面工作得的条例多了，我相信是可以比较不难解决些个汉字音读的特别现象。

这里，我附带说一句，我对于中古音系统的来历与上古音以至汉字初起的音先后系联的关系有一些怀疑。不过现在都只能靠汉代许慎的说解认定一个文字的谐音系统而已，这个系统就有许多的可疑。所以，我以为只能论到上古音的“或然”，而不能一定说出个“必然”来。这是下文要说到的话。

〔五〕古音研究在古连语之探求，不在单字之类析。

上段的末了，我似乎变了个“谐声系统”怀疑论者了；不但此也，简直是“韵书材料”怀疑论者哩！“韵书材料怀疑”云者，指研究古音单凭韵书系统以及押韵单字的类析，我觉得那是不够的，并且有些整齐可靠的材料反给拆散遗失了。幸亏许叔重做了一部《说文》传给我们，我们能据以求谐声系统；一面他也给我们一个损失，我们只注意一个个单字的形音义而忽略了许多非单字的词。我们的音韵学走到等韵要算上了语音学的路，而我们的语音学只做到识“字”的功用，把嘴里活语言的实际“词类”拆散得精光！我们有许多音韵史料埋藏在许多被拆散开的复词而并非独立的单字里，还有虽为独立单字而因为其独立反拆散了复词。现在我们只有见到这些单字的机会，或是偶尔见到记载这些单字复合一处的训解的机会。例如“虾蟆”，“蝴蛛”，“科斗”，“陀螺”，“夫卢”，“镆铘”……本是许多不可拆的词。这几个例词，我们可以假定些读法：假定的形式不与现在单音相连的样子相同，或按照音韵史上有疑问的，都用括弧注出。关于这种假定的方式，将另有《中国语连绵格》叙述，未至十分之见时，暂不发表；所以这个假定希望学者姑勿深求是非，但作为著者一个拟议的意见而已。

虾蟆　ɣamak(ɣamah，hmah，kpa)

蝴蛛　tātū(tituŋ)

科斗　kuātũ(kuatuŋ，ktu，klu，ktũ，klũ)

陀螺　dala(dla)，

夫卢　bala(bla)

镆铘　makŋa(maga，mahja)

我们从两字所表的音的中间可以知道一些字音的韵尾。例如“蝴”

与“蛛”中间是-t-;“科斗”亦名“活东”“活师”,“活””东”及“活”“师”之间也是-t-;我们可以定言“活”“蝴”同是附-t的入声字。蝴字《诗》作蝃,《广韵》去声霁韵。去声字一部分古读有附尾之声(final),从叕声字若畷若辍若鵽若歠皆为附-t之入声;故谓蝴为入声。“活师”之“师”与“活东”之“东”都相当于“科斗”之“斗”,我们看出韵读主要元音相同,附声与否不同,适合“对转”的条件,所以知道“科斗“之“斗”原是鼻韵(详见《女师大学术季刊》二卷二期拙著《科斗说音》)。药材里的“麦门冬”原也是“科斗“一音之转。麦门冬本又写作

麦　　冬,

虋　　冬。

“虋”字的谐声声母是h声的“釁”,所谐之字是m声了。钟鼎文字的“万年眉寿”,“眉”字都是假“釁”字同音为之;《诗》“维穈维芑”,“穈”亦作“虋”;器破裂有纹字作“璺”,音作h声或m声;“每”声“海”字h声阴韵,“敏”字m声阳韵;这都是h、m声相转而韵是“阴阳对转”的事实;“科”字kh声有转读h的事实(广东如此)。“科”转为“麦”“虋”,发声由kh>h>m。“科”“虋”收韵之转如“眉”“釁”,“阴阳对转”。“虋”之“阳声韵”可以对“入声韵”,即“入声韵”能读为“阳声韵”,故“科”>“虋”>“麦”;现在湖北人读入声多变为阳声,“木”“目”“麦”皆作“蒙”。“冬”之于“斗”犹之乎“东”之于“斗”。所以“科斗”“虋冬”“门麦”“麦冬”所含khuātū语根同为一义,“虾蟆子”之小疙疸形与“麦冬”为小疙疸相类。又如药材之“款冬”亦作“颗冬”,也是“科斗”“麦冬”一义相生的词,音变字变而已。我们如果以单音为主,则下面各组字永无可通之理,而“科”“斗”尽管是两个单位的字。

	kh	h	m	t	ṣ
阴	科	（活）海（科）	（本） 眉 每 （目）（黴） （麦）	斗	师
阳	欵 颣	黌 璺	（麦） 糜 敏 （目） 虋 （木）（璺）	东 冬	
入	活	（活）	麦 目 木		

（表中有括弧的字是方言和古今音转变的，馀为《切韵》标准。）

早时的中国语与后来的汉字音是不是单字里可以找出来呢？“谐声系统”是不是够做汉字单音探求的材料呢？连谐声系统都已经纷乱了的“韵书”是不是可靠呢？又何况“韵书”里的“谐声字”所包括的不是一时代或一个地方的音，还能只以与“韵书”并行的“等韵”上探古音吗？所以，我为了说明不能以单字排比，提出第五个条件。

〔六〕古音研究在先理“方言”，不在专恃“族语”。

我已经说过了复合的词类是探研古音比较重要的材料，原有材料以外的园地。从这园地里，我们可以得着“韵尾”的实证，如科斗谓之活东的“活”；又可以找出“复辅音”的痕迹，科斗、活东与果蠃、栝楼都是一源；自两字的相连可知中间的声母，而前一音的韵母实以汉字形体累牵与后一音为一叠韵字，如“蟋蟀”之“悉”已不辨久知地是只写 sː 声而为与“蟀”字叠韵。蟋蟀是以其鸣声得名，大抵先民描摹其声如 sː-suij，而蟀字一类入声字古当别为一类未必附-t。后世并入附-t 之中，一部读成去调的乃成阴声，说详拙著《古阴阳入三声考》。今吾乡状悉蟀鸣声为 tɕiə tɕiə^{t} tɕyː，土名称之为 ɕyə^{t} ɕyə^{tu}，按悉率二字方音正作 ɕyə^{t}，如“知悉”“表率”之语音是也；然读蟋蟀之名，书音则作 ɕiə^{t} ɕyə^{t}。后来“悉”加“虫”傍，好像“蟋蟀”是叠韵了！科斗、果蠃之类当是 kt-，kl-复声之遗。这些在方言里也能找到，其现象有二：

1）显然读成两音，写成两字。

2）仍旧读成复声，而字或竟无可写，或写为两字。

例如这“科斗”语根的词，我们家乡（江苏如皋）叫——

1）棉絮旧敝成珠为 k‘olo^{ɹ} 或 ’tɕ‘ylo^{ɹ}；

2）疱疮突起为 k‘ətæh^{ɹ}；

3）物粝不平有突刺为 hɛɪt‘ɛɪkəlæ^{h} 或 hɛɪt‘ɛɪk‘əʔtæ^{h}；

4）事之进行不顺为 k‘əʔtæh；

5）粥糜之未和匀而成团及食物之小块皆为 k‘uəlæh^{ɹ}。

若征之于汉字，往往音变相远，原有之词归入文言，口语不能与之密合；上面五例之 1）我以为是“褴楼”之变，其 5）当是“塊儡”之义。今人言胸中愤懑“气成疙瘩”即是“塊儡”。如此相类之词以字形单独而分成单音，日久失去复音作用，在单字读音里还能看出语根的痕迹——不加注意，就可以看成一义数根，一义数根的事实固然也有，但须辨析明白。所以，

滚 颗 块 鲲 椤 弓 橘 困 瓜 料 毬 疣 …k 组

点 豆 柚 朵 埵 弹 哆 桃 萸 蛋 珠 鸵 …t 组

轮 榴 瘤 卵 螺 偻 粒 …l 组

这些字的声音，声母不外 k 组、t 组以及 l 组，而意义皆与圆形或块然之状有关。然则这三类声母的单字，我们固然可以说是三个来源，假若从复辅音的分裂解释，岂不更可以往 kt-组、kl-组以及 tl-组或 lk-组、tk-组以及 lt-组去探索？我敢说这方面还是一片榛莽荒秽的茫茫旷野，我们得好好爬梳爬梳。

爬梳这方面的工作，我以为“方音”的调查是不够的，应该从“方言”整理下手。方音的调查还是脱不了汉字块体的牵累。许多方音的特别在读字的音里找不出来。方音给我们的指示：在今日的中国离不了中古以后韵书排列的系统的影响。汉字读音自有韵书以来，其大体系统已算固定，我们从事方音的调查往往可由这系统上提挈住了。真正许多语言有自然变化的痕迹并不是汉字的方音，而是汉语的方言。例如人称代词的多数，依照文字固然有“辈侪等俦曹……”的附加标识字，许多方言里的语法与之相同；可是有些从声音的变化表示的，固然也有以方音字写出的，如果我们不注意便很容易忽略了。河南开封、归德一带

方言里的人称代词有下列的分别：

单数	复数一	复数二
我	俺	喒
你	能	（无）
他	（无）	（无）

这里俺与喒的用法也很分明，与北平“我们”，“咱们”之意相同。“俺”当于“我们”，“喒”当于“咱们”。你们只有一个“能”。“俺”“咱”与“我”的声音不同，如果不注意的把例字中间缺少了这两个字，那自然遗失去了两个音读；“能”字并没有“你们”的解说，我是取其声音相近的字写定的，如果凭汉字的话，我们是记不到他了。又如敬语在北平有“您”“怹”两语，也是声音上的变化，大抵附上鼻声有些亲近神气，还不就是：

你 ni＋n＞nin 您。

他 tʻa＋n＞tʻan 怹。

上面的俺音 an，喒音 tsan，能音 neŋ（上声）。这也许也是从一种读音系统的分歧的空当里找证据。

中国方言的系统以及语法音变种种都无头绪，除了一些外国人的汉字方音调查，我们似乎还得努力。例如高本汉氏能以中国若干方音和《切韵》音得到许多好结果是可敬佩的。他说要更古去研究上古的中国音有四种方法，最要紧的是中国以外的各种支那系语言的比较的研究。他说的其余的三种方法，大体我都讨论过了：

1）利用古音系统的空当；

2）谐声字；

3）《诗经》里的韵。

我这里提出的一种似乎不是外国学者所注意的，因为他们遇到汉字便不得不受“单音制”的骗。所以本段文章希望识者留心的是在旧的名称所谓“连绵字”新的名称所谓“复音词”的研究，研究的材料一面在古书训诂之中，一面在方言活语之内。我们中国人不把自己这笔账先结算清楚，便忙着用同语族的语言做旁证工夫，终不免越理越糊涂。我相信“族语”是“方言”有了结果以后的“雠对”的资料。外国学者对于中国语言的本身似乎已经比我们自己明白了许多，可是这种问题还得中国人自己注意。

我常觉得最初的中国语与汉字形体写定以后的读音会是绝不相同的。这种不同固然会混合为相同,也许原来相同却变为全不相同了。我曾经为了“科斗”语根收集材料,将两个传说为释语的词与汉语要归入同源来;因此我们也许更进而又可以研究现存的汉语的来源。那是“蒲桃”和“于阗”两个复音词。“蒲桃”的形状与“科斗”语根的形状极相类,“于阗”的意思是“地出乳”,乳出之状与“科斗”语根的形状语也很相像,两词声音组织也可以与“科斗”之声音讲通。我很愿意从这一切连绵字里多收获些有趣的材料,再随着大家去做雠对的工作,比较同语族的语言。

过去的汉学先生讲究不用单文孤证。如今只凭了比较同语族语的时兴,单举一二例来比附,是危险的!例如有人说“万”字上古是附-m的,证据是西藏文“万”是附-m。殊不知“万”字在钟鼎文里本与“迈”字同音相通!万本象虿蠆形,假为数名,或加“辵”“土”诸偏旁。《金文编》所录万字共144文,从“彳”“止”“土”者占66文。“万”“迈”声母今为“明”“微”之分,此为一字,是轻重唇不分之证;而“迈”为古入声,万迈初必同音附-t,阳入对转;万乃读附-n。迈今韵为去声,古当为入声。万数之语原必与迈音同。今语虿俗云蠆,便是入声万之遗痕。大约万为数名所专,音亦转为阳声,声则明晓之转,于是语言中存蠆音为其旧语,字乃别作为虿;虿音再转为今读,蠆字不得不另作以明之。从万之“蛎”,蚌属,读若“赖”。“迈”“赖”“犹”“麦”“来”声母相通,古初是否为ml-,bl-之声未可必。吾乡土语称海贝壳曰“V̥ε˞”,通俗字作“蚧儿”,实即“蛎”字由“迈”音转成。故“蚧儿”又说做“万儿”。“外后日”读若“万后日”,例同。“蚌”之土名曰“河蚧”实是“河蛎”之变。蚌为性器官之阴属象征,疑亦由音转,“蠯”“螷”“蠙”“蛃”诸字音作阴阳二声,其读音情形与阴器官一语之作“牝”“肶”者同。方俗既以“万”音为“蚧”之转,故复于博具叶子戏纸牌名中之“万”为阴性之象徵。万之-n＜-t,或-n＜-m,鄙见皆以为自主要元音鼻化以后所附之声视舌之位置而影响成功的。我们与其说万是-m＞-n,不如说是$\tilde{\square} > \tilde{\square}^{\iota} > \tilde{\square}^{t} > (\sim)^{n}$ 或$(\sim)^{m}$

>(　　)n 或(　　)m;与其如此说,不如那么说:

$$\square > \tilde{\square}t(p,k) > \square t(p,k) > \underset{*}{\tilde{\square}} > \square^{n(m,\text{ŋ})} > \square n(m,\text{ŋ})$$

$$\tilde{\square}^{\iota} > \square^{n(m,\text{ŋ})} > \square n(m,\text{ŋ}) > \tilde{\square}n(m,\text{ŋ}) > \tilde{\square}^{n(m,\text{ŋ})} > \tilde{\square} > \square$$

* 表□t(p,k)亦可>□n(m,ŋ).□代元音.

迈万之通犹亹眉釁糜之通。凡此之类必于古文字中求之。如果除了引证同语族语言来比合便无法想,那我可以不这么说:先理方言,再对族语——换言之,且慢骛外,请先治内!最后我引一段钢和泰博士的话证明我的意见有相当的理由存在。他说:

> 我们若想寻出中国民族的远祖与印欧民族的远祖有无相同之字,我们必须仿照西方学者推求印欧民族的"原始语言"的方法先把中国民族语"原始语言"推求出来。在那"原始中国语"推出之前,一切语言上的相似之点只可以看作偶然。……
>
> "原始中国语"的推求,不是容易的事。要想推求出来的"原始中国语"也有"原始印欧语"那样正确,怕是不可能的了。这是因为两层大困难:第一,中国文是用象形会意字写出的,不是像印欧系语言那样用纯粹音标写出的;第二,和中国语最接近的几种语言——西藏语,缅甸语,暹罗语——不幸都没有很古的文书。(北大《国学季刊》一卷一号,胡适译文,《音译梵书与中国古音》)

〔七〕古音研究在注意族语声音变化的历史,不在用其现在之音论我之古。

我以为复合词(连绵字)音的整理也许将古音的纲领可以捉住,又许对于已有的假设足以补充或纠正,因而觉得实际语言比语音还要重要。以同语族语来比较固然是我所赞成;不过自家语言的实际尚未得要略,似乎一跃而用同语族语来和我们的字相比较不能不认做是滑稽!如果拙见是不谬,我们研究古音若用同语族语来比较,必须"半斤对八两"——以语言对语言,以字音对字音。例如汉字的"陀"与"螺"联缀的复词,为儿童玩具名,已是汉文里唯一的解释了,推究其得名之源实与"突栾"之"圆"及"转"意相同,更征之于朝鲜语谓"旋转"为두를

(thulul)可以断知。朝鲜语、日本语是否与华语同族,还是没有确定的问题;虽然文法上显然在今日有很大的不同,而语言学分类的研究,其既定结果大半详于泰西而略于远东,以致鲜日两种语言的系属竟至还没有皈依。我们中国语,若推究原始也没有定论,将来的结果与现在所通行的相同与否颇是问题,无论属于“泰语”或任何语族。这鲜日汉三种语言中间有许多可以与汉字(以至汉语)音义相通,我们却相信得过的。所以这里以“陀螺”为“转”之语根而又以朝鲜语之두를为“陀螺”的旁证,总可以有几分真实。

这种工作里面却有一层容易忽略,忽略了便要“失之毫厘,谬以千里”。所以,我们不用同语族语比较则已,若要用这种方法至少得在基本的“语根”问题以外注意其声韵变化的历史。我们不明瞭同语族语声韵变化的历史,我们便不能审定取用的材料的时代;比较材料的时代不确定,我们便不能拿来断定我们所要解决的问题。我们得注意两句话:

语言的变迁不可以类推。

语言的变迁也可以类推。

第一句话说语言的各个词(中国或即为单字)的变迁是各有系统不能以此类彼的;第二句话是说语言的各个词的变迁虽各有系统而这系统的条例却为公有。例如A和B同是甲,甲变乙的事实A有之,B却未必有:这便是“不可以类推”的意思。然而甲既有变乙的事实,B虽不变,却有如A变乙同样的可能:这便是“也可以类推”的意思。这些实例韵书里往往有之,我们如果以“形式逻辑”的理论去讲,最易发生偏颇的结断的。我们研究声音变化的历史,对这两个条件的周旋就得留神!关于这两个条件,无论从方言或族语下手,都得要注意的,我们且不谈方言方面,因为方言的音读研究离不了声音变迁历史的解释。至于族语,不免先被一种界限遮掩了,容易忽略互相比较的材料之对等与否。我所谓“对等”就是无论其比较之词语声音全同或全不同与否必须两两有声韵变化相通之理——除去了两方变化的历史以后两者仍对等。这是说我们往往不注意他种语言变化的历史,只用直接取得的材料来证我们较古的事实,是错误的。我们应该自然地发生一些疑问,是取用这种手段的时候总要留意的些问题:

1）人家这一个词语的声音是否已有变迁？

2）人家这一个词语的声音应该是什么时代的？

3）人家这一个词语与我们同义的词语是否确有关系？

4）人家这一个词语的变迁与我们同义的词语音的变迁是否相同？还是可以相通？

5）人家这一个词语音的来源是否与我们相同？

我们固然不能教音的来源不同而义的表示恰合的词语合起来，我们更不能教音的来源本同而义的表示变远的词语分开来：分合去取之间，我们不要忘了“史”的观念。换言之，“史”者，“时间的痕迹”也。所以我以为比较研究同语族语，应该是在语言变迁历史的原则上注意，似乎不可以挑摘了一两个单例做论证的根据。

王静如先生取藏文“万”字读音证《诗·鲁颂·閟宫》五章的“万”与“乘縢弓綅增膺惩承”诸蒸部叶韵收-m，前面讲“万”字的地方我讨论过了，现在再举几个他同时说到的例子。（见中央研究院历史语言研究所《集刊》第一本第三分页 412—416）

1）以暹罗文“皇”字为 hluang 证《周颂》“皇”与“崇”叶韵，《商颂》“遑”与“监严滥”叶韵，和《尔雅》“林，君也”音的关系。

2）以藏文“天”字为 nam 本自 gnam 的古音变来，证明中国的“天”会是从复子音及闭口韵变成，并将《诗》里叶“人”字的解释为“天”“人”都是闭口韵的关系。

3）从藏文找旁证帮高本汉“之韵上古音附-g 说”补证曰：

> 高先生曾提起之韵有些字在上古有附声韵-g，的确不错，我们在藏文里也能得到一点旁证，如“字”和“子”字。但“子”字在《豳风·鸱鸮》一章，曾韵“室”si̭et；高先生却没有提到，我想这是很可注意的地方。-k 变成-t 或-t 变成-k，在中国汕头，客话里面例证很多。我们说它在上古韵是：
>
> a.“室”字收-k，所以韵“子”-g 呢；还是
>
> b.“子”字收-t，所以韵“室”-t 呢？
>
> 这是很难确定的。现在先把它同藏文比较一下：

	中文	藏文
子	‘tsi	sras
字	dzi	tshig
李	lji 从“子”声	
室	si̭et	

中国文从子声的“李”，有藏文复子音 sr-在那里作印证，更可以得到有力的证明。至于它收-s，那我们拿缅甸文 as—it 的演变规程，来衡量汉藏文的关系就很容易明白了。大概中国上古“子”的音质许是收-s 的，以后藏文保留着它，但中国就由-(a)s 变 it，又由-t 变为-g 了。要从这方面看来，(b)项的设想或者有些近似一点，同时也知道《豳风》里保存“子”字的上古音，更可以由此想到中藏互借或同源的地点。

王先生最后说：“但是这项揣想，不知何时才得到更普遍的证明或反驳……”我这里不敢说是“反驳”，却是一种“商榷”。我觉得冬蒸部的音读问题，依王先生的方法只应该是认定例证中的若干字是收-m 的，其余决不可同科(我对于这问题将在《阳唐蒸登严凡六部为鼻韵说》中发挥)。之部的音读依王先生说是-s>-t>-g。但我疑心-g 如果是浊声，似乎不会这样的变出来；我又疑心自舌尖转舌根的事实似乎不会是一条自然的道路；我还疑心论声随的转变与声首的转变似乎有同样的条理可寻，这舌根转舌头或唇的情形是顺些(关于转变，详拙著《音轨》)。若是说-g>-k>-t(s)，我以为倒可以帮高、王两先生圆其说，而缅甸文的演变规程的应用又似乎不能不割爱了；至多用在我这种说法的式子上括弧处的解释。我还是说：“请先治内，且慢骛外！”我们有我们的演变规程需要收集归纳；我们更应该注意西藏音的演变规程。虽然有了缅甸文的演变规程，但其与中国藏文两种演变规程之间有无特别差异，总得考虑！“闭门造车，出而合辙”。天下的车许是“同轨”的多，却也有些“不合辙”的。我固然不知道藏文的今音所存的-s 是什么来源，但我从我们汉语声类的演变规程上对于等于“s”的音的“变他”、“他变”的情形曾经窥探过一下，约略有点轮廓的认识。我用我的说法说明：

(1) 同位异势轨：塞通相转。

(a) 这是指的 s(ṣ 认为古初不分)与 t 或 t‘及 d 的相通，反过去说古初是相合。请看我这一个轨表所表示的情形：

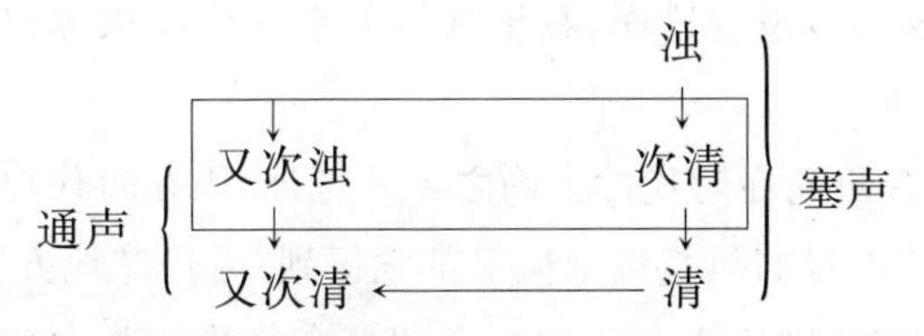

用旧纽说，就是心审与邪禅原来与端透定不分。

(b) 这又是指的 s 与 ts 或 ts‘及 dz 的相通，就是精清从(照穿床)的声读与心审、邪禅的声读不分。这个现象应该是前项现象的后出的事实，用轨表表示，可以看出矢符正相反。

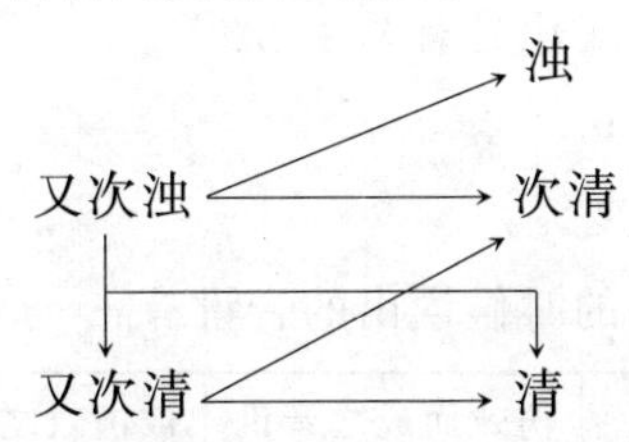

(2) 异位同势轨：通通相转。

(a) 这是指的 s 与 f 或 ϕ 及 x 的相通，就是心邪、审禅与晓匣非敷奉的变音不分。这是有特殊条件的状况之下的现象，如受韵呼的读音自然影响等是。大半因为合口呼的关系，今秦宋故地(陕西关中及河南归德一带)书、叔、黍、水、杓诸字多读为 f 声。

(b) 这又是指的 s 与 kk‘g 及 pp‘b 的相通，就是心邪、审禅与见溪群、邦滂並声读的不分。这简直是歧之又歧的一条路径，然而可以讲通，因为(1)项的 a 的关系我们将 s 当做 t 系塞音看待。所以这实在成了见系声及邦系声跟端系的通转。汉字音系中异位同势演成语言孳生之例很多，拙著《读帝与天》一文曾经提及。年来有志连绵格之归纳，也更灼然得见其真实。(《读帝与天》原载北大国学门《月刊》第三号，《古史辨》第一册收录。)如此看来是——

k 系>t 系=s，

p 系>t 系=s，

然则究竟是 s>t 呢，还是 t>s 呢？究竟是 t>k，还是 k>t 呢？所以 s 与 t 的关系，中国轨似乎与缅甸轨相同；而 k 与 t 的关系，我们却没有得着王先生的说明！

如果我这一段没有错误，我想这第七个条件应该提出于研究古音的学者面前。

〔八〕古音研究在时代性正确之零片考证，不在时代混乱之丛证。

我们研究古音的风气近来似乎都觉悟到“时代”“地方”两件事是重大的条件，应该分别论之。我们为了解释音变事实的现象可以不拘时地的引用例证来说明，但要考证音读的价值便不能不守时地的界划。突然看我这种议论，多少有些近于矛盾似的，其实不然。

为了说明这个道理，我们可以用小儿语的音讹做例子。譬如我们说，语音音素(字音)的变化是有两条方式：

(甲)声变而韵不变，

(乙)韵变而声不变。

我的女儿 18 个月的时候说出的音讹有：

	原语之字	仿效而成之音讹	被仿效之北平音	备　注
1	书	fu	ʂu	
2	流	jiu	liu	
3	干	tan	kan	
4	舅	tiu	tɕiu	
5	『搌』布	tan	tsan	
6	『剔』牙	tɕʻi	tʻi	
7	会	xɔː	xui	
8	棉	man	mian	
9	门	mẽĩ	mən	
10	转	tan	ʈʂuan	声母按上第五例转变
11	摘	tɛ	ʈʂai	声母同上例

（续表）

	原语之字	仿效而成之音讹	被仿效之北平音	备　注
12	公	toŋ	kuŋ	声母按上第三例转变
13	姑	to	ku	声母同上例
14	哥	to	kɤ	声母同上例
15	饼	pəŋ 或 poŋ	piŋ	
16	螺	liu	luo	
17	衣『服』	fuŋ	fu	

这些例子，由（1）至（6）都是属于（甲）项的，由（7）至（17）都是属于（乙）项的，我们不难看出“研究声转必于两叠韵之音求之”和“研究韵变必于双声的两音求之”的道理。小儿音讹也许没有时代地方的特性在内，但可以包含若干时代地方所有的“特性的可能”，并且是那些“特性的可能”的佐证。按照我的女儿的语言环境，有三种方言相接触着，北平，如皋，商丘：因为她母亲用商丘音，或许有一些重要影响；保姆是北平人，于是当她仿效北平语时，便有了极合商丘语的音讹，这例如书、门二字就是。像上面举的“公”字，声母由舌根转了舌尖，同时另有一位朋友的女孩（三岁多）说做 poŋ，就由舌根转了两唇；这样，假使要解释——

盘，凡，同，皆是从[illegible]形的器皿，

于声音上也能了解“凡”与“同”之关系了（从凡之“风”与“同”同韵正与“公”读如“崩”相对），而“共”与“同”之训义相通的道理自可明白（“公”读如“东”正相似）。般字之在甲骨文中作[illegible]，当即是后来盘字的初形；从舟从殳的舟就是[illegible]形，与皿形无二，平置视之便是后来皿字的初形。盘，般，与皿当是一形所生，所从的[illegible]或[illegible]即是一字。迨后变为凡。凡即是般皿字形。同字所从是凡，彝器文字中如此。

我们看见同义异字的“共”“同”，而显然知道其音是叠韵，可往往忽略了声母的关系。这类字的本身许是音的假借（指“同”），所以我们不能以那些字音本身变迁的原则来说他。所以我们有许多解释现象可能

的则例，却与订证现象必能的条轨两样。这两方的内容可以互相为用，其性质不得不细为辨识。

他一方面，我们又说语音音素（字音）的变迁有两条原则：

（甲）声变而韵变，

（乙）韵变而声变。

这已经在前面第二个条件项下说过了，看来岂不又和这里说的冲突了吗？我还是说并不！何以不冲突呢？这不冲突的缘故就是本节开端说的“不矛盾”，便是上来所论。

这种原则能使用得得心应手，然后可以研究某一个时代的声音更加正确。我们可以用上面写的四条原则互为经纬，在任何材料里找出它的真实来。因为经纬条规的限制，结果决不会很宽广。例如我曾经讨论自唐至宋的中间，“相”字与“厮”字的音通事实，便没有离了这中古的时代的限制（详《说相厮》，《再说相厮》，载《国语旬刊》一卷二期及十三期）。我不敢说那个研究结果是成功的，但却相信没有错乱了时代的范围。上节所举为了要证明上古音的汉字附声的问题而引起近代的西藏、缅甸语作证，其危险性之大就在于证虽多而时代淆乱。吾友罗常培作《切韵鱼虞之音值及其所据方音考》一文是合于这个条件很精切的例子（罗文见中央研究院历史语言研究所《集刊》二本三分页381）。他文中发现高本汉以“《切音指南》当作《切韵指南》而论《切韵》音”的错误。我们已不能用《切韵指南》考《切韵》，何况《切音指南》？高氏的方法好一比以现代少女的摩登装束当做她母亲少年时代的典型而用了去说明她外祖母少年时代的衣着；或者说是用瓜皮帽长衫马褂当作幞头袍带而去说明弁冕深衣的制度。但高氏是外国人，情有可原；国内学者就得注意。

研究的范围不怕小而怕引证的时代乱，少量正确无疑的证据抵过了颠七倒八的一大堆——固然“少”也不能到了“孤”。所以我提出第八个条件。

〔九〕古音研究在由假设的《切韵》音看谐声声母分化的系统之论证，不在只做《切韵》音各个读音的推断。

韵书代表的音系有些不全是实际的记载。除了近代系统的韵书（《中原音韵》以至《五方元音》）以及等韵系统的韵书（《韵镜》以至《明显四声等韵图》），那些《切韵》系统的韵书是极不一致的。例如从王仁昫《切韵》韵目注字里看，我们知道韵部分划乃是积累衍化的，这种衍化的状况一天一天繁杂，才成为最多的数目二百零六。二百零六韵的实在，上不能同于谐声系统，同时声纽也衍化多到四十七。四十七纽的起初由三十而三十六，后来变做二十，现在又是二十四（国音实用二十一）。二百零六韵到《中原音韵》并而为十九，现在又是十六了。我们不能绝对划分到二百零六个音，我们就不必拘拘的分这二百零六个韵读，而这二百零六个音的推断也不可以枝枝节节的假设。

我们取二百零六韵与四十七纽相互的关系做推测上下古今音的阶梯。一个阶梯应该有一个阶梯整个儿的脉络，这种脉络应该有互相贯通的条理，现在有一部分学者辨《切韵》音各个韵读的发音以为中国古音的系统，其意未尝非，其法难免不错！他们的办法是依照等韵分等的不同去推断各韵的读音；推断的结果说是《切韵》的系统。但是这中间问题正在于《切韵》本身的分合是否有一定标准，而等韵之所以要分合的地方是否就是《切韵》本身分合的标准。依我所考吕静、夏侯咏、阳休之、李季节、杜台卿的韵目情形和陆法言、孙愐、李舟的韵目情形看来，如——

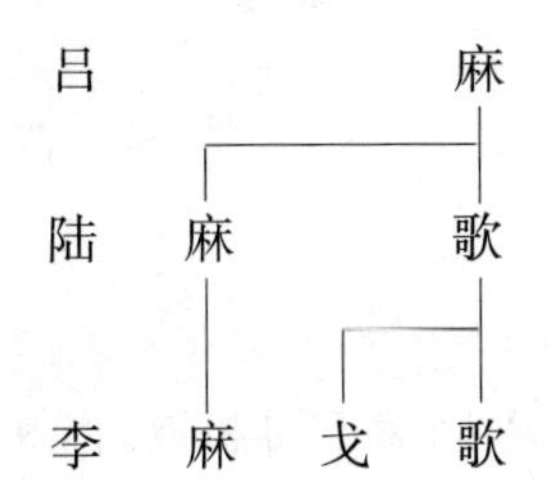

是《切韵》分为三韵，原来一韵，若为《切韵》音各个读音的推断而定：

歌	开口一等	ɑ	所谓“果摄”
戈	合口一等	uɑ	
	合口三等	ĭuɑ	
麻	开口二等	a	
	开口三等	ĭa	
	合口二等	wa	

从这个假设而讲《切韵》音许是对的，可是也未必准对。又如阳唐韵：

吕　　　　唐

陆　唐　　阳

依讲《切韵》音的人就把东冬锺江的江牵合阳唐而定：

唐	开口一等	ɑŋ(-k)	所谓“宕摄”
	合口一等	wɑŋ(-k)	
阳	开口三等	ĭaŋ(-k)	
	合口三等	ĭwaŋ(-k)	
江	开口二等	ɔŋ(-k)	

若照着唐人入声目次对照求其韵目，和唐人目先后变动的位置比着看，似乎原来和蒸登严凡连列为一音类，后来与覃谈连列在庚青类之前(法言次第)，最后覃谈又移到后面去而成功《广韵》的面目(李舟次第)，则论者又拉了江韵来相配，就见得《切韵》标准究竟是不可定的了。譬如江韵，按着分等情形和韵目音类来看，也未尝不可与东冬锺合(据《韵镜》)。

东	开口一等
	开口三等
冬	合口一等(原称开合)
锺	合口三等(原称开合)
江	开口二等(原称开口)

假使东部主韵是 u-，冬部是 o-，江部是 ɔ-，固然不得相混，但其为独立二等，配在宕摄固可，配在通摄又何不可？我们看现在江西人读“江西”的“江”一部分已经同宕摄音一样，一部分还有像通摄音与其谐声声母“工”字相同的，我看《切韵指南》还是分做江摄(外一)宕揖(内五)，《四声等子》并成一个宕摄而注出“内外混等”“江阳借形”的话来。因此，从韵书韵目衍变上说，阳唐在真的《切韵》音里与江是否同类便是第一个疑问，东冬两部是否音读不同是第二个疑问。我考吕静、夏侯咏各家韵目，知道法言以前有东冬不分的，有冬锺江不分的；现在《广韵》存留冬上声“湩”等字不附于董韵而附于肿韵；都可以相见起初的情形：

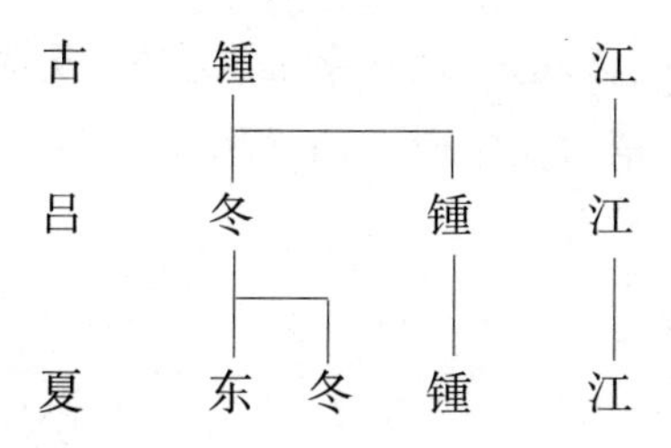

而阳唐呢，

(1) 从唐代入声次序所对的情形，既不与覃谈一类；也不和庚青一类：而吕静目中且只总合为一部，*a*-a-之分就有些问题，-ŋ-k 的声随也成为悬案了。

(2) 照法言以来至于孙愐（第一次）《切韵》的阳声次第求其音类，却是覃谈阳唐的次序，韵读且不论，其声随就成了有趣的问题：覃谈附-m，阳唐附-ŋ，李舟以下分之极显；这儿既在一类，我们就得承认有三种事实的可能：

覃谈非附-m 同于阳唐，

阳唐非附-ŋ 同于覃谈，

覃谈阳唐皆非附声的。

(3) 依李舟韵目，阳唐与庚耕清青是一类，覃谈却与之分了。这都是给我们相信《切韵》音的标准需要仔细讨论审定的证据。我们用二百零六韵和四十七纽做《切韵》标准，在审音上还有许多问题的。

这种问题是：研究《切韵》音的各个读音，推断未必切于实际，而从这个标准去向上推断也未必可靠。我相信这方法可以用来考《切韵》音而需要添加辅助的方法，如韵目衍变的沿革等。我更相信这方法要用做研究《切韵》以外的古音——大抵指韵书以前的音系——的时候，是应该由与韵书先后变递的谐声系统的交互关系上审音再加以论证的。这个意思是表示反对斤斤于《切韵》音的推断，但并不是绝对不赞成由审音而假定《切韵》音以为研究某时或某地的音系的比较（上引的果摄宕摄注音根据中央研究院历史语言研究所《集刊》二之二页 189 及 191 所载）。

〔十〕古音研究在考证文字形音求通于义，不在拘守成说，或抹杀成说。

现在国内学者的趋势，除了从事考古的，就要算研究文字语言的为最多。许多方面的研究都渐渐旺盛起来,从文字推求古史,从语言考证民族,更是不乏其人。站在中国语言文字研究的立场上看,大家都不免有些缺陷。这种缺陷大抵是——

(1) 研究文字的不通音韵,

(2) 研究音韵的不通文字,

(3) 研究语言的不通文字音韵。

关于这一项举例,我得预先恳切地声明,我是引了三位我敬佩的学者所写的论文,不过是表明在形音义的沟通以及纯粹声韵的研究还有些美中不足,而并非就是上面说的三种缺陷的代表。因为那些代表缺陷的作品,我们倒不便去讨论他们。

徐中舒先生解"剥"字为"炮""炰""庖"义,至当;但他释"剥床"训"焚"说:

> 庖、炮、炰、焚,仍为一声之转(焚古读重唇)。(中央研究院历史语言研究所《集刊》一本四分页432)

案:只解到双声是不够的。这几个字的音,很可以说庖、炮、炰都从包声,而包声的字古音兼为入声跑、驳、骲、瓟、窇、飑、鞄等字与剥字同部,声母同类;并且同义的灼字的勺声与包声也有些相同的情形,足见这是文字的异写而为语言的同音。至于剥床的焚义由灼字也就疏通了。焚字是阳声与剥字入声非一类,"一声之转"不足以圆满其说!这灼字演变为今语的"着火"之"着"和"烧",自"勺"声可以谐"灼""酌"及"斗杓"之"杓"与"肑"两种声音就可以证明;然则"剥床"就是"灼床",也就是"烧着了床"了。

徐氏于文字往往有殊见,而于音释难免美中不足,他的《耒耜考》也有相类的情形:

> 勿、利古韵脂部字,《国语·越语》以"一、物、失、利"相叶,故得相通。(中央研究院历史语言研究所《集刊》二本一分)

这无异于说,"凡同部相叶的字可以算做一字"了。

方、坺、伐、发、垅古皆读重唇音，故得互通。

这又是说，“凡同纽的字可以算做一字”了。

耜为农具，为个人日常使用的物件，故得认为己有，故耜所从之台，得训为我。

厶与私亦当为耜引申之字，耜、私、厶、古同在心母（古韵耜在之部，私、厶在脂部，之、脂古不通用，或由声近相通）。

弋、目古音同在之部……弋、目通用，亦可见弋与目的关系。

郘从邑从台，台、目同字，以目名国，自是其地以目耕作的特征。

上面四条里至少有三个不同的声母和韵母：

训我之“台”的音与“目”“弋”同声，

从台之“郘”与“台”声同，

从目之“耜”与“私”“厶”声同。

若以心母沟通耜私厶固然可以连带说明“姒”“始”两字，但何以解“郘”“台”之读舌头音和“台”“目”“弋”之读喉音呢？虽然徐氏的大意可以不动摇，惜乎是没有正确说明本始的音读——这应该是定母之部的语根。

林语堂先生考支脂之三部古读，能注意到声韵交涉的关系，可是对于谐声声母的系统以及声纽的沿革还没精确的分明！他表列声母为五种：

唇音，送气，舌尖舌叶音，舌后音，无声母。（中央研究院历史语言研究所《集刊》二本二分页141）

所谓无声母的字都应按谐声系统还原到有声母的舌尖音或舌后音里去；所谓送气的字都应归到唇音或舌后音里去。我们将他的例字分析一下，就有：

之韵

无声母的

饴、贻、已、苜、矣、以，都应入于治、耜、俟、涘、似、始、祀、汜一类。

异属喻母，古应入定母，祀字亦作禩可证。

意字一字属影母。

送气的

熙应入舌后音。

脂韵

送气的

洧、鲔，应入舌后音。

尤韵

无声母的

尤、訧、有、友、右、又、侑、囿，都应入匣母，故洧、鲔皆从有声亦当同归。

邮属喻母，与上异字同。

咍韵

送气的

海应归唇音，与钟鼎假亹，迈为眉，万相同。

灰韵

送气的

诲应归唇音。

侯韵

唇音的

亩应归舌后音(从徐铉说，久声)。

如此，送气的只有“喜，饎”二字，无声母的只有“意”一字，也许还有其他方法可以推送过去。我相信所得结果还能有更精密的地方的。

林氏讨论到汉字里的拼音字(见上海开明书店《中学生杂志》第十一号)。他在《说文》里找出几个字来做例，我们觉得有相当的商榷的地方。他一共举了四类例，一四两类倒很有趣，二三两类却是问题。兹略论其第二类。

(二) 有一字二声相近的，其中一声为本字，因音已转变，再加相近的声，使与读音吻合。如——

《石鼓文》以“遳”代“我”，而吾、午声相近。

《石鼓文》"我车既攻,我马既同,"我作"避"。按:如"吾"已足表意及声,何必加"午",必系因"吾"之平声不谐,而加注"午"字,以缀上声,仍留"吾"字以示本字意义。若谓籀文好重叠,并非拼音,何不作"避"?

古永、羕同,《韩诗》以"漾"代"泳",羊、永声相近,而永、羕同训"水长"。因永声不合方音,加缀羊字。

《毛诗》"汉之广矣,不可泳思,江之永矣,不可方思",《韩诗》作"江之漾矣"。《说文》于永部"永"字、"羕"字下皆引此句,而永字下引作"江之永矣",羕字下则曰"江之羕矣"。又二字同训"水长也"。《尔雅》也说"永、羕、长也"。是二字原属同辞,方音稍异,读为"羊"则作"羕",读为"永"的则仍作"永",此为拼音之据甚明。《说文》说从永,羊声,其实永羊何尝非一声之转?《齐侯镈钟》"羕保其身","羕保用之",以羕代永,是羕字之用甚古,并与《韩诗》相符,当是燕齐有此读音之证。

又如"嘏"字训"大远"与"遐"同义,而又加缀"古"字。

《说文》说"嘏,大远也,从古,叚声"。实则古、叚皆有远义。《诗·汝坟》"不我遐弃",《天保》"降尔遐福"即此义。惠栋引《释诂》"嘏,大也",《方言》"宋鲁陈卫之间谓大曰嘏。秦晋之间凡物壮大者谓之嘏"。此外又借作福祜之祜(《诗》"天锡公纯嘏")。古、嘏、遐未必非一声之转,因嘏为古之转音,故又加"叚"以表出之,或嘏是遐之转音,故又加古以表出之,其用意与以上以"羕"代"永"同。

我们对于代名词的本字问题,如以文字史料做根据,其音声历史很有些丰富的解答,大半由声音的变化表示语法的作用和方域时代的划别。例如第一人称代名词,在周金铭文里见到的,我且根据吾友容希白(庚)先生《周金文中所见代名词》释例(见《燕京学报》第六期)
列成下表:

<table>
<tr><td>格</td><td>主</td><td colspan="4">领</td><td>受</td></tr>
<tr><td rowspan="6">字</td><td>余</td><td colspan="4">（余之）</td><td>（余之）</td></tr>
<tr><td>（我）</td><td>我</td><td></td><td></td><td></td><td>（我）</td></tr>
<tr><td>（⿱虍魚）</td><td></td><td>⿱虍魚</td><td></td><td></td><td></td></tr>
<tr><td rowspan="2"></td><td></td><td></td><td>朕</td><td></td><td></td></tr>
<tr><td></td><td></td><td></td><td>走</td><td></td></tr>
</table>

所谓“本字”，吾字并不是的。林氏讲石鼓文的避代我，是吾字不能谐语音上声，加午字而仍留吾字示本义，其实吾我两字以四声分辨未必在石鼓文时代就有了。金文里有“⿱虍魚”无“吾”，“我”字最早(甲骨文已见)，这三个字的音依等韵状况推求是两条路，这两条路是韵的不同，声调无关。

我　　疑纽哿韵一等

⿱虍魚　　疑纽鱼韵三等

吾　　疑纽模韵一等

古音家分在鱼部歌部两部。如果鱼、歌古读是 ɔ、ɑ 之分，则⿱虍魚、我之别当是 ŋɔ、ŋɑ。鱼韵如有 ɔ＞o＞u＞y 经过，则⿱虍魚之于吾不过是 ŋɔ＞ŋu。歌韵似为 ɑ＞ɔ＞o 或＞ɤ 以至＞u 的经过，则我之于吾也就是习 ŋɑ＞ŋu。吾既后于⿱虍魚，而⿱虍魚音已有变化反列入三等，为自 ŋɔ＞ŋjiɔ＞jiɔ＞iɔ＞y 的痕迹。ŋɑ 与 ŋu 若不是时代的变迁便应是地方的各别，这是说我、吾之别是音素的变动非声调的变动。声调尽足是音的最后分点，但谐声系统中似应先注意音素中声韵同异的初步分点，因为由谐声系统所见的分点极显著在韵类三声(阴阳入)而不在声调四声(平上去入)。不然，我们假使只用“吾”表平声，“我”表上声，林氏所指避字，果如所说，是诚然只从吾不能表示上声；可是从吾得声的“语、敔、圄、晤、寤、寤、悟、铻”为什么又都是些上声和去声的呢？林氏所谓表上声的“午”，从他得声的字恰恰只有上声，可是我们知道午和五(吾的声母)在汉代通谊殊用，一音异形，虽有同气之雅，实无连枝之分。石鼓所作时代大抵秦世之说近是，林氏说先是吾后增午至少要在秦前了；上面已举出周金文中不作吾字的事实，岂不碰起头来了吗？从御的铏字，《说文》重文作䥢，御字从午而非声（许说如此）。然而午形之字典五形相通，又当更有声音以外的关系，完全为了声音来叠床架屋，恐未必然。只巧是一个"铻"字，可算既从"午"形又从"吾"声，形与声都像与字音有关。由这个铻字，我想到古文字偏旁左右位置无定；也许石鼓的遰字就是一个从"铻"的形声字。那么，我们可以想象这个领格代名词第一身的演变：

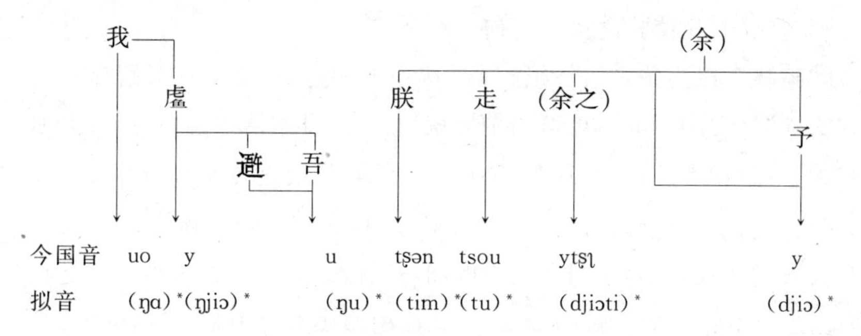

林氏说"永""羕"两字是原属同辞，方音稍异。我觉得古文字同音假借的很多，上面遰、吾同音假借，这里永、羕也是同音假借。文字中往往在原始表意的字以外，又加出表音字来，将所表之意方面加多，以各形有所专属。例如"其"字，原形象箕，假作"其雨其雨"之"其"，又假作"其厥"之"其"，现在分他字义的先后，反为——

第一义　　其厥之其，

第二义　　其雨其雨之其，

第三义　　箕。

"箕""其"在《说文》还是一字，此刻就有清浊母之分了。永之与羕，在喻母三四等不同；今更作"漾"与"羕"又分成二字，音则无殊。这些例子合上上面吾、遰同看，我们只可以了解形声的孳乳，丝毫不能晓得他是拼音的现象。我们只可以知道是假音，而不能懂得是拼音。例如林氏说，"嘏"与"遐"同义，又加缀"古"字；其实这也是由同音假借变注形谐声的。金文中假"鲁"为"嘏"，作"遐"字的在物证上倒较迟些。与其说"古、叚皆有远义"，何如说"凡积极的函义在古文字中皆为旧歌鱼部喉牙声母和来母字"呢？古、叚、鲁等字大半声转或是复声析离，拼音之说难于安贴。

方壮猷先生，曾以语言证史，若《匈奴语言考》诸文开近年国人研究历史的新路径。他引用各国学者记载的各种语言来证汉译旧音与四裔外国语的关系，也不免未及兼顾到：

所据的语言记载时代如何，

与汉译时代读音之关系若何。

他译“呸林”，以为蒙古语祭祀的 tailga 声音相近似；又女真语谓寺庙的“太乙剌”(tai-yih-1ah)，朝鲜语谓寺院曰 työl，日本谓寺院曰 tera，都和“呸林”一语相类。按“呸林”二字在汉世的音最要之点是收-m 声，方氏原文引过《史记・索隐》云：“……韦昭云，林音多蓝反。姚氏案，《李牧传》大破匈奴灭襜褴，字与韦昭音颇同，然林褴相近，以林为褴也”，是其明证(见北大《国学季刊》二卷四号页 728)。又原引服虔音呸为带。带，去声，六朝以上当同于入声，有声尾-t。如果林是多蓝反，则声母与带的尾音是密合无间，可知“呸林”一语中间必含有一个-t-声了。我们可以知道呸林一语所含的声母三部分是：

d-( )-1-( )-m，或 d-( )-t-( )-m。

前一字的声尾如此认真，后一字的声尾不能便无关系。

又据《集韵》“忙径”“莫狄”二切释“煝蠡”之“煝”。他说：

忙莫二字又各有“m”“b”之二种发音，

故忙音 mong　　则煝音 ming

忙音 bong　　则煝音 bing

莫音 mak　　则煝音 mek

莫音 bak　　则煝音 bek

按此则煝字有 ming、mek 及 bing、bek 之四音(见北大《国学季刊》二卷四号页 730)。

并谓与北方诸族语之 bula、balan、balgha-sun、bele、bnte、bulik 皆相近似，殆有语脉相通之缘。按《集韵》两切不同在韵之一阳一入，声母 m、b 之转可不必周折言之。两字汉代读音，《集韵》不足以释注。

又，举朝鲜语 pis、pit 之栉为《匈奴传》“比余”“比疏”译音之证（见北大《国学季刊》二卷四号页 735）。按鲜语恐是汉字“篦”之音读，“比余”“比疏”不必为胡语输入中土者。中国固然很多后起的文字记载，而语言却是很早的。

〔十一〕古音研究在注意语言中之表音及族语同义的语根，不在以汉字读音为主。

上一节我们指出研究文字语言的人的缺陷，是形音义不能三位一体。还有一等缺陷，既不是忽略声音，又未尝偏重形义，却泥于汉字——换言之，没有审音的能力，空依着文字的躯壳。

马宗霍《论西人之中国古音学》即是这种缺陷。他说：

> 瑞典有支那学家珂罗倔伦者。尝究心中国语言之学。新著中文解析字典一书。每字详列古今音读。其辨古音之法。大都据闽语粤语旁及日本安南所保存之中国古音定之。一二好奇之士。乐其简而易晓。不遑审其中失所在。遂称其书上集三百年古音研究之大成。且谓中国自来治古音者。但寻之于故纸堆中。故劳力多而成功少。所分韵部，只能言其有分别。而不能言其分别如何。至于声母。更少精密之成绩。斯乃务为夸诞。怪旧艺而善野言。固荀子所谓近为蔽浅为蔽也。（圈点照录商务出版《音韵学通论第三附》的原文）

他对于珂罗倔伦的方法丝毫没有了解，轻轻的下了个“简而易晓”的评语，而讥贬称道珂罗倔伦的人为“怪旧艺而善野言”的“好奇之士”。如果“简而易晓”可以算得一种弱点，那我们只有不讨论；不过学术的能事似乎要能“深入浅出”，有人往往以为凡一事理如果说得浅显易解便觉没有价值，玄之又玄的一朦倒反倾佩的了不得，才真是“近为蔽浅为蔽”呢！珂罗倔伦的著作未必如马氏所说有人颂扬做三百年古音研究之大成，因为他究竟是外国人，有些个问题还不能完满的兼顾，但是他的方法总值得给国内学者参考的。马氏的议论或者是由《中国语与中国文》的译者《道言》第一节的“本书著者高本汉先生”一段话引起的。译者的话是这么说的：

> 本书著者高本汉先生……曾经久住在中国，对于中国的文化，很有深切的认识和研究，实在是现在西洋的支那学家中数一数二的人物。……他的专门研究，是中国语言学；对于音韵和文字尤为致力，有他的名著《中国音韵学研究》(Etudes sur la Phonologie Chinoise)和《中文解析字典》(Analytic Dictionary of Chinese)二书做代表；而在文法方面，也常有新颖精到的论著。胡适之先生说他的《解析字典》，"上集三百年古音研究之大成，而下辟后来无穷学者的新门径"(《左传真伪考序》)。后来的学者——尤其是中国人——对于中国的语文问题，自然不应当把顾、江、戴、段、钱、王、诸人的研究认为满足了，应当以西洋的学术做基础，将中国固有的学说，重新改造一番，以建设一种新科学。那么高本汉先生当然是我们最可敬爱的良导师，我们应当竭力的来介绍他的著作。

我觉得像译者近年所发表的关于中国音韵学的书文，总不过是热心有余了解未深努力做的探述工作，马氏若因此而兴悲愤则可不必！盖珂氏之方法，胡序加以颂扬，与张译之意义略有不同。例如张氏《广韵研究》中，一面大加批评于黄侃的研究方法，而一面叙述的系统却几乎全抄黄氏。

马氏说：

> 夫谕名听音。神瞽犹难。远人代谋。而望谍然理解。其亦不自量度哉。故略疏于此。以祛学者之惑。

这样简直是一种学术之闭关思想，于事实上固然不合，于理论上也说不通！推原其故，他们是没有"谕名听音"的方法，要等"神瞽"来"代谋"，而自己终于是"天聋"的！这种人自己尚自命为治音韵训诂之学的，结果只能以目治，以手治；他们所谓音是文字所表的音，所谓义也是文字所表的义，而几于不能将他嘴里说的话与文字代表的音义互相贯通。我们现在第一要以口治音韵训诂；以耳治音韵训诂，也就是以语言为中心的治音韵训诂。珂氏的缺点不是马氏这种抹煞论调可以揭白的。马氏的缺点却在这篇文字里表白的毫无掩饰了！

我将马氏的反对论调逐一说明如下：

> 古今声韵有异者。顾氏江氏。已注切音。虽纲领未具。不可谓不能口读。其后古韵分部音读之区别。戴氏章氏尝言之。古声分类与今声之差池。钱氏章氏亦尝言之。此则纲领完具。悉可宣之唇吻矣。尔其所定标准。专本切音而不本俗语。则以切音之法有定。而俗语之变无方。不可舍其有定者而惟无方者之从也。

他这段议论的错误在于把“切音”与“俗语”两个名词来对列，而全没有知道珂罗倔伦所用方言的材料与“切音”的意味相同，更不曾明白“俗语”与“切音”的真价值。审音用到反切已是一种进步的表示，可是声韵的实际还往往被文字的形式所掩蔽。切音虽可宣之唇吻，各人却可不相同一，在文字为“有定”，在声音仍是“无定”。他不知道珂氏是写注出粤闽以及其他各地的方音来讲音理，正是他认为“无方”之变的俗语给综合在“有定”之法的音标下面著录起来的。我们看江永《古音标准》第一部总论里说：

> 按此部东冬锺三韵本分明，而方音唇吻稍转则音随而变。试以今证古，以近证远：如吾徽郡六邑，有呼东韵似阳唐者，有呼东冬锺似真蒸侵者，皆水土风气使然。……

照这说法，徽州读的切音字的实际与徽州以外何能相同；若以为文字相同便是“有定”，其奈“千里之谬”且并不觉“差以毫釐”何！

马氏又说：

> 若曰。主于切音。以俗语左之。是或资于古音之一道。而珂氏之书。则尚非其伦。盖古音之存于方言中者。随地皆有。原不止于闽粤。闽粤之音与古合者。又多在声而不在韵。如舌上之为舌头。轻唇之为重唇是也。以言韵。粤惟能发侵覃之闭口音为独异。斯亦合于唐韵耳。而撮口音他省皆能发者。粤复缺如。至闽语呼一为蜀。粤语呼无为毛。此乃可以考古语。而不可以考古音。如此类者。亦随地皆有。不独闽粤也。

珂氏书中并不止闽粤两种方言的读音，这里却犯了“以耳代目”的误失！至于说“呼一为蜀”、“呼无为毛”，只可以考古语，不可以考古音，更不知作者的意思是什么了！我们如果写着“呼一为 siɔk”，“呼无为 mo”，试问可以不可以作为古音的考据？无音不成语，无语不成文，我以为“无”是通语，而“毛”是方言，写之为字，读之为音。不晓得如此以外还有什么“语”和“音”的分别！

他又说：

> 安南近毗于粤。自汉迄唐。我疆我理。度其音或有与粤同而偶留唐音者。今南洋华侨。犹有唐人之目。唐之声教南暨。于兹可证。若日本则夙不受中国羁縻。本非同语之邦。虽亦尝于唐代遣子弟入国学。略瞻华夏光仪。而其国人今有所谓汉音（即指唐之长安语）吴音（即指唐之金陵语）。案之唐韵。则固无毫发之合。良以语不同根。当时留学中土者。归而成教于国。亦但袭其名而不能变其音也。夫历遍各地。势有不能。独以此数处之音为据。求之日本。恐不可得。其他求而偶得者。亦正中国古音学家所谓今音而非古音矣。

马氏以为安南曾经臣属中国所以做“偶留唐音”的证据，并不如说“语言同系”的理由强。日本的汉吴音固然不能绝对等于中国某时某地的音，但是因为他是受汉字支配的结果；学者自可以从其不同而推验其原状，未尝不可当作一种译音看待。又日本吴音指三国时建业语，马误作唐之金陵语。

马氏最重要的意见是不赞成从语音的实际找古音，所以对珂氏的方法一概抹煞；其实他未曾懂得江氏戴氏钱氏章氏的论列是从语音实际——音理——审证得来，何尝与珂氏的方法两样的呢？不过珂氏用了世界学术的公器——音标——来表音，比江章各家用等韵以来名目更加明确些罢了。请问一个“见”字与一个“k”字，其表音的不同在那儿呢？又如章氏之著《新方言》及《岭外三州语》，若依马氏这篇议论也就应该根本怀疑了；不然他也许说“此乃可以考古语，而不可以考古音”，则有章氏书在，究竟古语古音的关系如何，自然一索即得。不能懂得语音与文字音的关系而要讥评站在语音学语言学基础上做工夫的著作，正所谓“远人代谋，而望谍然理解，其亦不自量度哉”！因此以下一段话，我们可以不再批评；而相信这一个条件是有对于旧式在字面纸面做音韵工夫的人提出的必要了。

> 又欲考古音。必先定其部居。否则漫无经界。适闻与普通音异者。即妄指为古音。不知其为方语之变迁也。苟欲定部居。则表韵者虽省至十七部。彼土母音。有能相代者乎。表声者虽省至二十一类。以分等计之。则亦不损五十类。彼土子音。有能相代者乎。缘中土语为单音系。以一音成一名。彼土语为复音系。合数音成一名。复音系者。不惧名实混殽。故音不必多。单音系者。惟恐名实混殽。故音不能少。珂氏于此。吾知其无能为役矣。

虽说这段可不批评，但他不知道珂氏已有论文为中国语单音系的说法作了翻案，应该提一句。总之，我们的根本观念要把“语音”和“语言”两方面打通；中国语言学是被语音学阻碍住了——最好说是“文字学”的蔽障！这虽马氏批评珂氏未得其当，而珂氏却也有受中国文字的眩惑的地方。吾师疑古先生与周岂明先生《论张世禄译本珂氏的中国语与中国文书》曰：

> 高公之书，弟已买得，略略拜读了一下，也敬也不敬。敬者：一个外国人能够如此了解中国之文字变迁，是很不容易的。他比起威妥玛、权宁世这班人们来，真不可同年而语了。尤其是现代几个做关于“清国语”或“支那语”的“某国人”之浅薄无聊，我常觉得他们何以与他们“遣唐使”时代也是不可同年而语了呢？我看鸦片战争就是一个关。在这关以前，咱们是“人”，以后则是奴隶了。
>
> 但我对于高公也有不敬之点。即是戴东原、王念孙以来，从声音研究文字而抛开形体；这一点很新很确很进步的中国语言文字研究，高公尚未梦见，故他总认为形声字之“形”为汉字造字之精髓也。又其书中颇有可笑之解释，如谓“股”字从殳肉系谓此肉乃可打者，岂不令人哈哈乎哉！（其实还是咱们自己不好，咱们若无“打某股”之刑，他们又何至作此奇想呢？）

以国人为无一是处而唯外人是信的态度是不对，以国人旧法为极优妙而视采外人方法以及外人所直接著作的都不值一观的态度更是不对！“允执厥中”是我们的正当态度。

〔十二〕古音研究在注意非族语所受汉字之影响及其保存之汉字读音，不在取声音上偶合之例。

上一项说的不以语言为主的错误，关于同语族语言的运用略而未详。虽然，我们在前面四五六七四项条件之下，大抵都零零碎碎说过，对于目前研究古音的步骤不可生吞活剥的做比较，而不能深闭固拒的不比较。

我们目前语族问题上似乎有很多没有解决的地方，虽然照欧西学者的分割，大体属于“印度支那语系”。需要解决的问题是：

1）现在与中国语不同系而与汉文交通的语言，如韩日两民族，究竟原来是否就不相同？

2）现在与中国语同系而与汉文不相交通的语言，如藏暹两民族，究竟原来是否就相同？

3）中国民族从人种学历史上与语言的关系究竟如何？就是说，中国语言的来源究竟是一系呢，还是多系呢？

4）现在的汉语内容是否是原始的中心，还是后起的外来语？

5）汉字所代表的音以及其形体是否是始终一贯的系统？

我固然无以回答这些个问题，可是能看到有这些个问题。学者不用其他语言比较研究则已，若要研究，得请先行注意一下：

1）先进的语言学者或许没有深悉远东的情形，分类的实在，远东学者得加一番考量。

2）对各个语言的自身历史固然要明白，材料的收集得仔细审识。

3）智者千虑必有一失，名家的论记也得逐项覆核。

然后我们既可不受人误，也能不自误人。

《新月》二卷二号载潘尊行《由反切推求史前中国语》一文，可以代表一种错误。这种错误是前项条件与本项条件的混合。潘氏误以汉字读音为主，他说：

> 窃谓古韵书之撰集，殆无不以反切为准，且其反切皆有所从受，于所不知，盖阙如也。

这完全把韵书的历史看错了！韵书时代所代表的音去反切初兴的时代所表的音不能无变；反切与谐声系统时代的音又不能无变，谐声未发达以前文字的音读与谐声系统更不能全同。做反切的人也许有所从受，但我敢断然的说与文字初起至谐声发达的时期之间必不是相承的。试问如果反切是代表史前的中国语，谐声系统就不应在反切以前存在，更不应在反切以后混乱。这一种错误正是犯了不审识各个历史的毛病。他举了些韵书的例子，自己正为自己定了错误的案。

> 例如：唐写《切韵》下平声七歌；鞾下云，无反语；唐王仁昫《切韵》平声三十九歌，鞾下云，希波反；《广韵》八戈，鞾下云，许肥切。
>
> 又，《切韵》伽下云，无反语，噱之平声；王仁昫巨罗反；《广韵》求迦切。
>
> 又，《切韵》上声四十七拯下云，无反语，取蒸之上声；《广韵》上声四十二拯下云，无韵切，音蒸之上声。
>
> 又，《切韵》上声五十一范下云，无反语，取凡之上声；《广韵》上声五十五范下云，防锬切。
>
> 可见无所从受，例取他字以相譬况，未当向壁虚造也。慧琳《音义》辄言“相传为某某反”尤为吾说之显证。

他不知道这些字音后起，最初反切无其他字可以用。这只要对于音韵沿革和等韵、《切韵》两系统的状况有过相当常识的人就可了解。不图潘氏不能明察！

他又说：

> 郝氏（郝指郝懿行《反语考》）谓应劭《汉书注》有“直音某不加反语”及“音某兼加反语”二例，予谓音某与音某某反同。

这也是一知半解似是而非的话。凡音某兼加反语的，乃表示所音的为某某反之某音，与《说文》读若之作“读若某某之某”同例。依他的说法应劭乃是传留汉以前的反语的一个人，我们就不能不奇怪何以许慎《说文解字》竟丝毫不记载一点史前的反语！他道：

> 应氏所以于上字音某，下字又音某某反者，意其时有一部分字

音尚仍反语之旧，故音某无异于音某某反。历年滋多，语音益以简易，于是反切乃仅存于韵书，不复知其为上世之遗语矣。其或参差不齐，则由方音本有别殊；而韵书或未能备载。

他这样错误是被一个成见诱惑住了！他为的要利用反切去附和西方学者讲的古复辅音以及同语族语的证明，而错把反语与连语误为一物！虽然他也从韵书反切的同异说语音演变之不同，可是根本的意义是弄错了的！

他论反语为复辅音的遗痕，分东冬韵为 ng 与 tg 之不同。我们将在第十四项下去说，这里且叙明他引高本汉的《分析字典》审音的方法之可笑。

兹以平声一东为例，列表如下（节录其与下文有关者）：

领字	《切韵》	《眗韵》	《广韵》
同	徒红	徒红	徒红
中	陟隆	陟隆	陟弓
忡	初中	勑中	敕中

初纽与敕为彻纽微异，然安南汉音并为 s 纽。

风	方隆	方隆	方戎
瞢	莫中	莫中	莫中
隆	力中	力中	力中

……试就上表切语略举数例，依珂罗倔伦《汉语日本汉音分析字典》，各以罗马字母代入，则得古读为

徒红 d‘uo-yung（此注音疑原印刷有误）。

初中 tsi(w)o-t‘iung。

陟隆 t‘iek-liung。

陟弓 t‘iek-kiung。

方隆 pi(w)ang-liung。

方戎 pi(w)ang-nziung。

莫中 mak-t‘iung。

力中 liek-t‘iung。

据他自己所就是注的《汉语日本汉音分析字典》的音，那古读的“古”之范围何能推到史前？这又是我们说高本汉自己以《切音指南》当作《切韵指南》而考论《切韵》为以瓜皮帽长衫马褂当作幞头袍带而去说弁冕深衣的制度一样笑话了！高氏已经有这样的缺陷，潘氏的方法岂不又加一层可笑？潘氏这种错误根本是引证不明！我们不知道他何以不知道从实际音韵的沿革和音理下手，而要追踪于其不深了悟的学说之后去附会！这样的缺陷比不肯引用外国学者的方法的守旧态度的缺陷还要大。如果反语即谜语，谜语就不该另有存在的可能：谜语与反语的双方存在，至少显示了反语和谜语的基本不同。

他引安南汉音读中为 trung 说：

> 音正如“陟隆”，读“重”为 trung，音正如“直龙”，可知“陟隆”变为“陟弓”，“去隆”变为“去弓”，莫非略去 r 或 l 之结果，《广韵》后于《晌韵》数百年，其演变步骤正亦相应也。

如果“陟隆”“直龙”是表示 tr-的，“陟弓”“去弓”何以不说是表示 tk-和 k‘k-的呢？我在这里只有用前一项条件结束，并且连带提出这一项的条件。

本项的正例子一时没有，也许我所说的“汉语潜支”竟是犯了这一条条规；不过在我提出的五个问题没有肯定的解答之前，相信那是一种试探与潘氏的缺陷实有不同。我所谓“汉语潜支”，例如将日本语汉字训读与汉字音史比照所得的现象就是，鲜越语同。日本没有“假名”以前的旧语一到有了“假名遣”的办法便照着读音注写成了属于日本原有的训读：这训读与汉语的面目绝为二事，但从汉语语音的历史上看去不少是汉语（说汉字更为平稳）的旧音。

井　在《广韵》感韵作姓氏解。日本语用大碗蒸饭，像广东的“煲饭”一类，名叫 d‘o^{m}buri，汉字就借井字。

今　日本语读 imA 和 k‘eΦ（イマ，ケフ）正是汉字（也许是汉语）今的 k‘əm* 旧音的痕迹。

若　日本语训读 WAk‘A（ワカ）为年少或稚嫩之意。若字音

读为

ニヤク，　　ニヤ，　　汉音，

ジヤク，　　ジヤ，　　吴音。

这カ音的 k' 正是若字附-k 的痕迹，与音读中有ク的读法相关。

阴　"阴阳"连称之词，日本称オミヨ，ɔmiɔː；"阴"字收韵与"阳"字读连为 mi-。

镰　日本地名镰仓之"镰"读 k'A^{m}A，镰字"兼"声，汉字应是附-m 的韵，现在日本音读都为拨音归入-n 了；这个训读却还是汉字旧音。

三　日本称人名"三郎"为 sA^{m}buro，"三"字之韵变成了^{m}bu，是汉字 sam 的痕迹。

诸如此类，我曾经想到做成一个工作的题目："汉音潜支钩抉"。

〔十三〕古音研究在音变轨迹多方得所的解释，不在死守一律。

第八项条件说明的中间，我先后提出四个表面上冲突的原则：

声变而韵不变；

韵变而声不变；

声变而韵变；

韵变而声变。

这一定有人说我自相矛盾。为了提出这一项条件，我再说明四条原则的不矛盾。

我们要求语言的孳乳，在中国文字所表现的情形中看来，大体不离一二两原则。一义相生的词，声音上一定有一个相同之点做中心。所以研究横方面的方言以及断代而论其凡通语与方言的音的关系的时候我们必得注意这原则。我们要讲语音的变递，在一切语言所包含的事实中看去，大体不出三四两原则。一音相转的字，声韵间一定有一个互为影响的原因。所以研究縱方面沿革的现象的时候，我们必得注意这原则。因为中国时地的久大，自然不能将这四条原则应用的时候划分的有绝对界限出来；某字某词在某时代的音与某地方的音交错参差不是齐一的，我们也就不能不同时并用这四条原则。如何可以不用错了，那就成了我们研究方法上的一道难关，更是一个试验学者的辨识能力的问题了。

我们既是纵横两方的问题同时缴绕。我所以主张学者要随例立说的使得时地井然，瞭如指掌。"易简而后天下治"，这句话教我们以至简驭极繁，就是要有条理。那么，无论中国旧方法或采用外国新方法，最要紧在"找条理，定轨则"，是不会两样的了。"找条理，定轨则"的方法应用上往往易于陷入那"形式逻辑"的错误！这就是本项条件必须提出而不得不说明我说的四条原则须在同时应用的缘故。

我极佩服赵元任先生在高本汉《上古中国音当中的几个问题》的译文注五所说的话：

> 同音在同样"音的"情形之下一定要同样变，这原则在语史学上固然是很有用，但是怕不能认它为完全没有例外，否则在《广韵》同"纽"之下(就是在一个圈儿之下)怎么常常发现今音化的现象？一个很要紧的非"音的"而又能影响音变的情形就是读书跟说话的分化。例如在中部有些方言同是咸韵胡谗切的字咸鹹两个字文言读 jen，白话读 ɣan，但是咸字白话用的少，鹹字文言用的少，因此渐渐咸字不论在读书或口语偶用总是读 jen 而鹹字不论书上偶见，或在口语总是读 ɣan，以后就成了分化局面了。胡适之先生在他的《入声考》里谈到这个-t 尾变去声的问题就以"冷僻"不"冷僻"为保存不保存古音的条件。但据我个人意见，讲到音变的事情，假如有"音的"情形可循的，不如注重在音的情形，因为它的影响是普遍的。冷僻的标准很难定，至少在现在这题目之内，似乎以去声为失落-t 尾的条件，比冷僻的说法较好一点。(《集刊》一之三页 35)

他注的是这么一段高本汉原文的译文：

> 在我那字典里头，我起头就认定"例"古音 lĭäi 不会一直就是简单的 lĭäi，要不然"列"也得要把它的-t 掉了。要假设两个完全同音的上古音 lĭät，一个"列"字到古音时代仍旧是 lĭät，又一个"例"字到古音时代变成了 lĭäi 那是没有这个道理。(同上)

胡适之先生《入声考》就是根据他这理论说的。

我们不能说高氏的理论错误，而不能不信他是受了逻辑形式的蒙蔽！我很奇异，所谓"千虑一失"，贤者不免！高氏在《中国声韵学研究(Etudes sur la Phonologie Chinoise)·引言》里批评 M. von Möllendorff 方法之流弊，他自己却也不免有类似于 M. von. Möllendorff 流弊的意味(原文见原书页 9—10)。虽然，高氏并不是整个方法的失败，他极注重音理音史，就是我所谓"多方得所的解释"。

〔十四〕古音研究在纯明发音实际，不在纠缠不清之说音。

治学最忌"愚""妄"。论音尤难免得"愚""妄"。不管新旧学者，研究古音系统的态度和方法，总以破愚袪妄为最重要。我在这最后一条条件下，不得不将一些纠缠不清的说音家的"愚""妄"指明出来；也许我有些放肆，但终不能讳言这些情形是"愚""妄"！

所谓愚者，指的不识音理。所谓妄者，指的不知去取。不识音理而论音不得谓为知音。不知去取而审音也不得谓为知音。以其不识不知，结果归入两途：一则泥守陈言，一则骛效新说。泥陈言，骛古新说，都不能免于"愚""妄"，说音必是纠缠不清，其失维钧。无论新旧的方法和态度都不出于纯明发音的实际。

清代学者考古音兼重审音的莫过于江永、戴震，而戴氏《转语》一书尤其是有极密合"音律"学(Sound-law)的创造精神。我们应该了解他著作的原理而不必泥守他的排列，因为音理上的实在知识现在比他那时要进步得多。今人曾广源著《转语释补》，如《释声》(卷三)所言：

> 内转者。声自喉间发出。或含蓄而不吐(如翁烘等音)。或内引而若咽(若坞护等音)。或音虽外发。而喉间震荡。若大车过巷。轹地有声(如诃何多佗蹉娑等音)。
>
> 外转者。声自舌齿齶唇间发。清者固去而不收(如趋胥等音)。浊者亦抑而不回(如徐息等音)。
>
> 以水譬之。内转若长江大河。千里不断。外转若伏流间发。不见其源。(声发于气。内声外声，固未有不经喉者。而震动声带与否则异。)一经籀释。分别显然。(原书卷三页 6)

他为了“内外转”是戴氏《声类表》用来标目的，所以下了这样的定义。我们不懂得，依他所讲，究竟内外转属于声的，还是属于韵的。因为他的譬况说音使得人如入五里雾中；按着所举的例似乎舌后韵为内，舌前韵为外；凡韵皆必震动声带，而他又说“声发于气，内声外声，固未有不经喉者，而震动声带与否则异”，反像指的清声浊声。然而在他却很以为极审音之能事了，所以批评陈兰甫道：

> 陈澧《切韵考外篇》，乃谓此类标题与《四声等子》、《七音略》所分内外轻重诸目，同为绝无解说，茫无凭据。又引《等子》辨内外转例，谓内转外转专为辨别四等字之全否而设，皆可置之不论。非也。(原书卷三页6)

按章太炎先生《音理论》曰：

> 始作字母者未有分等，同母之声大别之不过合口开口。分齐视合口而减者为撮口。分齐视开口而减者为齐齿。合口开口皆外声。撮口齐齿皆内声也。

如此，外声洪音也，内声细音也，曾氏却以内为洪，外为细。

> 此表声音之大小。与开合同分。俾阅者观内外而知洪细。睹轻重而定等次。既精密而又便于考察也。(原书卷三页4)

这或许是戴氏的著作如此，其责任姑诿诸戴氏。至于他讲明“《转语》所以能证明异类相转之理”为“知同类母位之有定”，实在不合音理！他说：

> 欲知同类之母位。必先知声音之清浊。知清浊之分。而后知母位之有一定。知母位之有一定。而后可以推出位同相转之理。此清浊分行。所以为转语之骊珠也。(原书卷三页14)

他不明白《转语》母位的所以分，为“同位异势”而已；又不了解清浊是“同位同势”之所异。例如同在舌根阻位的声类，不先因“塞”“鼻”“通”的异势分出 k、ŋ、x，怎样倒从先分 g、k 和 ŋ、ŋ 及 x、ɣ 而后推出 k、kh、gɦ、x、ɣ 的分别来？他不懂得 k、kh、gɦ、ŋ、x、ɣ 的排列是同位中间的一种,其间的位次与清浊无关,而其相转与任一种排列上的位次也无关。我们如果依音史的先浊后清排为 gɦ,kh,k,ŋ,ɣ,x,依旧能言其相转的道理。因为《转语》的条例是有一个理解可寻而不是揑凑的,曾氏可惜没有认识!

周兆沅为他作序云:

余南归,便道访于鄂城任所,君出其《释补叙例》属阅,思周而体立;位同一例,尚执"至三而得"一语,未尽隅反之谊。乃谓之曰:审原叙下云,"凡同位属正转,位同属变转",岂非凡位同者皆得转邪?君闻而狂喜。

可见是他不识音理,泥守陈言的实录。他以为"音声之学,以辨清浊为第一要义",而清浊是什么并没有说出。荒唐纠缠的话越说越多:

七音九音之别,不外先就每字之音。清浊分读。复就一音之位。清浊参读。悟出其理。然后就各音之清浊有字者。剖为二位。使之相配。其四位者则以最清无浊者居首。次浊无清者居末。其五位者。则以二与三,四与五,清浊相配。其首位最清无浊。与四位者同。而喉与牙、舌头与舌上、正齿与齿头、重唇与轻唇。遂以清浊相配之故。各分为二类矣。夫自然之五音。既以清浊相配之故。而得分为七音九音。则七音九音亦得以清浊分读之故。而复合属五音。(原书卷三页 21—24)

如此论音,不如不论!其尤可笑者,戴氏原序举第三位鼻声相转为例,他竟说:

由调四位之音。证明各类之中。凡居第三位者。其音皆较含胡。因悟立位同相转。以第三位之音为最易。亦以第三位之音为最多。(同上)

这已经由周兆沅序中看到他的泥而不化,然而他反讥章太炎的《娘日归泥说》为"不知其所以相转之故"。

近人馀杭章氏。著《娘日归泥说》。以为言声者所未言及,而不知其所以相转之故。乃由同居第三位同属含胡之音所致。且不知凡居第三位者，如影喻微泥娘日疑明。八母皆然。不独娘日二母可与泥通也。由其专凭考古得证。未从审音探原。故只能就谐声通假。略具事实。不能就音位综成条贯。若知此理。则八母相通之证。触处皆是。举不胜书。何暇摘拾。反成挂漏也。（原书卷三页26）

如果不言音理，只执音位，相转之故，仍不得明。“同居第三位，同属含胡之音”，简直不成理由；试观章氏原文，即去其考证不言，单看下面一段引文，识者也不难分别究竟是谁懂得“审音探原”。

问曰：“声音者本乎水土，中乎同律，发乎唇舌，节族自然；今曰古无娘日，将迫之使不言邪？其故阙也？”答曰：“凡语言者，所以为别。日纽之音，进而呼之则近来，退而呼之则近禅。娘纽之音，浮气呼之则近影，按气呼之则近疑。古音高朗而彻，不相疑似，故无日娘二纽矣。今闽广人亦不能作日纽也。”（《国故论衡》卷上）。

曾氏只看到戴氏的音位系统，而不能明其理；他不知道《转语》是一个总表解，而例证则应分别时地论之。

还有骛新说而陷于纠缠说音的。潘尊行以反语为谜语的误失前面说过；同时他又说：

夫东韵收声于-ng，不仅用以譬况也，古汉语之演变正复如是。此两纽音本各独立，一如在英语 finger、linger、language 等字然。至如 long、thing 等字读法，则固变音也。自来治古音者，关于“东”“冬”分合，持之均各有故，而理不能相通。今以反语考之，则东冬之差，乃在一收于喉一收于舌之各异，忡隆等字在冬韵，故其反语尚以舌音收之也。要其关键，即在两韵古汉语均含有今收声-ng两个独立之声纽。而 n 常与 d 或 t 为复纽，得因纽之偏失而为对音，故吾人不妨假定 ng＝tg，推知收声于舌或于喉之演变，由于发音强弱之各殊；亦得推知古冬蒸之谐，为冬收声侧重 t，东阳之谐，为东收声侧重 g 也。（《新月》二卷二期《由反切推求史前中国语》）

潘氏是懂得罗马字拼音的，而于 ng 的音值就以为是两个声母独立的，我不知道是哪一种来源的学说！因为在音标里 n、g 固然可以连写表示两个独立的声母相复，而罗马字的 ng 则是 ŋ 一个声母的价值，哪里可以拆开来！他的意思大概要去凑合几种国外语言学者的议论，或想以世界的言语比较渲染中国的语言，来树立一面特异的新颖旗帜。我觉得这样的说法，不能不归入纠缠的一派。我们采纳新的方法，我们不要忘了原有事实的实际。

我郑重的表明：研究古音在纯明发音实际，不在纠缠不清之说音。这最后的条件就是整个的条件。

（见《古音系研究》第五章，1935 年北京大学出版组初版。1996 年中华书局重排再版。又收入 2001 年江苏教育出版社出版的《魏建功文集》第一卷。）

论《切韵》系的韵书

——《十韵汇编序》

现在流传的韵书编制的根本是以“四声”分字。“四声”之说一直到六朝时候的宋、齐以后才通行，可是说到韵书的开始却又都要称道三国时魏左校令李登的《声类》和晋时安复令吕静的《韵集》。李登、吕静的书，我们只看见后来注疏家引用他们关于文字训解的文句，可惜没有一个地方可以看出原书部类编制果与现在韵书相同。就是有的记载，也不过说是“以五声命字”（封演《闻见记》、《魏书·江式传》）究竟与四声相合不相合还不能详细知道（颜之推《家训·音辞篇》曾具体说出：《韵集》“成”、“仍”、“宏”、“登”合成两韵，“为”、“奇”、“益”、“石”分作四章。《声类》以“系”音“羿”，加以批评，也还不足以表示出他们的关系）。刘善经独用李槩（原作李节，槩本字季节，陆法言《切韵·序》即用其字，今改称槩名。）《音韵决疑·序》（原作《音谱决疑·序》，按：《隋书·经籍志》有槩《修续音韵决疑》十四卷，又《音谱》四卷，此盖《音韵决疑》之笔误，依《隋志》改之。）的主张，以为《周礼》商不合律，证明五声即是四声（文见日本空海《文镜秘府论》引录刘氏《四声论》）。《序》里说：

> 案：《周礼》凡乐圜钟为宫，黄钟为角，太族为徵，姑洗为羽，商不合律，盖与宫同声也。五行则火土同位，五音则宫商同律，暗与理合，不甚然乎？吕静之撰《韵集》，分取无方。王(微)之制《鸿宝》，咏歌少验。平上去入，出行间里，沈约取以和声，* 律吕相合。窃谓宫商徵羽角即四声也；羽读如括羽之羽，(以)之和同，以(推)群音，无所不尽。岂其藏理万古，而未改于先悟者乎？（原文多讹，从储皖峰君说，“徵”改“微”，“亦”改“以”，“拉”改“推”，“律”上删衍文“之”字。）

这所谓吕静“分取无方”，王微“咏歌少验”，大约是那时用的五声分别字类，与声调无关；虽声调早已“出行间里”，却不用来贯穿文字的部居，文士制作对于声调也是“得者暗与理合，失者莫识所由，但知未安而已”。

永明时候的几位文学家在文艺技术上有了深切巧妙的体会，把四声的名目给定出了，把“平”、“上”、“去”、“入”的次序给排好了，在文学上才开了一个声律的新世界。我们拿后来的事情与这个现象打比喻，就显然可以明白。现在通行的戏曲文学本起自民间，民间的文艺只有当时当地的自然表现，不会因袭造作。这种戏曲中的语言绝对不与唐、宋间文字相同了，语法固然变迁了，语音更有极大的差别。元时周德清归纳出一些系统，做成一部《中原音韵》，平分“阴”、“阳”，“入”派三声。这种平上去入的名目，固然是齐、梁以来的旧称，可是其中的分配关系已经是另一回事了；直至现在的国音还在这一个系统里。我们觉得平上去入四声之与宫商角徵羽五声不同，犹如《中原音韵》的阴阳上去四声之与平上去入四声不同一样。向来各家说沈约撰韵，有一部《四声谱》，后来人就将现行的韵书当做他的遗制，这个误解陈澧《切韵考·通论》里辨的很明白了。我看日本沙门空海做的《文镜秘府论》，阐明齐、梁声律，传存中土旧文，书中首有《调四声谱》，才该是沈约的。这《谱》在日本另一沙门安然著的《悉昙藏》里也引了。空海所引书又有《四声论》，即是刘善经的《四声指归》，文中云：

> 宋末以来，始有四声之目，沈氏乃著其谱，论云起自周颙。

空海自序《文镜秘府论》云：

> 贫道幼就表舅，颇学藻丽，长入西秦，粗听馀论；虽然志笃禅默，不屑此事，爰有一多后生，扣闲寂于文囿，撞词华乎诗圃，音响难默，披卷函杖，即阅诸家格式等，勘彼同异，卷轴虽多，要枢则少，名异义同，繁秽尤甚。余癖难疗，即事刀笔，削其重复，存其单号，总有一十五种类：谓《声谱》、《调声》、《八种韵》、《四声论》、《十七势》、《十四例》、《六义》、《十体》、《八阶》、《六志》、《二十九种对文》、《三十种病》、《十种疾论》、《文意论》、《对属》等是也……

《调四声谱》当然是空海笔削诸家重复所存留的“单号”；而且这个“单号”必当是削存的沈约之作。撰集文字的韵书自然另外有的，沈氏要表扬四声就不必做撰集文字的韵书。《谱》的内容只是几个例字，为了教人记忆，配定了四方。《谱》曰：

东方平声　　平伻病别

南方上声　　常上尚杓(《悉昙藏》杓作勺。)

西方去声　　祛麸去刻(《悉昙藏》刻作亟。)

北方入声　　壬衽任入(《悉昙藏》壬作任,衽作荏,任作衽。)

凡四字一纽,或六字总归一纽。(《悉昙藏》作"凡四声字为纽,或六字总归一入。")

皇晃璜　　镬　　禾祸和　(《悉昙藏》璜作壯。)

傍旁徬　　薄　　婆泼绂　(《悉昙藏》徬作绔,泼作菠,阚作破。)

光广珖　　郭　　戈果过

荒恍侊　　霍　　和火货　(《悉昙藏》恍作帨,和作吠。)

上三字,下三字,纽属中央一字,是故名为总归一入。四声纽字配为双声叠韵如后:(《悉昙藏》无下一句)

郎朗浪落(《悉昙藏》落作洛。)　　黎礼丽捩

刚㽘钢各　　笄併计结

羊养恙药(《悉昙藏》恙作漾。)　　夷以异逸(《悉昙藏》夷、以、异作颐、酏、易。)

乡𦣛向谑　　奚篡咥缬(《悉昙藏》咥作经,缬作鞊。)

良两亮略　　离丽詈栗(《悉昙藏》丽、詈作逦、傩)

张长怅著(《悉昙藏》怅作胀。)　　知倁智窒

凡四声竖读为纽,横读为韵,亦当行下四字配上四字即为双声。若解此法,即解反音法。反音法有二种:一纽声反音,二双声反音;一切反音有此法也。

绮琴　　良首　　书林

钦伎　　柳觞　　深庐

《释》曰:竖读二字互相返也;傍读转气为双声;结角读之为叠韵。曰绮琴,云钦伎,互相反也;绮钦、琴伎两双声;钦琴、绮伎二叠韵:上谐则气类均调,下正则宫商韵切,持纲举目,庶类同然。

用平上去入相贯编制韵书,看来还不过是这《谱》里的一种"四字一纽"之法,当时又有"六字总归一入"和"阳声四字阴声四字相配"的办法。向来研究近代音的人将入声配在阳声下,研究古音的人将入声合

在阴声里，好像都只是一部分的办法，却没有包括整个的现象了。论音的书很多，对于这个问题弄得“治丝益棼”，教人淆惑的不能清楚。《文镜秘府论》中《调声》一节下引元氏(按：元兢)的话：

> 声有五声，角徵宫商羽也，分于文字四声，平上去入也。宫商为平声，徵为上声，羽为去声，角为入声。……

元氏所谓“‘分’于文字四声”，就得有个“分”的人，平上去入才会与宫商徵羽角有了固定的配合；宫商角徵羽原本是乐律上音程高低简单标准的名称，与平上去入性质不同(请参看刘复博士的《四声实验录》第二十节讲四声的基本条件语，和第51、52、53、54等节)。李槩也说是“出行闾里，沈约取以和声，律吕相合”。四声如果就是五声，这里便不当这样讲法。“五声命字”未必是律吕的应用，犹之四声分配五方不必是某声定是某方一样。沈约答甄思伯书云：

> 昔神农重八卦，卦无不纯；立四象，象无不象；但能作诗无四声之患，则同诸四象。四象既立，万象生焉；四声既用，群声类焉。经典史籍唯有五声，而无四声，然则四声之用何伤五声也？五声者，宫商角徵羽，上下相应，则乐声和矣。君臣民事物，五者相得，则国家治矣。作五言诗者，善用四声，则讽咏而流靡；能达八体，则陆离而华洁，明各有所施，不相妨废。昔周、孔所以不论四声者，正以春为阳中，德泽不偏，即平声之象；夏草木茂盛，炎炽如火，即上声之象；秋霜凝木落，去根离本，即去声之象；冬天地闭藏，万物尽收，即入声之象：以其四时之中合有其义，故不標出之耳。是以《中庸》云，“圣人有所以不知，匹夫匹妇犹有所知焉”；斯之谓也。(《文镜秘府论·四声论》中引录。)

沈氏所谓“上下相应，则乐声和”，自然是音律的解释；而所谓“经典史籍唯有五声”，就显然表示五声并不与四声是一回事了。如果四声就是五声，到了周颙、沈约之流何必要别出名目呢？《隋书·潘徽传》说：

> 李登《声类》始判清浊，才分宫商。

唐封演《闻见记》云：

魏时有李登者，撰《声类》十卷，以五声命字，不立诸部。

我觉得“不立诸部”，便是没有以四声为韵类分别；而“才分宫商”之意，乃是始有以音分别字类的办法，但不一定是以韵分，更不一定是以四声分。韵书之兴在有反切之后。“切韵”的名目又在梵文入东土之后。初有反切没有“字母”的名目，也该还没有“韵部”、“四声”的名目。用“声类”或“韵集”名书，就是“始判清浊，才分宫商”的意思。刘善经举了钟嵘、甄思伯、萧衍不识四声的例子。我们可以相信也是“四声”与“韵部”标准不相关的缘故。如果说他们不懂得周、沈所新排定的四声，四声的实质原是知道的；那我们就得说原有五声便是四声，不过换了名目罢了。五声若与四声相当，即使改换了新名目，却不应该不解了。我疑惑五声之说那时也许本不很寻常。我们知道汉语汉字的声调是绝对重要的最后因素，当然现在也还是“出行闾里”，可是真懂得的人并不多。“阴”、“阳”、“上”、“去”的四声与“平”、“上”、“去”、“入”的四声能分别其中关系的人就很少，又何足怪初起四声之说的时候要拿去附会五声呢？附会的人是将“宫”、“商”、“徵”、“羽”、“角”五字与“平”、“上”、“去”、“入”四字对照分配的。其实五声的次序本是“宫”、“商”、“角”、“徵”、“羽”。李槩《音韵决疑·序》乃竟特别将“羽”注读括羽之羽，而商又以不合律除外，才能配成了平上去入。五音律吕的高低标准是：

羽　徵　角　商　宫

《淮南子·天文训》以上的书里配五方的情形是：

东　南　西　北　中

角　徵　商　羽　宫

而《四声谱》的分配四声四方是：

东　南　西　北

平　上　去　入

照元兢、李槩说，宫商是平，徵是上，羽是去，角是入，与上面参合来看，如以《四声谱》为准，就应当是：

东　　南　西　北

宫商　徵　羽　角

如以《天文训》说为主，便是：

东 南 西 北 中

入 上 平 去 平

如以音律高低为主,就是:

羽 徵 角 商 宫

去 上 入 平 平 元兢、李槩说

西 南 北 东 东 《四声谱》

北 南 东 西 中 《天文训》

这显然是两个标准。我们如果将五音高低标准的次序做中心去看字的音素,很明白的是:

阴声 入声 阳声

羽、徵 角 商、宫

再看他与声调对照的排列,就成了——

阴声 入声 阳声

羽、徵 角 商、宫

上、上 入 平、平

我是以李槩特别说明羽读括羽的缘故,反过来还取其上声。这不过是一种偶然的现象,五声的例字恰巧分配成"阴"、"阳"、"入"三声,而阴声只包括了上声,阳声包括了平声。按着元、明以来声调演变的现象,也可以明白这应该是更早一点的声调变化的痕迹。我们要提出一个假设给主张五声就是四声的学者做参考:周、沈以来的四声与李、吕的五声纵然不是音素上的差异,在声调上也决然不能那样直接相等。所以,《四声论》叙阳休之著韵云:

> 齐仆射阳休之,当世文匠也,乃以音有楚、夏,韵有讹切,辞人代用,今古不同;遂辨其尤相涉者五十六韵,科以四声,名曰《韵略》,制作之士,咸取则焉。后世晚学,所赖多矣。

阳休之辨方俗古今之讹而"科以四声",可见以四声著韵之与以五声分字是不相同的了。李槩竟至讥吕静"分取无方",又安知不是吕静的五声分字与后来四声分韵的出入呢?李槩所谓"分取无方"的地方,又岂非声调先后变迁的痕迹呢?四声之说起了以后,五声之义变了,而中国文字音类古今标准就隔绝了！李登、吕静的书虽不可得见了，这样来解说，我想不全中却也差不远了。这样，李槩才可以拿来与四声相提并论，去讥评"分取无方"；陆法言才可以和夏侯咏、阳休之诸家韵书一齐言其得失(《四声论》与《切韵·序》)。而且，《四声谱》又有"六字归一纽"的例子，如用音素标准来说，分配情形是：

皇晃璜	镬	禾祸和
宫商	角	徵羽
阳声	入声	阴声
平上去	入	平上去

现行《广韵》的东、真、侵诸韵，正是上三字的一类；支、萧、尤诸韵，正是下三字一类；屋、质、缉诸韵，正是中一字的一类。我们了解了清代考定的古音阴阳入三声，和宋、齐以来新立的今音平上去入四声，与魏、晋作者分字之宫商角徵羽五声，各有意义，可并不相冲突；那么，现在传流的韵书大家都说是起始于李登《声类》、吕静《韵集》，而编制的根本又是以"四声"分字，这个问题就可以得到比较满意的解释了。

第二步，我们对韵书起始于李登、吕静时代的道理该讨论一下。中国的文化是许多复杂的来源积累融合起来的。现在最古的文字没有再比商代早的。究竟商人自己造的呢？还是他们有所承袭的呢？文献不足，姑且存疑。至于商、周之际，文物制度不全同而有所因，文字的应用上更加看得出来，上下相沿像锁链的连结着；从商到汉，中间经周和秦，虽然形体的结构上变化很大，可是写字的法则大略相同。我们知道：语言在文字之先，文字便于写形，形状是能象的，声音却难写出；因为创字发动于绘画，作用只在乎记载印象，手眼照应，用不着声音。事物的形象没有两样，画出可以大家了解；各方的语言万千不同，文字难得表出语言；当时商人所通用，周、秦人可以承袭下来，由手不由口。最早的时候，许还有看着字形而念字义的呢。商与周之间，离开初有文字已经远了，假借一个字来标音的例子实在不少(所谓同音假借)；这样，文字还是以手眼相传下去，又各随了当时当地的音变读下去，是可以想象的。春秋战国以后，文物在大变动中，到秦代几于中断，赖有汉世儒生传而保存下来，真是不绝如缕。这时大抵通行了隶、草，形体渐渐有了省改，谐声系统一天一天的孳乳，语言成了“单音”的形式，读音趋入划一的轨道，于是一个字一个音，一个音一个语，实际文字语言分了家！班固《汉书·艺文志》著录“小学”的书算是最早，才有十家，都是文字语言分歧以后的纂辑，“六艺群书所载略备”而已。这类记录文字的书又叫“苍学”，而《尔雅》不在“小学”之列，归入“经学”。等到许慎著《说文解字》，才把文字训诂合而为一，兼有“苍”、“雅”两方的体制，成立了“形”、“音”、“义”同条共贯的文字学。这著作的成功，实因为许氏整理的是当时比较固定而几于衰歇的古文字；那一方面演变寖盛的隶书却活跃的很，可以系维得住这些文字的中心就只在形声之制了。文字未变化到隶书的时候，“亥”、“豕”，“鲁”、“鱼”已有了形似的讹误；经过草书的发达，书法渐渐成了汉字的艺术，“使转”、“钩连”更没有辨别类从的标准，通俗习惯又各自任意增损，教人越发迷乱：本来较古的时候简篇累重，文字不易遍传；及至纸笔进化了，家家可以藏书，“写副”的风气大行；训纂文字的书既被书势紊乱了形类，分部的方法自然除去“依音为纲”没有别路可走了。中国文字注音方式，同音假借在形声系统以前，汉人就重用“音训”，并行“读若”，开“直音”之端。音声一天繁似一天，原有文字读音不够摹拟，渐渐走向了用两字“反切”一字的道路。吾师钱玄同先生论两汉音曰：“周秦以声母为标准之法，至此期已完全不适用。而字音任情变易，则妨碍甚多，故韵书兴焉。作韵书者，逐字定音，记以反切，此与今之希望国音统一者命意相似。……”谨按，先生只说了韵书之所以起，而未言反切之所以起。反切的起始，向来说是由于孙炎《尔雅音义》，章太炎先生考证出应劭注《汉书》已用反切。今按唐慧琳《一切经音义》景审《序》云：

> 古来音反多以傍纽，而为双声，始自服虔，元无定旨。

又日本安然《悉昙藏》引武元之《韵诠·反音例》云：

> 服虔始作反音，亦不诰(?)定；臣谨以口声为证。

服虔更在应劭之前，总之是应该在东汉末年。东汉末年，梵文早入了中土，中国儒者用反切注音分析音素的知识该是受这种外来的影响。《高僧传》：

> 摄摩腾本中天竺人。……逮汉永平中,明皇帝夜梦金人飞空而至;乃大集群臣以占所梦。通人傅毅奉答:"臣闻西域有神,其名曰佛,陛下所梦将必是乎?"帝以为然,即遣郎中蔡愔,博士弟子秦景等,使往天竺寻访佛法。愔等于彼遇见摩腾,乃要还汉地。腾誓志弘通,不惮疲苦,冒涉流沙,至乎洛邑。明帝甚加赏接,于城西门外立精舍以处之。汉地有沙门之始也。……后少时卒洛阳。有记云,腾译《四十二章经》一卷,初缄在兰台石室第十四间中。……

摄摩腾译经之说姑不取信,至于天竺人入中土之始却是可据。汉明帝永平年间当公历 58 年至 75 年,蔡愔西行求佛法是 65 年,摩腾东来之年是 67 年。摩腾同来还有竺法兰,《高僧传》说他能汉言,译了许多经:

> 少时便善汉言,愔于西域获经,即为翻译,所谓《十地断结》、《佛本生》、《法海藏》、《佛本行》、《四十二章》等五部。移都寇乱,四部失本,不传江左;唯《四十二章经》今见在,可二千余言。汉地见存诸经,唯此为始也。……

其后安清(世高)"以汉桓之初,始到中夏,才悟机敏,一闻能达,至止未久,即通习华言;于是宣译众经,改梵为汉,出《安般守意》、《阴持入经》、大、小《十二门》,及《百六十品》。"(《高僧传·安清传》)按:世高译经在桓帝建和二年,公历 148 年,距摄摩腾竺法兰之来已有了 77 年。安公以外,这 77 年之间及其后,还有许多传译梵汉的人,《高僧传·支谶传》云:

> 支娄迦谶,亦直云支谶,本月支人。……汉灵帝时于洛阳,以光和中平之间传译梵文,出《般若道行》、《般舟》、《首楞严》等三经,又有《阿阇王》、《宝积》等十余部经,岁久无录。安公校定古今,精寻文体,云:"似谶所出,凡此诸经,皆审得本旨,了不加饰,可谓善宣法要,弘道之士也。"……
>
> 天竺沙门竺佛朔,亦汉灵之时赍《道行经》,来适洛阳,即转梵为汉;译人时滞,虽有失旨,然弃文存质,深得经意。朔又以光和二年于洛阳出《般舟三昧》,谶为传言,河南洛阳孟福、张莲笔受。

> 优婆塞安玄,安息国人。……亦以汉灵之末游賞洛阳,以功号曰骑都尉。……渐解汉言,志宣经典,常与沙门讲论道义,世所谓都尉者也。玄与沙门严佛调共出《法镜经》。玄口译梵文,佛调笔受,理得音正,尽经微旨,郢匠之美,见述后代。调本临淮人,绮年颖悟,敏而好学。世称安侯、都尉、佛调三人传译,号为难继。……安公称佛调出经,省而不烦,全本巧妙。
>
> 沙门支曜、康巨、康孟详等,并以汉灵、献之间,有慧学之誉,驰于京、洛。曜译《成具定意经》及《小本起》等;巨译《问地狱事经》,并言直理旨,不加润饰。孟详译《中本起》及《修行本起》。先是,沙门昙果于迦维罗卫国得梵本,孟详共竺大力译为汉文。安公云,孟详所出,奕奕流便,足腾玄趣也。

汉灵帝、献帝的时候,当公历168年至220年间,安世高、支谶、竺佛朔、安玄、严佛调、支曜、康巨、康孟详辈就在这期间于洛阳译经,服虔、应劭正是灵、献两帝时人;梵语之分"摩多"、"体文",译事上不能没有影响,反切的办法是不是由这里变化出来的,颇可注意。服、应之用反音至少可说是梵语译汉以后的事。无论反切之法有没有受梵文影响而发生,可是汉桓、灵以后译经之事继起,中国文字之书又已无法以形为纲了,两种事实的趋势,揆情度时,到魏、晋之间自然可以有李登、吕静出来编《声类》、《韵集》一类的韵书了。

韵书的产生,在编录文字的作用上说,仅是普通的字书;从分部别纽的编录方法上说,就是中国声韵学的史料。这种声韵学史料很真实的存留了中古以来的汉字声韵状况。其制作的方式当然出不了客观与主观的两种办法。这两种办法表现的是两个方面:一种是以汉字古今相沿的正则读音为主;一种是以当时当地汉字的读音为主。从魏、晋向后,韵书的著述本来很多,大半是"各有土风,递相非笑"(颜之推《家训·音辞篇》语)。正是因为便俗检字,所以各随土风。他方面"酌古沿今","折衷南北",在"是非""通塞"之间,加以"捃选""除削",就有些"读音统一"的意味。因此,向下传流,一派是正统的韵书,一派是通俗的韵书。这是从编制性质上说韵书的分类。史籍所记和今日所见的韵书,若从这个观点来分,实在困难。困难之故约有两点:

① 记载疏乱不足考据；

② 实证零星无由判别。

所谓“记载疏乱不足考据”，就像隋、唐、宋史志所记小学书类，何者为韵书，何者非韵书，往往难得分辨；孰先孰后，也很凌杂；既见著录多半散佚，旁考他书称引而未见著录的却又不少。我们姑且综合记录在下面：（略用书名有“音”、“声”、“韵”字样的为标准。）

（一）书名中有“音”字的：（“音韵”、“五音”字样合入。）

（a）著者无考的：

《音书考源》一卷 （《隋志》、宋郑樵《通志·艺文略》载。）

《音书》 （唐慧琳《一切经音义》引。）

《异字同音》一卷 （《隋志》、《通志·艺文略》载。）

《字书音同异》一卷 （《隋志》载。）

《叙同音义》三卷 （《隋志》载。《通志·艺文略》作叙同音。）

《杂字音》一卷 （《隋志》载。）

《借音字》一卷 （《隋志》载。）

《音谱》 （慧琳《音义》引。辽希麟《续一切经音义》引。）

《文章音韵》 （《七录》载。）

《七音韵鉴》 （宋郑樵《通志·七音略》所依据，《序》云是胡僧之作。）

（b）著者可考的：

《文字音》七卷晋荡昌令王延撰 （《隋志》载。《通志·艺文略》作杂文字音。）

《文章音韵》二卷梁王该撰 （《隋志·注》、《通志·艺文略》载。谢启昆《小学考》引《七录》为无名氏作。）

《五音韵》五卷梁王该撰 （《隋志·注》）

《修续音韵决疑》十四卷李槩撰 （《隋志》、《通志·艺文略》载。）

《音韵决疑》李节撰 （日本僧空海《文镜秘府论·四声论》引，当即为前一书。）

《音谱》四卷李槩撰 （《隋志》、《通志·艺文略》载。陆法言《切韵·序》作李季节。）

《辨嫌音》二卷阳休之撰 （《新唐志》、《通志·艺文略》载。《通志》作一卷。)

《证俗音》三卷张推撰 (《通志·艺文略》载。)

《证俗音略》一卷颜愍楚撰 (《通志·艺文略》载。)

《音韵》二十卷萧钧撰 (《新唐志》、《通志·艺文略》载。《唐志》作《韵音》。《唐书·萧瑀传》作《韵旨》。)

《音韵》周思言撰 (陆法言《切韵·序》载,敦煌写本陆《序》不载。谢启昆以为即周研。)

《五音图式》辽僧行均撰 (智光《龙龛手镜·序》载。)

《五音切韵枢》柳曜撰 (《通志·艺文略》载。)

《五音广韵》五卷吴铉撰 (《通志·艺文略》载。不知与《重定切韵》为一书否。》

《五音集韵》十五卷金韩道昭撰

《五音韵镜》一卷释元冲撰 (《宋志》载)

《五音声论》沙门神珙撰 (《玉篇》卷末载。)

《七音略》郑樵撰 (《通志》载)

(二)书名中有"声"字的:("四声"字样合入。)

(a)著者无考的:

《考声》 (慧琳《音义》引,或即为张戬书。希麟《续音义》引。)

《声类》 (慧琳《音义》引,或即为李登书。希麟《续音义》引。)

《声韵图》一卷 (《宋志》、《通志·艺文略》,《玉海》引《国史志》载。《玉海》又引《崇文总目》有作夏竦撰一种。)

《字母图》 (《玉海》云舒知雄献《字母图》。)

(b)著者可考的:

《声韵》四十一卷周研撰 (《隋志》、《通志·艺文略》载。《隋志》在李登前,待考。)

《声类》十卷魏左校令李登撰 (《隋志》、《旧、新唐志》、《通志·艺文略》载。)

《四声韵林》二十八卷张谅撰 (《隋志》、《通志·艺文略》载。)

《四声部》三十卷张谅撰 (《旧、新唐志》载,并列于夏侯咏后。按:即是前一书。)

《四声指归》一卷刘善经撰 （《隋志》、《通志·艺文略》载。《文镜秘府论》引作《四声论》。）

《四声切韵》周彦伦撰 （《南史》本传载。）

《四声》一卷梁太子少傅沈约撰 （《隋志》、《通志·艺文略》载。《文镜秘府论》引作《调四声谱》。）

《四声论》王斌撰 （《南史·陆厥传》载。）

《四声韵略》十三卷夏侯诔撰 （《隋志》、《旧、新唐志》、《通志·艺文略》载。陆法言《切韵·序》作《韵略》，又宋《广韵》本《序》诔字作该，敦煌韵本《序》作诔。）

《四声类韵》二卷郑升卿撰 （《宋志》、《玉海》载。《玉海》说明下一书附，《宋志》注又郑升卿著。）

《声韵类例》一卷

《四声五音九弄反纽图》一卷沙门神珙撰 （《玉篇》卷末载。）

《四声等第图》一卷僧宗彦撰 （《玉海》载。）

《三十六字母图》一卷僧守温撰 （《玉海》、《通志·艺文略》载。）

《声韵图》一卷夏竦撰 （《玉海》引《崇文总目》载。）

《声韵补遗》张贵谟撰 （《玉海》载。）

（三）书名中有“韵”字的：

（a）著者无考的：

《韵集》十卷 （《隋志》、《通志·艺文略》载。）

《韵集》 （慧琳《音义》引。希麟《续音义》引。按：与前一书及吕静、段弘二书，三者不知谁近。）

《群玉典韵》五卷 （《隋志》、《通志·艺文略》载。谢启昆作《群玉韵典》。）

《纂韵钞》十卷 （《隋志》、《通志·艺文略》载。）

《纂韵》 （慧琳《音义》引。按：与前一书或有关系。）

《切韵》 （唐窥基《法华经玄赞》引。慧琳《音义》引。希麟《续音义》引。辽僧行均《龙龛手镜》引。日本僧昌住《新撰字镜》引。南唐徐锴《说文篆韵谱》分韵根据。日本源为宪《口游》录韵目。五种不知为何书，或相同否。又德国普鲁士学士院藏残刻本一种。）

《刊谬补缺切韵》五卷 （敦煌出刻本一种，在《伯希和目录》2014 号中。宋《秘书省续编到四库阙书目》载。或即为王仁昫书。）

《广切韵》五卷 （《通志·艺文略》载。）

《新切韵》 （日本仲算《法华经释文》引。日人武内义雄以为或即孙伷书。）

《唐切韵》 （夏竦《古文四声韵》分韵根据。）

《唐韵》 （慧琳《音义》、日本源顺《倭名类聚钞》、《古文四声韵》引。）或即为孙愐书。 （宋欧阳修《归田录》说叶子格，张邦基《墨庄漫录》说旋风叶，均举吴彩鸾书《唐韵》。

《唐韵正义》五卷 （日本藤原佐世《日本见在书目》载。）

《韵英》 （慧琳《音义》引。希麟《续音义》引。不知与静洪、唐玄宗、元廷坚三书何者相同。）

《韵诠》 （慧琳《音义》引。希麟《续音义》引。）

《韵诠》十四卷 （《宋志》载。按：与前一书不知同否。又《新唐志》载十五卷武元之书，似不相同。）

《韵略》 （慧琳《音义》引。希麟《续音义》引。不知与谁书相同。）

《韵林》 （慧琳《音义》引。不知与张谅书同否。）

《韵圃》 （慧琳《音义》引。）

《韵谱》 （慧琳《音义》引。希麟《续音义》引。）

《广韵》 （唐段公路《北户录》引。希麟《续音义》引。）

《礼部疑韵》二十卷 （《通志·艺文略》载。）

《切韵指玄论》三卷 （《通志·艺文略》载。《玉海》有王宗道著，亦为三卷，不知是一书否。）

《切韵图》一卷 （《日本见在书目》载。宋张麟之《韵镜·序》云，有沙门神珙号知音韵，尝著《切韵图》载《玉篇》卷末，不知即此书否。珙书见上。）

《切韵内外转钤》一卷 （《通志·艺文略》载。）

《内外转归字》一卷 （《通志·艺文略》载。）

天宝元年集《切韵》五卷 （《宋志》载。《玉海》附智猷书下注。）

《韵选》五卷 （《宋志》载。）

《韵源》一卷 （《宋志》载。）

《纂注礼部韵略》五卷 （《宋志》、《玉海》载。）

《互注礼部韵略》五卷 （《玉海》载。）

《洪韵海源》二卷 （《宋志》载。）

《洪韵》（张麟之《韵镜·序》云，往昔相传类曰《洪韵》，释子之所撰也。）

《切韵心鉴》（张麟之《韵镜·序》引杨倓《韵谱·序》云，即所谓《洪韵》，特小有不同。）

《籀韵》（《古文四声韵》引。）

《释氏切韵》（《倭名类聚钞》引。不知与清彻、弘演、智猷三书何者相同，又日本菅原是善卿集《东宫切韵》引，见《净土三部经音义》及日本仲算《法华经释文》引。）

（b）著者可考的：

《韵集》六卷晋安复令吕静撰（《隋志》、《旧、新唐志》、《通志·艺文略》载。两《唐志》作五卷。陆法言《切韵·序》无卷数。）

《韵集》八卷段弘撰（《隋志》、《通志·艺文略》载。）

《韵略》一卷阳休之撰（《隋志》、《旧、新唐志》、《通志·艺文略》载。陆法言《切韵·序》无卷数。《文镜秘府论·四声论》引。阳亦作杨。）

《韵略》杜台卿撰（陆法言《切韵·序》。）

《韵纂》三十卷潘徽撰（《隋书·文学传》载。）

《韵英》三卷释静洪撰（《隋志》、《通志·艺文略》载。）

《韵英》五卷唐玄宗撰（《旧、新唐志》、《通志·艺文略》、《玉海》载。《玉海》引《志》作《韵音》，引《会要》作《韵英》，皆云天宝十四年撰。）

《韵英》十卷陈友元廷坚撰（《南部新书》载，《玉海》引《南部新书》作陈庭坚，唐景审《慧琳一切经音义·序》作元廷坚。）

《韵篇》十二卷赵氏撰（《旧、新唐志》、《通志·艺文略》载。）

《切韵》五卷陆慈撰（《旧、新唐志》、《通志·艺文略》、《崇文总目》载。《唐韵》及王国维摹写敦煌写本《切韵残卷》第二种有陆法言《切韵·序》云，定之为《切韵》五卷，卷数相同。《玉海》云，隋仁寿元年辛酉陆法言为《切韵》五卷。《广韵》序目作陆法言撰本。《日本见在书目》载陆法言撰。慧琳《音义》引作陆法言。法国国家图书馆藏敦煌唐写本 2129 号作陆词字法言撰。《倭名类聚钞》、日本僧瑞信《净土三部经音义》引作陆词。《类聚钞》狩谷望之掖斋《笺》注云，词即法言。词慈音同，是法言《切韵》即陆慈、陆词《切韵》。唐李涪《刊误切韵》条，指陆韵。）

《广韵》五卷陆法言撰（《宋志》载。按：宋修《广韵》，本以法言《切韵》校定，书成改名，《志》当因此径称法言《广韵》。希麟《续音义》引《广韵》下曰陆氏本作云云。）

《陆氏切韵》（郭忠恕《佩觿》引，即法言书。希麟《续音义》引。）

《切韵》十卷李舟撰（《新唐志》、《通志·艺文略》、《玉海》引《崇文总目》载。《宋志》载，作五卷。徐铉改定《说文篆韵谱》依据。）

《辨体补修加字切韵》五卷僧智猷撰（《新唐志》、《宋志》载。《通志·艺文略》载，《玉海》引《崇文总目》作猷智。）

《切韵》五卷王仁昫撰（《日本见在书目》载。《净土三部经音义》引。《广韵》序目在薛峋后云增加字。又日本《东宫切韵》引，见《五行大义背记》及《法华经释文》引。）

《刊谬补缺切韵》五卷朝议郎行衢州信安县尉王仁昫字德温撰（故宫博物院藏唐人写本。法国国家图书馆藏伯希和所得敦煌唐写本，刘复《敦煌掇琐》收刻。又伯希和所得敦煌刻本，残叶。又《日本见在书目》载。）

《切韵》十卷释弘演撰（《日本见在书目》载。）

《切韵》五卷麻果撰（《日本见在书目》载。《倭名类聚钞》引。又日本《东宫切韵》引，见《五行大义背记》及《法华经释文》引。日人武内义雄录作麻杲。）

《切韵》五卷孙愐撰（《日本见在书目》载。《倭名类聚钞》引。《广韵》序目在祝尚丘后云增加字。希麟《续音义》引孙愐。又日本《东宫切韵》引，见《五行大义背记》引。）

《切韵》五卷孙伷撰（《日本见在书目》载。王国维摹写敦煌写本《切韵残卷》第二种有伯加千一字题记一行，疑即此书，伷伯形近。）

《切韵》五卷长孙讷言撰（《日本见在书目》载。《广韵》序目有长孙讷言笺注字样。故宫本王仁昫《切韵》有前德州司户参军长孙讷言注题记。《广韵》及故宫《王韵》均载长孙序文。）

《切韵》五卷祝尚丘撰（《日本见在书目》载。《倭名类聚钞》、《净土三部经音义》、《古文四声韵》引。《广韵》序目在王仁昫、孙愐之间云增加字。又日本《东宫切韵》引，见《五行大义背记》及《法华经·释文》引。）

《切韵》五卷王存艺撰（《日本见在书目》载。郭忠恕《佩觿》引作王南宾存乂《切韵》，又《汗简》引作王存乂《切韵》。夏竦《古文四声韵》引作王存乂《切韵》。）

《切韵》五卷裴务齐撰（《日本见在书目》载。《佩觿》、《倭名类聚钞》引。《广韵》序目在严宝文后云增加字。故宫本王仁煦《切韵》有承奉郎行江夏县主簿裴务齐正字题记一行。）

《切韵》五卷陈道固撰（《日本见在书目》载。《广韵》序目在裴务齐后云增加字。）

《切韵》五卷沙门清彻撰　（《日本见在书目》载。）

《切韵》五卷卢自始撰　（《日本见在书目》载。）

《切韵》五卷蒋魴撰　（《日本见在书目》载。《倭名类聚钞》引。）

《切韵》五卷郭知玄撰　（《日本见在书目》载。《倭名类聚钞》、《净土三部经音义》引。《广韵》序目在关亮前云拾遗绪正更以朱笺三百字。《古文四声韵》引郭知玄《采笺》。又日本《东宫切韵》引，见《五行大义背记》、《净土三部经音义》及《法华经释文》引。）

《字略》郭知玄撰　（《汗简》引，注曰一云朱笺字。《广韵》、《古文四声韵》所载朱笺三百字及采笺，疑即是《字略》，而《切韵》五卷当为加朱笺字之《切韵》而已。）

《切韵》五卷韩知十撰　（《日本见在书目》载。）

《切韵》薛峋撰　（《倭名类聚钞》、《净土三部经音义》引。《广韵》序目在王仁昫前云增加字。又日本《东宫切韵》引，见《五行大义背记》及《法华经释文》引。）

《考声切韵》张戬撰　（《倭名类聚钞》引。景审《慧琳一切经音义·序》载。）

《切韵》李审言撰　（《佩觿》引。）

《义云切韵》　（《汗简》、《古文四声韵》引。）

《义云章》　（《汗简》、《古文四声韵》引，与《义云切韵》不知为一书否。《汗简》有作《义云章切韵》者，疑是《义云章》与《切韵》两书连举；故但列《义云章》，不举《义云章切韵》。）

《切韵》关亮撰　（《广韵》序目在郭知玄后云增加字，疑当有专书，拟目为《切韵》。）

《切韵》严宝文撰　（《广韵》序目在孙愐、裴务齐之间云增加字，与关亮同例拟目。）

《重定切韵》吴铉撰　（《玉海》载，铉以吴音作俗字数千增之，兴国八年献，后诏焚之。）

《切韵义》一卷谢晖撰　（宋陈振孙《直斋书录解题》载。）

《切韵搜隐》五卷丘世隆撰　（《宋志》载。）

《切韵十玉》五卷刘希古撰　（《宋志》载。）

《切韵拾玉》二篇刘熙古撰　（《玉海》载。）

《切韵类例》二篇杨中修撰　（孙觌《鸿庆居士集·内简尺牍》有序。）

《切韵指掌图》一卷司马光撰 （《宋志》载。谢启昆作三卷。）

《元和韵谱》阳宁公南阳释处忠撰 （神珙《四声五音九弄反纽图·序》载。）

《韵谱》杨倓撰 （张麟之《韵镜·序》引。戴震《答段若膺论韵书》云于《永乐大典》中得杨书。）

《韵镜》张麟之撰

《切韵指玄论》三卷王宗道撰 （《玉海》载。）

《切韵指玄疏》五卷僧鉴言撰 （《通志·艺文略》载。）

《唐韵》五卷孙愐撰 （《新唐志》、《宋志》、《通志·艺文略》,《玉海》引《崇文总目》载。慧琳《音义》引。《广韵》载愐《唐韵·序》。《玉海》注云，愐增陆法言之书。《式古堂书画汇考》录。蒋斧藏残唐写本。宋魏了翁《唐韵·后序》所记为四卷本。希麟《续音义》引孙愐。）

《唐韵要略》一卷李邕撰 （《通志·艺文略》载。）

《重修唐韵》彭蟾撰 （谢启昆引《江西通志》。）

《韵铨》十五卷武元之撰 （《新唐志》、《通志·艺文略》载。日本僧安然《悉昙藏》载。）

《韵铨》十二卷武玄之撰 （《日本见在书目》载。又《东宫切韵》引，见《法华经·释文》引。）

《韵海镜源》三百六十卷颜真卿撰 （《新唐志》、《宋志》、《通志·艺文略》,《玉海》引《崇文总目》载。《崇文总目》作十六卷。《宋志》、《玉海》镜作鑑。）

《唐广韵》五卷张参撰 （《通志·艺文略》,《玉海》引《崇文总目》载。）

《广韵》孙缅撰 （希麟《续音义》引。麟书愐均作缅。）

《雍熙广韵》一百卷《序例》一卷句中正等详定 （《宋志》载。《通志·艺文略》载。《玉海》引《崇文总目》载。）

《大宋重修广韵》五卷陈彭年等撰 （《宋志》载。《通志·艺文略》载。《玉海》引《崇文总目》载。）

《景祐韵》五卷王洙等修 （《通志·艺文略》载。《玉海》云，景祐元年四月丁巳诏宋祁、郑戬、王洙刊修《广韵》、《韵略》，命丁度、李淑详定。）

《篇韵筌蹄》三卷邱雍撰 （《玉海》载。）

《韵略》五卷邱雍校定 （《宋志》,《玉海》引《崇文总目》载。《玉海》引《崇文总目》云，略取《切韵》要字备礼部科试。）

《景德韵略》一卷戚纶等详定 （《宋志》载。卷数疑有误。《玉海》引《中兴书目》作五卷，云纶等取邱雍所定《切韵》同用独用例及新定条例参定。）

《景祐礼部韵略》五卷丁度等撰 （《宋志》载。《玉海》引《中兴书目》。《玉海》云，景祐四年六月丙申以丁度所修《韵略》五卷颁行。）

《礼部韵略》五卷王洙等修 （《通志·艺文略》载。《玉海》云，景祐元年四月丁巳诏宋祁、郑戬、王洙刊修《广韵》、《韵略》。按：与前一书当为一种。）

《淳熙监本礼部韵略》五卷 （《宋志》载。《玉海》引《中兴书目》载。《玉海》云，淳熙元年国子监言前后有增改删削及多差舛，诏校正刊行。）

《补礼部韵略》黄启宗撰 （《玉海》云，绍兴十一年进士黄启宗随韵补辑，尚多阙遗。）

《礼部韵括遗》杨朴撰 （《玉海》云，绍兴十四年十二月己丑知荣州杨朴上《礼部韵括遗》。）

《增修互注礼部韵略》五卷毛晃撰 （《玉海》云，绍兴三十二年毛晃上《增修互注韵略》。）

《韵略分毫补注字谱》一卷秦昌朝撰 （《直斋书录解题》载。）

《淳祐壬子新刊礼部韵略》五卷刘渊增修 （清邵长蘅《韵略·叙例》载。）

《平水新刊韵略》五卷金王文郁修定 （清钱大昕跋黄丕烈藏本。）

《平水韵》毛麾撰 （谢启昆引《山西通志》。）

《集韵》十卷丁度等撰 （《玉海》载，云《景祐集韵》十卷，《崇文目》有之，《通志·艺文略》载。）

《切韵》十卷丁度撰 （《宋志》载。疑是前一书讹为《切韵》。）

《互注集韵》二十五卷僧妙华撰 （《宋志》、《玉海》载。）

《隶韵略》七卷刘球撰 （《宋志》载。）

《草书韵会》五卷金张天锡集 （王国维《观堂集林》有《书后》，谓前有赵秉文序署正大八年二月。余藏日本刻本，有樗轩老人题跋，署时与王异，为正大辛卯季夏望日，首页抄配，不知有无脱失。）

《韵关》一卷僧师悦撰 （《宋志》载。）

《押韵释疑》五卷欧阳德隆撰 （《直斋书录解题》载。）

《紫云韵》五卷郭守正撰 （清《四库全书提要》增修前一书。）

《押韵》十卷张孟撰 （《宋志》载。）

《押韵》二十四卷李宾老撰 （孙觌《鸿庆居士集》有序。）

《韵海》五十卷许冠撰　(《宋志》载。)

《韵类》十七卷周弁撰　(谢启昆引《浙江通志》。)

《纂韵谱》六卷黄邦俊撰　(谢启昆引《福建通志》。)

《正字韵类》谢季泽撰　(《通考》载。)

《大和正韵》白朴撰　(谢启昆引《江南通志》。)

《监韵》五篇崔敦诗撰　(谢启昆引《江南通志》。)

《清浊韵钤》一卷守温撰　(《宋志》载。)

《定清独韵铃》一卷僧行庆撰　(《通志·艺文略》载。)

《韵总》五篇僧鉴聿撰　(《通考》载。)

(四)其他:

《归字图》一卷刘守锡撰　(《通志·艺文略》载。)

《纂要图例》一卷谢晖撰　(《直斋书录解题》载。)

这里一共罗列了不下一百六七十种名目,而实在完整存在的不过十来种。这十来种里面可以认为中古声韵学史料的竟只有一部经过积累增改的《大宋重修广韵》! 自从最近三十多年的西北探险而古写本和最早刻本书卷发现流传以来,我们才着实新添了许多重要的史料(故宫的开放也有关系)。关于韵书呢,还多半是残破零落的。所以,我说"实证零星无由判别"。这样,从编制性质上讲韵书分类真成了"文献不足征"的情势,可是,假若"抱残守缺"的从材料本身上看,虽有两点困难,却并不是没有不可陈述的地方,而且我们也已得了些相当的收获。例如:王国维氏因为目睹手摹过一些材料,而对于隋、唐以来韵书的考据就有了许多新发现(罗常培先生《叙例》中说了)。我有些一得之愚,请先举目,再容分说:

第一、从这些残缺史料里,可以窥瞰着韵书体制的演变。

第二、从这些残缺史料里,可以钩稽出韵书源流的脉络。

第三、从这些残缺史料里,可以判断得韵书系统的划分。

我们要说明这三点,就得先再将那些残缺材料的情形叙述出来。这些材料除了在我国内地保存传留的,其余有两个出处——甘肃省敦煌县鸣沙山的莫高窟千佛洞等石室里和新疆省天山北路吐鲁番左近的沙碛中——而都是外国人探险发见的。因此,原来面目如何,探险影响损失如何，存在实数几何，都无从切实知道。我们展转见到的材料是否是残存的全部还是问题，甚至于连究竟现藏何处有时也不能确断——这里容我表示一下羞愤！——下面就算是一个“见知现存残缺中古韵书提要”：

(甲) 国内传存的：

(一)唐写本《唐韵》一种　吴县蒋斧藏　国粹学报馆影印本

清光绪三十四年二月晦(1908 年 3 月 31 日)，蒋斧由罗振玉的介绍从北京琉璃厂书铺里得着了这书。后来国粹学报馆影印发行。全书四十四叶，每叶二十三行，每行都有乌丝阑为界，字数不一(大字约十六七，小字约二十六七)。只存去声(有缺)入声两卷。入声题称“唐韵”。这是唐时白麻纸的“册子”本，纸的大小据蒋氏跋云：“高一尺一寸七分，宽一尺七寸五分。”每卷之首列韵目(入声之首可证)。韵中目字以朱笔书写，韵次数字记在阑外上眉，与韵目字同行；韵与韵间或提行顶格写，或不提行，但空格写。韵中每纽字数在每纽第一字训解反切之下注明；有时作“几”加“几”，是前数为原有的，后数为增加的。纽与纽间无标识。册中印记都是宋、明人，没有清代的。蒋斧云：“此册为都门故家旧藏；册中有‘宣和’、‘御府’二印，‘鲜于’一印，‘晋府’及‘项子京’诸印，柯丹邱观款一行，杜柽居诗一首，无本朝人一跋一印，盖自入晋府以后即未尝寓赏鉴家之目矣。”王国维有《书后》，以为是孙愐书，否认蒋斧陆法言《切韵》原本及长孙讷言初笺注本之说，凡举八证。书中所存韵目如次(阙的加方括弧)：

去声	入声
[一送]	一屋
[二宋]	二沃
[三肿]	三烛
[四绛]	四觉
[五寘]	
[六至]	
[七志]	

八未(存半)

九御

十遇

十一暮

十二泰

十三霁

十四祭

十五卦

十六怪

十七夬

十八队

十九代(存大半)

[二十废]

[二十一震]

[二十二稕]

[二十三问]

[二十四焮]

二十五愿(存小半)

二十六慁

二十七恨

二十八翰

二十九换

三十谏

三十一裥

三十二霰

三十三线

三十四啸

三十五笑

三十六效

五质

六術

七物

八栉

九迄

十月

十一没

十二曷

十三末

十四黠

十五辖

十六屑

十七薛

三十七号	
三十八个	
三十九过	
四十祃	
四十一勘	
四十二阚	
四十三漾	
四十四宕	
四十五敬	
四十六诤	
四十七劲	
四十八径	十八锡
	十九昔
	二十麦
	二十一陌
	二十二合
	二十三盍
四十九宥	
五十候	
五十一幼	
五十二沁	
	二十四洽
	二十五狎
五十三艳	二十六叶
五十四㮇	二十七怗
	二十八缉
	二十九药
	三十铎
五十五证	三十一职
五十六嶝	三十二德

五十七陷

五十八鉴

三十三业

五十九梵　　三十四乏

（二）唐写本《刊谬补缺切韵》一种　国立北平故宫博物院藏

北平延光室摄影本　　上虞罗氏印秀水唐兰写本

这部书因为归入书画范围而得保存，直到十四五年前罗振玉、王国维等在清室整理书籍才发现，后来有延光室摄影传流，唐兰仿照原款式手写一通由罗氏印行。纸质大小尺寸要等故宫博物院影印原状之议实现时才能明白。原件现在装潢成册页，计三十八叶，每叶二十九行；每行有界阑疑是朱丝，字数不一，大约大字在二十六至三十之间，平上去入分五卷，而平上各有残缺，计：

平声上存前九韵，七叶；

平声下存后二十一韵，七叶；

上声存前十八韵，五叶；后九韵带零，一叶十行（十行与去声相连接）。

去声全部完整，七叶四十行（首十九行与上声相连接为一叶，尾二十一行与入声相连接为一叶）。

入声全部完整，九叶八行（八行与去声相连接为一叶）。

最初是"卷子"本还是"册子"本，无从知道。若是卷子，依现存情形可以看出每卷的分量大抵是二百九十行，长度就是连接今本同样大小的十页的总长。残缺部分应该是平声上下各缺与今本同样大小的三页，上声缺与今本同样大小的三页（去声缺少，卷中当有余地约四十七行；入声正十叶）。书首题名"刊谬补缺切韵"，下注"朝议郎行衢州信安县尉王仁昫撰"。次行题"前德州司户参军长孙讷言注"，又"承奉郎行江夏县主簿裴务齐正字"。今通称故宫本王仁昫《切韵》。载王仁昫序，次长孙讷言序，次列《字样》，次为本韵正书；王序之前详记全书"卷"、"韵"、"纽"、"字"四事：

① 四声五卷；

② 大韵总有一百九十五；

③小韵三千六百七十一（二千一百廿韵清，一千五百五十一韵浊）；已上都加二

百六十五韵；

④ 凡六万四千四百廿三言(旧二万三千七百廿三言，新加二万八千九百言。)

所谓"四声五卷"，是平声分上下卷，而韵目数次并不另自起讫(下平所存自三十四豪起)。所谓"大韵"，即是韵部，所谓"小韵"，即是韵中各纽。所计"言"数，即是书中字数。每卷首列韵目，韵中目字以朱笔书写，韵次数字墨笔记在上眉，与韵目字同行；韵与韵间，平声上下和上声上半都是提行顶格写，而上声下半及去入二声就不一定，也有不提行，但空格写的。韵中每纽字数在每纽第一字训解反切之下注明；只有平声上的部分有时作"几"加"几"，前即旧有，后是新加。纽与纽间，加朱点分别。如果从这些例上来说，本书很像不是王仁昫的著述。书名下本有注道：

> 刊谬者谓刊正讹谬；
> 补缺者加字及训。

平声上韵目二冬、八脂、十八真、十九臻下都注有取舍吕静、夏侯咏、阳休之、李季节、杜台卿分合标准之处，上去入就没有了。至少这合于"刊"、"补"条件的才是王仁昫的。王国维有《书后》以为：王仁昫书以"刊谬补缺"为名，对于陆法言次序大约没有什么改动，这个本子"盖为写书者所乱，非其朔也"。王仁昫序里自述做书的缘起，因江东南道巡察黜陟大使侍御史平侯□嗣先(姓待考)到信安县，见了仁昫所著《字样》、《音注律等》(?)(原有律等二字，文理似应属上而不识为一书名否。)很加赞赏，又劝他把陆法言《切韵》加以刊正增加，所以，他就"沐承高旨，课率下愚，谨依《切韵》增加，亦各随韵注训，仍于韵目具数。"(《序》中语)敦煌出另一本，还能见到刊正陆书的地方，拿来与本书比勘，详略同异又有出入。如，那本上歌韵"鞾"字下说，"陆无反语，何□诬于今古"，这本上有"希波反"；那本上止韵"汜"字下云，"陆训不当故不录"，这本上的训注与那本相近而较略；那本上范韵"范"下注"符凵反，人姓，又草，陆无反语，取凡之上声，失"，字数三，这本上正作"无反语，取凡之上声"，而又云"亦得符凵反，《说文》作从水，又姓也"，字数六；那本上广韵"广"下注，"虞俺反，陆无此韵目，失"，这本上有广韵目，并作"鱼俭反"；那本上遇韵“足”字下说，“案缬字，陆以子句反之，此足字又以即具反之，音既无别，故并足”，这本上正是缬字，子句反，足字，即具反，两字分纽；那本上屑韵“凸”字下注，“陆云高起，字书无此字，陆入《切韵》，何考研之不当”，这本上正无凸字；那本上洽韵“凹”字下注，“下，或作容，正作㟁，案凹无所从，伤俗尤甚，名之《切韵》，诚曰典音，陆采编之，故详其失”，这本上也收了凹字，注“下也，亦容”。这样看来，这本当是参合陆、王两书的混合本了。这部书韵中纽与纽之间都用点子隔开。唐写本《唐韵》线韵“飙”字注，“陆无训义”，证韵“瞪”字注，“陆本作眙”，麦韵“鳊”字注，“陆入格韵”，这本里，飙有训义，瞪正作眙，有“格”韵而无“鳊”字。宋《广韵》锺韵恭纽注，“陆以恭蜙纵等入冬韵，非也”，这本里正在冬韵。这都足以证明这本书是陆、王混合，而于韵目次第的特别尤可注意。由上面说的几点不过显出既非陆亦非王，但是四声韵目次序大体相贯自成系统就有它的自身价值，虽然内容是混合的。其目如次：

平声上	上声	去声	入声
一东	一董	一冻	一屋
二冬		二宋	二沃
三锺	二肿	三种	三烛
四江	三讲	四绛	四觉
五阳	四养	五样	五药
六唐	五荡	六宕	六铎
七支	六纸	七寘	
八脂	七旨	八至	
九之	八止	九志	
[十微]（目存而书亡的）	九尾	十未	
[十一鱼]	十语	十一御	
[十二虞]	十一麌	十二遇	
[十三模]	十二姥	十三暮	
[十四齐]	十三荠	十四霁	
		十五祭	

		十六泰	
[十五皆]	十四骇	十七界	
		十八夬	
		十九废	
[十六灰]	十五贿	二十诲	
[十七台]	十六待	二十一代	
[十八真]	十七轸	二十二震	七质
[十九臻]			八栉
[二十文]	十八吻	三十问	九物
[二十一斤]	十九谨	二十四靳	十讫
[二十二登]	二十等	二十五磴	十一德
[二十三寒]	二十一旱	二十六翰	十二褐
			十三黠
[二十四魂]	二十二混	二十七慁	十四纥
[二十五痕]	二十三佷	二十八恨	
平声下			
二十六□	二十四铣	二十九霰	十五屑
二十七□	二十五狝	三十线	十六薛
二十八□	二十六潸	三十一讪	
二十九□	二十七产	三十二裥	十七辖
三十 □	二十八阮	三十三愿	十八月
三十一□	二十九篠	三十四啸	
三十二□	三十小	三十五笑	
三十三□	三十一绞	三十六教	
三十四豪	三十二皓	三十七号	
三十五庚	三十三梗	三十八更	十九隔
三十六耕	三十四耿	三十九诤	
三十七清	三十五请	四十清	
三十八冥	三十六茗	四十一暝	二十觅
三十九歌	三十七哿	四十二个	

四十佳	三十八解	四十三懈	
四十一麻	三十九马	四十四祃	
四十二侵	四十寑	四十五沁	二十一缉
四十三蒸	四十一拯	四十六证	二十二职
四十四尤	四十二有	四十七宥	
四十五侯	四十三厚	四十八候	
四十六幽	四十四黝	四十九幼	
四十七盐	四十五琰	五十艳	二十三叶
四十八添	四十六忝	五十一掭	二十四怗
四十九覃	四十七禫	五十二醰	二十五沓
五十谈	四十八淡	五十三阚	二十六蹋
五十一咸	四十九减	五十四陷	二十七洽
五十二衔	五十槛	五十五览	二十八狎
			二十九格
			三十昔
五十三严	五十一广	五十六严	三十一业
五十四凡	五十二范	五十七梵	三十二乏

(乙)国外流散的:

(三)五代刻本《切韵》若干种　法国巴黎国家图书馆藏摄影本

叶德辉《书林清话》一,“刻板盛于五代”条末了说:

光绪庚子(1900)甘肃敦煌县鸣沙山石室出《唐韵》、《切韵》二种,为五代细书小版刊本,惜为法人伯希和所收,今已入巴黎图书馆。吾国失此瓌宝,岂非守土者之过欤?

原《注》:“载罗振玉《鸣沙山石室秘录》。”王国维跋手写《切韵》残卷的末段说:

光绪戊申(1908)余晤法国伯希和教授于京师,始知伯君所得敦煌古书中有五代刻本《切韵》。嗣闻英国斯坦因博士所得者更为完善,尚未知有唐写本也。

罗氏《秘录》是记述与伯希和问答之词，想与王氏见伯希和同时，他们只是听伯希和说，并未得见原物。伯希和自编《敦煌将来目录》，罗福苌译本里有《切韵》、《唐韵》而无写本或刻本情状的注，共四号：

2014　《切韵》残九纸

2015　《切韵》残三纸

2019　《唐韵》

2638　背《唐韵》

我国在伦敦艺术展览（1935年11月开幕），法国参加，由伯希和选定敦煌古籍十七种，天津《大公报》（二十四年十月六日）第11603号《巴黎通讯》载其详目，内有2014、2015两号：

2666（艺展陈列号码）　2014（伯希和号码）

《大唐刊谬补阙切韵》刻本，仅选两页与会。

第一叶：上半面高24cm，宽19 $\frac{2}{3}$cm；

下半面高24 $\frac{2}{3}$cm，宽18 $\frac{2}{3}$cm。

上半面韵目数字为印字朱色；

下半面则印字黑色。

末标“《大唐刊谬补阙切韵》一部”一行。

第二页：仅半面印字，高24cm，宽27cm，韵目数为用朱笔手写。

2667（艺展陈列号码）　2015（伯希和号码）

《切韵》　刻本，亦仅选两页与会。

第一页：高24 $\frac{2}{3}$cm，宽44 $\frac{1}{2}$cm，韵目数字朱印。

第二页：高24cm，宽43 $\frac{3}{4}$cm，韵目数字朱书。

记者在2014号下云，“是书为唐王仁昫撰，书名上标‘大唐’两字，则为刻于唐代可知也。”伯氏珍拱这刻本韵书，不轻示人的情形，于此可见。十九年（1930）北平市中忽发见摄影韵书十六页，展转为我们所得，检视印记有“国家图书馆”（Bibliothéque Nationale）“钞本书”（Manuscrits）“Don 4502”相纽的圆章，我们知道这该是国人想望了三十年的五代刻本韵书了！摄影是十六页，原件未必是十六页，而且又没有半个字可以找出是什么人的什么韵书。我们在伯希和目录中可无法找出一种刻本韵书的记载，我们只有凭智慧去分析这十六页摄影。我在北京大学《国学季刊》三卷一号上发表过一篇冥中摸索的考证(《唐宋两系韵书体制之演变》)。现在由这段通讯里指示出我们从刻板形式上获得了暗合事实的结果。我把十六页分别成甲乙丙丁戊五组：

大字的六页：乙、丙、戊。

小字的十页：甲、丁。

照这通讯上的话，大字的就是 2015 号的《切韵》，小字的就是 2014 号的《刊谬补阙切韵》。我之分析五组由于韵目的讨论，近来再细看影片，小字本上隐约找出了 2014 号码的痕迹，大字本上隐约找出了 2015 号码的痕迹，可是并不想再有什么具体结论的表示。照伯希和目录，2014 是九纸，我们得到十张影片；我细看原件应是七纸，所以我们还少得二纸，而“刊谬补阙切韵”的名目就未能凭空结撰出来了。照伯氏目录 2015 是三纸，他写《切韵》是否也有一个刻着《切韵》的原件，自是问题；并且依我看六张影片的原件却又该是四纸，这更是问题。关于这些刻本原状不明了瞭，我想不加悬揣。十六页的体制已详《国学季刊》中。现在就通讯记者所写，略记疑点：

2014“大唐刊谬补阙切韵”题字是一张末页，我们不能必断是王仁昫无疑。故宫本王仁昫韵只写“切韵”，《敦煌掇琐》本王仁昫韵都写“刊谬补阙切韵”，体制原不一定。后人复刻前代的书并不改字，泽存堂刻《广韵》依然题“大宋重修广韵”，有“大唐”字样还可以有五代刻的可能。隋、唐韵书作者蠭起，名称相袭相重的屡见不一，我们不能因为知道王仁昫有“刊谬补阙”之作，遇有“刊谬补阙”的就给王仁昫遇缺即补。故宫本王韵与《敦煌掇琐》本王韵不相同，这刻本也不与那两本相同。第一宣韵不是两个王韵里有的；第二盐韵五十一的次第不是王韵的系统；第三宣韵三十一和盐韵五十一排不连拢；第四三十五豪韵影片注 2014(8)与注 2014(5)的肴韵残页影片确系同板的两张印本，然则 2014 总号下的各纸必是从书的形式上的观察集合起许多残页来的了。从这四点上看，我们反不敢说什么肯定的话了(通讯未载韵目名称，也很觉可惜)。

这样，我们姑且说刻本韵书是两种，还期待材料更充分的得到，好细加讨研。两种所存韵目韵次如次：

2014

一东（残损钞配刻印相连）

二冬（钞配接一东下缺尾）

两韵原件一纸，2014(3)，影片二纸。

九鱼（残损存八行下段）

十虞（存十一行接鱼韵）

原件一纸，2014(4)，与(3)残损边廓相同，影片一纸。

三十仙（残损存十行上段二全行）

三十一宣（损二三字）

三十二萧（存二字）

三十三（宵）（缺仅存三个半边字）

三十四肴（首数字缺）

三十五豪（存七行）

原件二纸，2014(5)及(8)，影片四纸。

五十侵（存一行又三字）

五十一盐（存十二行）

原件一纸，2014(7)，影片一纸。

四纸（存十行许）

原件一纸，2014(9)，影片一纸。

二十三旱（存一行又四字）

二十四缓

二十五潸

二十六产

二十七铣（存二行末损）

原件一纸，2014(2)，影片一纸。

2015

一东（残损存十数字）

二冬

三锺(末有三板字样)

原件一纸,2015(3),影片一纸。

十二齐(十九行又五字)

十三佳(六行)

十四皆(六行)

十五灰(三行末有十一板字样)

原件一纸,三十四行,最完整,2015(2),影片二纸。

二十五盍(三行)

二十六洽(九行)

二十七狎(五行半)

二十八叶(十五行半)

二十九怗(一行)

原件一纸,2015(1)又记 2011(5),影片二纸。

三十三职(损存六行又半及二字)

三十四德(存九行二行有缺下损)

原件一纸,2015(1)重,影片二纸。

(四) 唐写本《切韵》残卷三种　法国巴黎国家图书馆藏王国维手写石印本

伯希和《敦煌书目》明载为韵书的,2014、2015 以外有 2019、2638,都记着是"唐韵",并没有这写本《切韵》;伦敦博物馆藏《敦煌书目》里也查不出——当然,我们所知的目录本是罗福苌氏苦心孤诣写成的,难得全备。王国维光绪戊申时,晤见伯希和,只知道伯氏得到五代刻本《切韵》,终他之身没有能寓目;后来又听说斯坦因得着的还要完善,那就迄至今日国人都没有见着了。唐写本呢,王氏起初并不知道,在民国初年伯希和寄了许多古书摄影给罗振玉、王国维,韵书不在内;等民国七八年之间,罗、王先后写信向伯希和指明了要求这写本的摄影,到民国十年秋季才寄到了天津。当时王氏在上海费了二十三天工夫钞写成了(1921 年 10 月 1 日—23 日),并且加以考跋(同年 12 月 8 日脱稿),石印行世(见王跋)。这是我们近年学者借资论据而通称的"王写《切》残一、二、三"三本。原本情形无从说起，但由王本略叙一二。

第一种　存上声十一韵，四十五行，下段间有损缺，损缺形式行款数目对称，疑是"叶子"本，两面书写的（参看《西域考古图》唐写本《唐韵》条）；计：

海韵，三行半截；

轸韵，三行半截递为增长；

又，四行整行；

又，一行末尾，作整行计；

吻韵，二行半截；

隐韵，二行半截；

阮韵，六行半截；

混韵，一行半截长；

又，四行整行；

又，一行末尾，作整行计；

很韵，一行半截；

旱韵，四行半截；

又，二行整行（次行下略缺）；

又，一行末尾，作整行计；

潸韵，二行整行；

又，一行末尾，作整行计；

产韵，三行整行；

又，一行末尾，作整行计；

铣韵，三行半截。

我很觉得：从轸韵五行向前是一面，从轸韵六行向后到阮韵一行是一面，从阮韵二行向后到混韵三行是一面，混韵四行向后到旱韵四行是一面；从旱韵五行向后到产韵二行是一面，从产韵三行向后是一面：那就是三页。这种韵目字多半提行高一格写，不注数次，每纽有点标记，训注简单，往往单注反切和字数。王国维考订以为是陆氏原本，并论字迹定作初唐写本。

第二种　存平声九韵，一百六十九行，每行约大字二十一二字。首行题“切韵序,陆法言撰”。次行题“伯加千一字”。次陆序,序尾紧接长孙讷言序,下又接“切韵第一,平声上廿六韵”韵目。韵中连录各韵,但记数次,无点识及提行诸式。每纽先注反切,字数,后注训解,及先注训解后注反切,字数,两法并用,而前者为多。通常字多不训,但注反切,又字数有作“几”加“几”的。王国维考订以为长孙讷言笺注本,举长孙序语“又加六百字用补阙遗,其杂□并为训解,凡称‘案’者俱非旧说”,与韵中新加字及案语为证;论字迹定作开元天宝间写本。

第三种　存平上入三声四卷。平声上首残缺:东冬二韵全无,锺存三行残,江存四行残,支存十六行残四行全,脂以下不缺。入声后五韵缺。其余间有损缺,或者有些是钞写时因为漫漶缺录的,计十八臻、十五清、二十侵、二十一盐、四十一有、四十二厚、一屋、二十一盍、二十二洽诸韵。每卷首题“切韵”,韵目及韵中情形和第二种大略相同而有些不全同:

注解在反切前;

字数不注明增加;

有增加字同于第二种而不注新加,但尚有十五个字注明;

第二种的案语删而未尽,未删案语全与第二种同。

王国维考订以为节钞长孙笺注本,字迹时代与第二种同。三种原寄摄影五十三纸,见王氏写毕题记。所存韵目,王氏据以考知陆法言韵与《唐韵》、《广韵》有别。兹为列目(阿拉伯码分注所据三本):

平声上	上声	入声
一东[2]	一董[3]	一屋[3]
二冬[2]		二沃[3]
三锺[2]	二肿[3]	三烛[3]
四江[2]	三讲[3]	四觉[3]
五支[2,3]	四纸[3]	
六脂[2,3]	五旨[3]	
七之[2,3]	六止[3]	
八微[2,3]	七尾[3]	
九鱼[2,3]	八语[3]	

十虞$^{2}_{3}$	九麌^{3}	
十一模$^{2}_{3}$	十姥^{3}	
十二齐$^{2}_{3}$	十一荠^{3}	
十三佳$^{2}_{3}$	十二蟹^{3}	
十四皆$^{2}_{3}$	十三骇^{3}	
十五灰$^{2}_{3}$	十四贿^{3}	
十六咍$^{2}_{3}$	十五海$^{1}_{3}$	
十七真$^{2}_{3}$	十六轸$^{1}_{3}$	五质^{3}
		六物^{3}
十八臻$^{2}_{3}$		七栉^{3}
十九文$^{2}_{3}$	十七吻$^{1}_{3}$	
二十殷$^{2}_{3}$	十八隐$^{1}_{3}$	八迄^{3}
二十一元$^{2}_{3}$	十九阮$^{1}_{3}$	九月^{3}
二十二魂$^{2}_{3}$	二十混$^{1}_{3}$	十没^{3}
二十三痕$^{2}_{3}$	二十一佷$^{1}_{3}$	
二十四寒$^{2}_{3}$	二十二旱$^{1}_{3}$	十一末^{3}
二十五删$^{2}_{3}$	二十三潸$^{1}_{3}$	十二黠^{3}
二十六山$^{2}_{3}$	二十四产$^{1}_{3}$	十三辖^{3}
平声下		
一先^{3}	二十五铣$^{1}_{3}$	十四屑^{3}
二仙^{3}	二十六狝^{5}	十五薛^{3}
三萧^{3}	二十七篠^{3}	
四宵^{3}	二十八小^{3}	
五肴^{3}	二十九巧^{3}	
六豪^{3}	三十皓^{3}	
七歌^{3}	三十一哿^{3}	
八麻^{3}	三十二马^{3}	
九覃^{3}	三十三感^{3}	
十谈$_{3}$	三十四敢$_{3}$	
十一阳$_{3}$	三十五养$_{3}$	

十二唐$_3$	三十六荡$_3$	
十三庚$_3$	三十七梗$_3$	
十四耕$_3$	三十八耿$_3$	
十五清$_3$	三十九静$_3$	
十六青$_3$	四十迥$_3$	十六锡$_3$
		十七昔$_3$
		十八麦$_3$
		十九陌$_3$
		二十合$_3$
		二十一盍$_3$
		二十二洽$_3$
		二十三狎$_3$
十七尤$_3$	四十一有$_3$	
十八侯$_3$	四十二厚$_3$	
十九幽$_3$	四十三黝$_3$	
二十侵$_3$	四十四寑$_3$	
二十一盐$_3$	四十五琰$_3$	二十四叶$_3$
二十二添$_3$	四十六忝$_3$	二十五怗$_3$
		二十六缉$_3$
		二十七药$_3$
		二十八铎$_3$
二十三蒸$_3$	四十七拯$_3$	二十九职$_3$
二十四登$_3$	四十八等$_3$	三十德$_3$
二十五咸$_3$	四十九豏$_3$	
二十六衔$_3$	五十槛$_3$	
二十七严$_3$		三十一业$_3$
二十八凡$_3$	五十一范$_3$	三十二乏$_3$

(原件好像是在伦敦,记得二十二年岁杪伯希和来中国的时候曾经对我说是斯坦因的照片,他转送给王氏的。附记待考。)

(五) 唐写本王仁昫《刊谬补缺切韵》一种　法国巴黎国家图书馆

藏

刘复《敦煌掇琐》刻本

《敦煌掇琐》下辑一〇一，收刻伯希和《敦煌书目》2011 号唐写本韵书一种。罗福苌所辑译目里 2011 是写的残地志，注“损甚”。刘复博士留法的时候，亲自钞录回来，注明原号，当凭他作准。大约这些古写本到了国外，经过许多次整理，难免没有变动原状的情形，所以同是 2011 号，既有此书，又有前列刻本韵书零页。据《掇琐目》说，原书残存四十二断片，但没有详记情状。记得我借观刘先生的钞本，那里是记着“某页正面”和“某页反面”的，大约有二十来页；这四十二断片该是二十一张“叶子”吧？我照《掇琐》注的页数起讫查过行数，最多是三十六行。每行字数不定。书存五卷，而都有损残，首尾最坏。每卷首加韵目，末计韵数，详注增音添字情形，题“朝议郎行衢州信安县尉王仁昫字德温新撰定”。书与故宫本不同。韵目与王国维写三残卷同；目下注吕静、夏侯咏、阳休之、李季节、杜台卿五家分合情形及依违之处，故宫本但平声上有得。王国维跋故宫本时，以为是陆法言《切韵》原本中所有的；这本里还有说陆法言的，所以知道是王仁昫的话。我曾经根据这些注语做过《五家韵目考》，载《国学季刊》。韵中每韵都提行起头，不注韵次，每纽有点标识(是否朱笔待问)。这部韵书的序已不存，想来故宫本那部韵序该是据这派书钞录的。在前故宫本下已录这书中刊正陆法言的注文八处；还有两处，因故宫本缺佚未曾写出，在这里补录：

隐韵“巹”字下云：瓢，酒器，婚礼所用。陆训巹敬字为巹瓢字，俗行大失！

阮韵“言”字下云：语偃反。言言唇急。陆生载此言言二字列于《切韵》，事不稽古，便涉字袄！留不削除，庶览者之鉴详其谬。

王写《切一》、《切三》隐韵“巹”字下注正云：“瓢，酒器，婚礼用。”《广韵》就将“巹”、“巹”合为一字了。王写《切三》阮韵正收“言”、“言”二字，“言，语偃反；言，言言唇急，去偃反。”《广韵》承袭下来。有一点很有趣，《唐韵》(蒋本)残本里记的陆韵三处，在王写《切残》、故宫本，以及这本里互有异同，我们一看就明白究竟陆本原来面目与那种比较相近了。

唐韵	切残	故宫本	敦煌本
飒(线韵)“陆无训义。”	缺	“风气再飒榖。”	缺
瞪(证韵)“陆本作眙。”	缺	眙,“又作瞪。”	眙
鳊(麦韵)“陆入格韵。”	陌韵格纽下(《切三》)	正有格韵,相当陌韵;又有隔韵,相当麦韵;鳊在格韵。	缺

我们不能不注意陆韵韵目和唐人韵目有无同异,那么这本韵目下面的注字既和故宫本平声相应,而故宫本入声之有格韵又与《唐韵》讲的陆韵相合,王、陆混合之迹更加显明;然则唐人韵目是否已有变化,不问可知。现在,在王仁昫的韵目下面看到取舍分合的注,我们说王仁昫韵目同于陆氏,又安知不是改自王氏呢?五代刻本中间有“大唐刊谬补缺切韵”一页,便是那小字本有“宣”韵的一种;现在和这本对看,第十七页上的二十八个韵首里“先”、“仙”之后并无“宣”韵目,第八九两页上“仙”韵特别完全也没有把“宣”字独立起来。那本的宣韵第三十一,该是连了平声上数的,依照这本上去韵目看,宣韵排不到三十一;“宣”排到三十一的次第,要有“静”、“桓”韵才对,上声便要有“准”、“缓”、“选”,去声也要有“稕”、“换”,这本里是都没有的。那小字本还有一页“盐”韵排在五十一,看来应是和三十一宣的韵目相关,由“宣”向后到“歌”后加“戈”,再数到“盐”正得五十一;不然,像我曾经解释过的在“齐”韵后出“移”韵,再加“谆”、“桓”、“戈”,数到“盐”也正得五十一。前一说法“宣”韵是李舟韵征,后一说法“移”韵是孙愐韵征。最近巴黎通讯(《大公报》载),记者惜乎没有告诉我们是些什么韵目,尤其是与“大唐刊谬补缺切韵”题字同页的韵字和他所属的韵目。如果这题字无王仁昫名,而竟是与“宣”、“盐”两韵的相关,我们也许可以添出几种假设:

《刊谬补缺切韵》不止王仁昫一种;

孙愐或李舟书也许也有“刊谬补缺”之名;

或许别有像故宫本混合意味的韵书叫“刊谬补缺”。

所最可疑的就是有题字的一页恐怕原来不与这些小字本相合。那么,这王仁昫韵才或许有与那页题字的是一种的可能。这本韵目和所注各家分合以及新旧字数，还很有可研究的地方，录之如次(以韵目和正文相参写定，凡根本残缺的但列韵目，外加括弧)：

平声	上声	去声	入声
一[东]	一董(多动反)	一送(苏弄反)	一屋(乌谷反)
二[冬]		二宋(苏统反)	二沃(乌酷反)
三[锺]	二肿(之陇反)	三用(余共反)	三烛(之欲反)
四[江]	三讲(古项反)	四绛(古巷反)	四觉(古岳反)
五[支](存字)	四纸(诸氏反)	五寘(支义反)	
六[脂]	五旨(职雉反)	六至(脂利反)	
七[之](存字)	六止(诸市反)	七志(之吏反)	
八[微](存字)	七尾(无匪反)	八未(无沸反)	
九鱼(语居反)	八语(鱼举反)	九御(鱼据反)	
十[虞](存字)	九麌(鱼矩反)	十遇(虞树反)	
十一模(莫胡反)	十姥(莫补反)	十一暮(莫故反)	
		十二泰(他盖反)	
十二齐(徂嵇反)	十一荠(徂礼反)	十三霁(子计反)	
		十四祭(子例反)	
十三[佳]	十二蟹(鞵买反)	十五卦(古卖反)	
十四[皆](存字)	十三骇(谐揩反)	十六怪(古怀反)	
		十七[夬]	
十五灰(呼恢反)	十四贿(呼猥反)	十八队(徒对反)	
十六咍(呼来反)	十五海(呼改反)	十九代(徒戴反)	
		二十废(方肺反)	
十七[真]	十六轸(之忍反)	二十一[震]	五质(之日反)
十八[臻]			
十九[文]	十七吻(武粉反)	廿二问(无运反)	六物(无弗反)
			七栉(阻瑟反)
二十[殷]	十八隐(於谨反)	廿三焮(许靳反)	八迄(许讫反)
二十一[元]	十九阮(虞远反)	廿四愿(鱼怨反)	九月(鱼厥反)
二十二[魂]	二十混(胡本反)	廿五慁(胡困反)	十没(莫勃反)
二十三[痕]	廿一佷(痕恳反)	廿六恨(胡艮反)	
廿四[寒](存字)	廿二旱(胡满反)	廿七翰(胡旦反)	十一末(莫割反)

二十五[删](存字)	二十三潸(数板反)	二十八谏(古晏反)	十二黠(胡八反)
二十六[山]	二十四产(所简反)	二十九[裥](存字)	十三辖(胡瞎反)
平声下			
二十七先(苏前反)	二十五铣(苏典反)	三十霰(苏见反)	十四屑(先结反)
二十八仙(相然反)	二十六狝(息浅反)	三十一线(私箭反)	十五薛(私列反)
二十九萧(苏彫反)	二十七篠(苏鸟反)	三十二啸(私吊反)	
三十宵(相焦反)	二十八小(私兆反)	三十三笑(私妙反)	
三十一[肴](存字)	二十九巧(苦绞切)	三十四效(胡教反)	
三十二豪(胡刀反)	三十皓(胡老切)	三十五号(胡到反)	
三十三歌(古俄反)	三十一哿(古我反)	三十六个(古贺反)	
三十四麻(莫霞反)	三十二马(莫下反)	三十七祃(莫驾反)	
三十五覃(徒含反)	三十三感(古禫反)	三十八勘(苦绀反)	
三十六谈(徒甘反)	三十四敢(古览反)	三十九阚(苦槛反)	
三十七阳(与章反)	三十五养(馀两反)	四十漾(馀亮反)	
三十八唐(徒郎反)	三十六荡(堂朗反)	四十一宕(杜浪反)	
三十九庚(古行反)	三十七[梗]	四十二敬(居命反)	
四十耕(古茎反)	卅八[耿](古幸反目存)	四十三诤(侧迸反)	
四十一清(七清反)	三十九静(疾郢反)	四十四劲(居盛反)	
四十二青(仓经反)	四十迥(户鼎反)	四十五径(古定反)	十六锡(先击反)
			十七昔(私积反)
			十八麦(莫获反)
			十九陌(莫白反)
			二十合(胡阁反)
			廿一[盍](存字)
			廿二洽(侯夹反)
			廿三狎(胡甲反)
四十三尤(雨求反)	四十一[有](存字)	四十六宥(尤救反)	
四十四侯(胡沟反)	四十二厚(胡户反)	四十七候(胡遘反)	
四十五幽(於虬反)	四十三黝(於纠反)	四十八幼(伊谬反)	
四十六侵(七林反)	四十四寑(七稔反)	四十九沁(七鸩反)	
四十七盐(余廉反)	四十五琰(以冉反)	五十豔(以赡反)	廿四叶(与涉反)
四十八添(他兼反)	四十六忝(他点反)	五十一㮇(他念反)	廿五[怗]

			廿六[缉]
四十九蒸(诸膺反)	四十七拯(蒸上声)	五十二证(诸膺反)	
五十登(都腾反)	四十八等(多肯反)	五十三嶝(都邓反)	
			廿七[药](以灼反目存)
			廿八[铎](徒落反目存)
			二十九[职]
			三十[德]
五十一咸(胡谗反)	四十九豏(下斩反)	五十四陷(户韽反)	
五十二衔(户监反)	五十滥(胡黤反)	五十五鉴(格懺反)	
五十三严(语翰反)	五十一广(虞俺反)	五十六严(鱼俺反)	三十一[业]
五十四凡(符芝反)	五十二范(符凵反)	五十七梵(扶泛反)	三十二[乏]

以上韵目。

冬　无上声。阳与锺江同。吕、夏侯别。今依吕、夏侯。

脂　吕、夏与微韵大乱杂。阳、李、杜别。今依阳、李、(杜)。

真　吕与文同。夏侯、阳、杜别。今依夏、阳、杜。

臻　无上声。吕、阳、杜与真同韵。夏别。今依夏。

以上故宫本韵目下注。

董　吕与肿同。夏侯别。今依夏侯。

旨　夏侯与止为疑。吕、阳、李、杜别。今依吕、阳、李、杜。

语　吕与麌同。夏侯、阳、李、杜别。今依夏、阳、李、杜。

蟹　李与骇同。夏侯别。今依夏侯。

贿　李与海同。夏侯为疑。吕别。今依吕。

隐　吕与吻同。夏侯别。今依夏侯。

阮　夏侯、阳、杜与混佷同。吕别。今依吕。

潸　吕与旱同。夏侯别。今依夏侯。

产　阳与铣狝同。夏侯别。今依夏侯。

铣　夏侯、阳、杜与狝同。吕别。今依吕。

篠　阳、李、夏侯与小同。吕、杜别。今依吕、杜。

巧　吕与皓同。阳与篠小同。夏侯并别。今依夏侯。

敢　吕与槛同。夏侯别。今依夏侯。

养　夏侯在平声阳唐,入声药铎并别,上声养荡为疑。吕与荡同。今别。

(梗)　夏侯与靖同。吕别。今依吕。

耿　李、杜与梗迥同。吕与静迥同,与梗别。夏侯与梗靖迥并别。今依夏侯。

静　吕与迥同。夏侯别。今依夏侯。

(有)　李与厚同。夏侯与□同。吕别。今依吕。

(琰)　□范豏同。夏侯□同。今并别(中缺)。

广　陆无此韵目,失。

范　陆无反,取凡之上声,失。

宋　阳与用绛同。夏侯别。今依夏侯。

至　夏侯与志同。阳、李、杜别。今依阳、李、杜。

泰　无平上声。

(霁)　□与祭□(缺)

祭　无平上声。

怪　夏侯与泰同。杜别。今依杜。

队　李与代同。夏侯为疑。吕别。今依吕。

废　无平上声。夏侯与队同。吕别。今依吕。

愿　夏侯与慁别,与恨同。今并别。

谏　李与裥同。夏侯别。今依夏侯。

霰　阳、李、夏侯与线同。夏侯与同(按:“与”字下当有脱字,若以铣韵例之,疑“夏侯与同”四字为衍文)。吕、杜并别。今依吕、杜。

啸　阳、李、夏侯与笑同。夏侯与効同。吕、杜并别。今依吕、杜。

效　阳与啸笑同。夏、杜别。今依夏侯、杜。

个　吕与祃同。夏侯别。今依夏侯。

漾　夏侯在平声阳唐,入声□并别,去声漾宕为疑。吕与宕同。今□。

敬　吕与诤同,劲径并同。夏侯与劲同,与诤径别。今并别。

宥　吕、李与候同。夏侯为疑。今别。

幼　杜与宥候同。吕、夏侯别。今依吕、夏侯。

𪋓　吕与梵同。夏侯与㮇同。今别。

陷　李与鉴同。夏侯别。今依夏侯。

严　陆无此韵目，失。

沃　阳与烛同。吕、夏侯别。今依吕、夏侯。

栉　吕、夏侯与质同。今别。

迄　夏侯与质同。吕别。今依吕。

月　夏侯与没同。吕别。今依吕。

屑　李、夏侯与薛同。吕别。今依吕。

锡　李与昔同。夏侯与陌同。吕与昔同，与麦同。今并别。

洽　吕与□夏侯别。今依吕(此条借钞刘君底本如此作。今刻本作："李与狎同。夏侯别。今依夏侯。"并存之)。

叶　吕与怗洽同。今别。

药　吕、杜与铎同。夏侯别。今依夏侯。

以上这本韵目下注。

卷三首行下记：

右卷一万二千一十六字。

二千七十七旧韵。四千一百二十一训。三十三或亦。五文古。二文俗。一千三百三十补旧缺训。一千一百一十五新加韵。二千八百一十二训。三百六十七亦或。一十九正。三十一通俗。四文本。

卷四首行下记：

右卷一万二千一十四字：

二千三百三十二旧韵。四千九十七训。(或)三十五或亦。二文古。一文俗。一千七十六补旧缺训。一千二百四十六新加韵。二千七百六十训。三百九十二亦或。三十五正。二十三通俗。六文本。

卷五首行下记：

右卷一万二千七十七字：

二千一百五十六旧韵。四千四百六十五训。三十一或亦。九文古。一文俗。八百四十八补旧缺训。千三百三十三新加韵。二千七百七十四训。四百一十六亦或。一十九正。一十九通俗。二文古。四文

□。

以上各卷记字数。

(六)唐写本韵书断片一种　　日本大谷家藏

《西域考古图谱》影印本　　王国维摹入《韵学馀说》后有《观堂别集·后编》排印本

日本大谷光瑞继斯坦因、伯希和之后,探险西北,在新疆和阗、库车、吐鲁番等处得了些古物,会最印成《西域考古图谱》上下二卷,大正四年(1915)出版。原图卷下(8)之(2)是这断片的正面,并且题称"唐钞《唐韵》断片(吐峪沟)"(8)之(3)是这断片的反面,并且题称"同上之里面"。每面都是九行,残字是支脂两韵,我写录的字数与王国维录印字数略有出入:

		支　韵	脂　韵
全字	王	十九	二十一
	魏	二十一	二十二
半字	王	二	一
	魏	三	三

王国维有考证,以为是陆法言《切韵》之长孙讷言笺注。王氏之说曰:

> 孙愐《唐韵》无字无注,蒋氏所藏残本二卷足以证之。支韵之卮枝二字,脂韵之谘维虽三字,皆无注;又支韵之皮,脂韵之比茨迟伊四字,但注反切,反切者陆韵所本有,非长孙氏所加也。是断片四十字中无注者多至十字,则全书可推而知,此当是长孙氏注本。

如果"但注反切"的就当做"无注"论,王氏说蒋氏藏孙愐《唐韵》无字无注便是问题!蒋氏藏《唐韵》,御韵语字、去字、署字、讵字、絮字、助字、耡字、处字凡八字都是但注反切,占全韵八分之一有余;遇韵输字、雨字、聚字、付字、娶字,暮韵吐字、护字、诉字、袴字、恶字,也是但注反切的,其他举不胜举。我们以为王说长孙注本虽无从断定其然否,孙愐《唐韵》无字无注却可敢用他自己的观点来否定了。王氏跋三残卷的时候,认定的《切二》是长孙本;现在检看这断片正和那本相似,可以补充王说。

《切二》	断片
庀(有注)	庝(无注)
枝(无注)	枝(无注)
皮(符羁反三)	皮(符羁反五)
疲(无注)	疲(?)
比(又必履婢四扶必三反)	比(又必履婢四扶必反)
谘(有注)	谘(无注)
茨(疾脂反七)	茨(疾脂反六)
迟(又直利反又按《说文》从辛又作迡)	迟(又直利反)
伊(於指反三)	伊(於脂反?)
维(有注)	维(无注)
虽(按:《说文》从虫唯声)	虽(无注)

若与《切三》比较,除了支韵缺了,脂韵茨下“七”字,迟“又直吏反”,虽注“辞”以外,更觉相近。王氏弟子刘盼遂跋这断片(原误称二残笺)以为是陆法言原本,已正王说。照此说来,《切韵》三残卷的王氏考订若成立,这断片反与他所谓长孙笺注节钞本相近,而所谓长孙笺注本反有不同,岂不是一个疑问了(刘氏举了《切二》𦩞、茨二字之间有新加“趀”字断片没有,今查《切三》也没有)?至于刘氏说这是陆法言原本,乃是从否定长孙笺注本而承认王说孙愐韵无字无注立论。我们已经反证了《唐韵》之非无字无注,未尝不可是孙愐诸人的书,但没有确实本子做对照,只有让这问题存疑了。原件款式等无可说。

(七)唐写本韵书断片二种　　德国柏林普鲁士学士院藏摄影本

日本东北帝大《文化杂志》武内义雄氏论文附录印本天津《益世报·读书周刊》二十六期译载

德国列考克(Albert August Von Le Coq)和格伦威得(Albért Grunwedel)在斯坦因、伯希和之后,相继去新疆探险,所得古物藏在柏林普鲁士学士院。我在二十一年(1932)从友人赵万里先生得见唐写韵书两张影片,当时借钞,并且看出是一个断片的两面,计存上声止韵以下的几韵。赵君仅仅告诉我是德国来的,藏之何处,发自何处,全不能详。原件大约两面各存十三四行，是下半截，有界栏，韵纽上无点识。我将钞录的送给刘复博士收进了《十韵汇编》，但是没有去决定这是哪一种韵书。等到《十韵汇编》已经印好，快要作序的时候，日本武内教授正发表了论文，叙述他在德国普鲁士学士院看列考克、格林威德的吐鲁番文件检出两张唐写本韵书断片，知道其中一张就是我们已经得着的。我就以小川环树先生的介绍，得着武内教授的好意，送给了我另一张没有见到的断片的影本。(我这里致谢他们两位！)这一断片是去声韵震韵到愿韵，行间有界栏，纽上有点识(当是朱笔)，韵目注数次，每韵提行；所存是上半截，两面各五整行又两半行。武内论文有王俊瑜译文载天津《益世报·读书周刊》二十六期，他考订结果将两片都认为是陆法言《切韵》。我觉得两个断片从大体上看是一个系统，而原件很像是两处的东西。上声的一片，我过录得全字一百零二，半字七；去声的一片，得全字四十九，半字十三。上声有的纽下注新加字数，武内氏以为删了新加字就仿佛是陆氏原本。这正与《西域考古图》的断片问题一样，就是：《切三》比《切二》似乎早些了，《切二》就不能是长孙笺注；而孙愐《唐韵》又并非无字无注，这种断片与《切三》、《切一》以至《切二》又何尝不能与长孙以外，如孙愐之类的各家相关呢？去声的韵目是二十一震、二十二问、二十三焮、二十四愿；震韵前面的半行可以看出是二十废的吠、茷、喙三字；武内从震、稕不分和韵目数次为二十一到二十四的特征上，断定这是陆法言原本。他用夏竦《古文四声韵》韵目当做孙愐《唐韵》的标准(竦进书序称为《唐切韵》)；据王国维考证孙愐共有两本韵书：开元本和天宝本，开元本韵目与王仁昫(敦煌本)韵同出陆韵而上声均多一韵，然则这断片的韵目安知不是孙韵？蒋氏藏《唐韵》，王国维说是孙氏天宝本，韵目增加，才另名《唐韵》，原有第一次韵当是所谓“孙愐《切韵》”；如果这话成立了，再加天宝本与这种断片一样注训简略的印证，我们可否说是孙氏《切韵》？这都成为无从查考的悬案，我们放着吧。我现在将《十韵汇编》未收的一页补录在下面。

（八）刻本《切韵》残页一种　　德国普鲁士学士院藏

列考克等探险的吐鲁番文书里，前一项写本韵书以外，还有刻本韵书六残页。六残页里头有一页中缝刻着“切韵”的书名，所以我们称他为《切韵》残页而不能指实是谁的著作。日本武内教授记述在日本的东北大学《文化杂志》上，我们才知道五代刻本韵书以外又有这一种《切韵》的刻本。我又承武内教授的好意，得他送了一张刻了书名的残韵书影。从这一张书影大体上可以想象是宋椠本。全部六张书影，我们还没有得见着，据武内教授的叙述：

第一页　　去声慁韵的末尾，存十五字；及二十七恨的全部与二十八翰的头上十数字。

第二页　　二十八翰半页，中缝有“切韵”书名(已见)。

第三页　　三十三线的一部分。

第四页　　三十五笑跟三十六效的一部分，其中三十六效的字，明晰能读。

第五页　　三十六效的一部分。

第六页　　三十七号的一部分。

我曾经写了一封信寄给武内教授说：

刻本一影，观其刀法款制，颇疑宋椠。按宋人虽无《切韵》著作，然唐代旧本尚多传流。今大中祥符(1011)本《广韵》原是诸家《切韵》之总纂集也。夏竦《古文四声韵》庆历四年(1044)始进上，后于《广韵》已三十余年，征引书目中犹有祝尚丘韵、义云《切韵》、王存乂《切韵》、郭知玄朱笺。则此刻“切韵”二字所指究为何氏书，颇有研究之地。王静安先生主张《广韵》规模依据李舟《切韵》而来。今按见赐刻本，纵不与今本《广韵》全同，然大致不远，岂王氏说得一佐证欤？世无北宋《广韵》(指原刊)；《广韵》传本窃以为颇有羼杂《唐韵》面目者，当分别之，明内府本、符山堂本是也。泽存堂本、《古佚丛书》本，则宋韵系统也。唯《四部丛刊》本，版式并不与二系合，然与此刻似不无同者，傥得见全豹，一为勘读，能证定鄙说宋椠可信，连类而更订定《四部丛刊》本，岂不大快！盖《丛刊》本内容与泽存堂本相合，泽存本版式与《古佚》本同而不与《丛刊》本同，虽同自宋本传播，其间时期先后或有线索可寻。且书自吐鲁番出土，若竟为宋椠不谬，是中亚华番文化往来之迹，迄宋犹有余烈，抑亦史实之珍闻矣！

武内教授的论文对这一种材料的意见大致是：

1）这材料虽少，有刻着“切韵”的书名，是最快意的。

2）这材料虽不容易判断时代，但相信是已有相当的古的东西。

3）他不知道和五代刻本《切韵》是同种不是。

4）这种韵目次序和注解很与孙愐的韵相近，但和蒋氏印的唐写本《唐韵》不相同。

5）他比较两种《广韵》和这种韵书的异同，以为与明内府本相近。他据《四库提要》说，有“也许是严宝文、裴务齐、陈道固三家《切韵》之一的同类”的设想，也就是说是“唐末《切韵》”的一种。

我们再约略提出这部韵书残存的面目的几点：

1）版式像巾箱本。

2）每半页九行。

3）每行字数约有大字十四五个。

4）版心刻“切韵”书名，页数，刻工名（可惜看不清楚）。

5）每小韵一纽刻一小圈。

6）每纽首字下先注解，次反切及字数。

7）注解中有用本字为训的，本字用一直线代替，与近代韵书例同，如“光䦨”作“光丨”，“彩彰文章皃”作“彩丨文章皃”是。

8）注解与每纽字数比两《广韵》或同或异，而反切则全同，惟用“反”字。

9）每纽字序，各本韵书本不全同，这本与《四部丛刊》本较近。

10）两韵之间，联贯或另行，我暂时不能知道，存疑。

我们如果从《四部丛刊》本《广韵》的翰韵行款看，似乎都是行十五字，不过《广韵》半页十行，此书九行，不同。翰韵的一张残页起首是：

布袋 研 石净 ○岸 涯丨又水际 五旰反十一……

《丛刊》本《广韵》翰韵第十五行也是：

布袋 研 石净 ○岸 水涯高者 五旰切九……

残页第六行首是：

糷 饣相著

第七行首是：

患也又奴丹反 臡 缊也

《丛刊》本翰韵第二十行首是“烂”字的注，二十一行首是“斓”字的注，正是行中字注等的差变而到这里相差一个字的注释，行数是相等的；二十二行首又正差一个字：

难 患也又奴丹切

这只要用两本对照来看，便可见到。我不想更有什么具体的结论，因为我们第一没有见到书影的全部，第二版心刻工的姓名尽有寻求的机会，第三原件的尺寸没有实在记载，第四发现的环境和旁证足以断定年代的起迄范围没有查明。我给武内教授的信上说的话也不过是个假设罢了。我现在在这里报告读者一个大概，并且为报谢武内教授的好意，将他送我的一页书影附印出来。我更希望得到全部的材料以后，再有切实的意见陈述。

（九）唐写本韵书序二残卷　　法国巴黎国家图书馆藏

刘复《敦煌掇琐》刻本

《敦煌掇琐》下辑九九，收刻伯希和《敦煌书目》2129 及 2638 两号卷子。按：罗译目 2129 是《大乘密严经》，注云：“背为《诗经·鸿雁之什训诂传》第十六”，未注韵序；2638 是清泰三年写文书，注云，“记敦煌事，有河西都僧统印，背《唐韵》”，正合。《掇琐》注云：“此序有甲乙两写本。”甲本 2129 号，自开首起至“仁寿元年也”止。乙本 2638 号，开首残缺，“选精”以下完整。这都是没有写成的残篇。

（十）写本守温韵学残卷一种　　法国巴黎国家图书馆藏

刘复《敦煌掇琐》刻本　《国学季刊》一卷三号排印本

罗译伯希和《敦煌书目》不载此书。按：《敦煌掇琐》下辑一〇〇收刻，注明 2011 号，再查罗目，但称“汉文书类”而已。《掇琐》记原件分为三截，首行存“南梁汉比丘守温述”题字一行，刘半农先生故拟名“守温撰论字音之书”，吾友罗常培曾经研究过一番，做了一篇跋文，称之为“敦煌写本守温韵学残卷”。我们对于这一个卷子可以说是最早的等韵书。罗君的文章里说了四件事（原文见中央研究院历史语言研究所《集刊》第三本第二分）：

① 守温的时代问题。

② 守温字母的数目问题。

③ 守温字母对照梵藏字母与正齿二三等音及重轻唇音的分化问题。

④ 等韵创始及繁分门法问题。

原件第一截首行题“南梁汉比丘守温述”。次列字母三十，与相传三十六字母不同（详见罗文）。次为“定四等重轻兼辨声韵不和无字可切门”，举“高”、“交”两字为例。这是等韵书称“门”的最早的记载。次“四等重轻例”，分平上去入四声。按：所有例字的等列，现存的《韵镜》与之相同。这两项的“重轻”一词似乎指的分等的标准，我觉得是在后来等韵书同一转图中同一声母分四等重轻的办法。这与日本源为宪《口游·反音颂》所谓“轻重清浊依上，平上去入依下”，可以互相发明。空海《文镜秘府·论调声》云：

> 律调其言，言无相妨，以字轻重清浊间之须稳。至如有“轻”、“重”者，有“轻中重”、“重中轻”，当韵之即见。且庄字（侧羊反）全轻，霜字（色庄反）轻中重，疮字（初良反）重中轻，床字（士庄反）全重，如清字全轻，青字全浊。

《论文意》云：

> 夫用字有数般，有轻，有重，重中轻，有轻中重；有虽重浊可用者，有轻清不可用者。事须细律之，若用重字，即以轻字拂之便快也。
>
> 夫文章第一字与第五字须轻清声，即稳也。其中三字纵重浊，亦无妨。如“高台多悲风，朝日照北林”。
>
> 若五字并轻，则脱略无所止泊处。若五字并重，则文章暗浊。事须轻重相间，仍须以声律之。如“明月照积雪”，则“月”、“雪”相拨；及“罗衣何飘飖”，则“罗”、“何”相拨；亦不可不觉也。

“重轻”一词像是指声母清浊而言。空海的时代比守温早，我们可以看出等韵名词函义的变迁来。《七音略》所用的“重轻”，就单指韵母开合了。这一段例字中间有一点与韵书有关，就是平声有“勬”字注“宣”韵，上声有“免”字注“选”韵，可以借此考见这卷子所据的韵书而决定其时代(罗文已详言之)。我在前面五代刻本韵书三十一宣韵的问题下，说了巴黎通讯记者称为王仁昫《刊谬补缺切韵》的可疑。现在这里就连带的将我们决定守温卷子时代的一个证据存疑起来了；虽然我是和罗君的主张相同，也只好等待王仁昫韵有无“宣”韵和有宣韵的“《刊谬补缺切韵》”是不是王仁昫的书两个问题证实了再说。

原件第二截上缺，不能定名，内容是讲齿音只有两等轻重的。这是齿音反切相当于类隔而不得切音的例子，我们所以找不出在后来门法里的归宿。后来门法是属于反切的积极的、正面的解释，这种最初消极的、反面的规定就绝对消灭了。这表现反切早先是活动的拼音，因上下字的联读而顾及两字声类的轻重；语音字音起了古今的变化，反切字没有更动，就兴起门法来做注脚，固定了拼音法式。原件第三截是：

“两字同一韵凭切定端的例”；

“声韵不和切字不得例”；

“辨宫商徵羽角例”；

“辨声韵相似归处不同”(下缺)。

这里使我们注意到“反切”的名称和韵书名“切韵”的意味。我们对于“反切”一词总以为：初始称“反”或言“翻”，唐末讳言“反”而改云“切”。从这卷子所载，我们可以得些解释：

(1)“切”是声母。

“定四等轻重兼辨声韵不和无字可切门”，“高”字下云：……若将审穿禅照中字为“切”，将高字为“韵”，定无字可“切”。

“交”字下云：……若精清从心邪中字为“切”，将交字为“韵”定无字可“切”。

卷子第二截云：

若将归精清从心邪中(字)为“切”，将归审穿禅照中第一字为“韵”，定无字可“切”。

若将(归)审穿禅照中字为“切”，将归精清从心邪中第一字为“韵”，定无字可“切”。

这四条前一“切”字都是指声母。又“两字同一韵凭切定端的例”：

诸	章鱼反	菹	侧鱼反
辰	常邻反	神	食邻反
禅	市连反	潺	士连反
朱	章俱反	傷	庄俱反
承	署陵反	绳	食陵反
赏	书两反	爽	疎两反

所谓“同一韵”是反切下字相同，以反切上字定音之轻重叫做“凭切定端的”。后来门法里“凭切门”的名目与此相承。这也是“切”字指声而言的。

(2)“切”是拼切。

上举前四例的后一“切”字和“声韵不和切字不得例”的“切”字都是“拼切”之意。

(3)“反”是两字相切之音的名称。

我以为“切”有名动两义：名词是指“声”，动词是指“拼音”，而和动词“切”的意义相当的名词是“反”。我们看卷子里凡举反切的地方都用“反”而同时用“切”，细加比勘，文法上显然有的分别：

> 高 ……若将审穿禅照中字为切，将高字为韵，定无字可“切”，但是四等喉音第一字惣如高字例也。
>
> 交 ……若将精清从心邪中字为切，将交字为韵，定无字可“切”，但是四等第二字惣如交字例也。审高“反”，精交“反”，是例诸字也。
>
> ……若将归精清从心邪中(字)为切，将归审穿禅照中第一字为韵，定无字可“切”。尊生“反”，举一例诸也。
>
> ……若将(归)审穿禅照中字为切，将归精清从心邪中。
>
> 第一字为韵，定无字可“切”。生尊“反”，举一例诸也。

这是说：“怎样怎样就拼切不出字来，像某某反的例子就是。”“两字同一韵凭切定端的例”中列举某某“反”，更明白的分出了：

<table>
<tr><td rowspan="2">反</td><td>切</td><td>章</td><td>侧</td><td>常</td><td>食</td><td>市</td><td>士</td><td>章</td><td>庄</td><td>署</td><td>食</td><td>书</td><td>疎</td></tr>
<tr><td>韵</td><td colspan="2">鱼</td><td colspan="2">隣</td><td colspan="2">连</td><td colspan="2">俱</td><td colspan="2">陵</td><td colspan="2">两</td></tr>
<tr><td>切</td><td>(字音)</td><td>诸</td><td>葅</td><td>辰</td><td>神</td><td>禅</td><td>潺</td><td>朱</td><td>傷</td><td>承</td><td>绳</td><td>赏</td><td>爽</td></tr>
</table>

“声韵不和切字不得例”中云“夫类隔切字有数般,须细辨轻重,方乃明之,引例于后”。所举之例:

都教“切”罩,不云都教“反”罩;

他孟“切”掌,不云他孟“反”掌;

徒幸“切”瑒,不云徒幸“反”瑒;

方美“切”鄙,不云方美“反”鄙;

芳逼“切”堛,不云芳逼“反”堛;

苻巾“切”贫,不云苻巾“反”贫;

武悲“切”眉,不云武悲“反”眉;

疋问“切”忿,不云疋问“反”忿;

锄里“切”士,不云锄里“反”士。

又释“诗云,在家疑是客,别国却为亲”。皆以“切”作“拼”义,而不用“反”字。“四声重轻例”,“辨声韵相似归处不同”中列反切,称“反”而不用“切”字。

(4)“韵”是韵母。

(5)“切韵”做书名与“声韵”做书名一样(不过“声”字又牵涉到“四声”的问题)。这个定义,后来等韵书里承袭未变;也许是等韵家兴起的词类,做韵书的许多人取以名书,那么我们对于“韵书”和“等韵”的发生时代先后上,将要有更新的讨论了。

(6)“反”、“切”初有名、动之别,后改动作名而废弃了原有之名。所以,中古韵书里注音现在见到几种字样:

甲)“某某反”;

乙)“某某切”;

丙)“某某反”、“某某切”互用。

从“反”改称“切”,“反切”二字成一词。

（十一）唐写本《归三十字母例》一种　　英国伦敦博物馆藏

日本《东洋学报》第八卷第一第四两号载

日本滨田耕作《东亚考古学研究斯坦因氏发掘品过眼录》载

罗常培《敦煌写本守温韵学残卷跋》录

这件原物据滨田氏记，厚褐色纸书，文字颇精美。我们在罗译伦敦的《敦煌书目》里没有见到著录。这件写本也该是等韵的书。三十字母的问题，罗常培君跋守温卷子一文中言之甚详。我看守温卷子三十字母和这一例也许是一书的两段，不过两者次第却不相同。

本件是：	守温卷子是：	
端透定泥	唇音	不芳並明
审穿禅日	舌音	端透定泥是舌头音
心邪照		知彻澄日是舌上音
精清从喻	牙音	见（君）溪群来疑等字是也
见磎群疑	齿音	精清从是齿头音
晓匣影		审穿禅照是正齿音
知彻澄来	喉音	心邪晓是喉中音，清
不芳並明		匣喻影亦是喉中音，浊

守温卷子第二截“精清从心邪”五母在一组，字母里“心邪”分入喉音，前后分歧，未知其故。本件三十母次序，似有意义，似无意义，一时也不能说出具体的意见。现在依罗君录本附载下面，以备学人考研。

端	丁当颠故	见	今京犍居
透	汀汤天添	磎	钦卿褰祛
定	亭唐田甜	群	琴擎寋渠
泥	宁囊年拈	疑	吟迎言鱼
审	升伤申深	晓	馨呼欢祅
穿	称昌嗔觇	匣	形胡桓贤
禅	乘常神谌	影	缨乌剜烟
日	仍穰忎任	知	张衷贞珍
心	修相星宣	彻	伥忡柽缜
邪	囚祥饧旋	澄	长虫呈陈

照	周章征专	来	良隆冷邻
精	煎将尖津	不	边逋宾夫
清	千枪佥亲	芳	偏铺缤敷
从	前墙暂秦	並	便蒲频苻
喻	延羊盐寅	明	绵模民无

又按《韵镜》前字母图中有"归纳助纽字",与此例所列字相仿;图后有"归字例",说明切字时寻求字音归宿声类的方法,与此例标题之意相同。我们虽没有见到和《韵镜》相同的等韵图在敦煌写本里,但如前一卷子和此件都可以算得等韵图的影子,已经包孕在里面了。

以上十一项材料的情状大致如此。我们居然能够纂辑在一起,实在不是一件简易的事。刘复博士,他很辛勤的搜罗设计,拿宋大中祥符本《广韵》做了枢纽,对照排列着另外九种古残韵书,定名《十韵汇编》。这中间究竟是多少种韵书还是问题,不过约举材料的大体类数而言;像五代刻本恐怕就得分为两本,而德国藏的刻本还没有收进。材料的种数之确定要在材料的内容经过学人缜密研究以后才办得到。那么,这一部韵书的结集,第一个意义倒是"听候编遣"了——待人考订其详细系统。

关于考订韵书系统的事,我们当然不厌其详,可要务去其凿!我们往往过度的要明白不能明白的东西,容易下不必下的结论,喜欢考订出正面肯断的事实。那就走进了"凿"字的圈子了!例如,这些韵书有的无从知道作者,我们假使遇见旧书目里面载了些韵书,就给它比附上;或是遇见前人记载了某韵书的状况,就根据来判别这些材料的是非;或是遇见古书里引用的语句,就拿来做断案的确证。这粗看来都没有什么不对,细想着却很有问题。我们只应该论证韵书系统的大端,未便苛细求全。《日本见在书目》没有发见之时,我们如果见了这些材料,不过在史籍志目里找主名,祥符本《广韵》列了许多增加字的家名,我们并不能想到各家都有《切韵》,所以,我们应该注意见了著录和著录了而不为今日所知的还不知凡几呢。前人记载的内容值得我们参考,而他们所举书名未必确不可疑;王仁昫《切韵》敦煌本未见以前,谁不是说《广韵》二百零六韵就是法言旧目呢?辑佚校书固然有很重要的发现,究竟引书存真的可能实在很小；李登《声类》、吕静《韵集》的佚文尽管很多，关系原书编制而可以做声韵学史料的记录就少了。我们现在以声韵学史的立场来看这些材料，和前人当做字书类书性质看这些材料，注意之点不同，而可以给我们论证的地方也就很不是重要的声韵史实了。一般书籍版本目录研究的学者和我们的注意点不同，我们所谓系统详细的分析在表现声韵学史的方面。这是我的愚见：

1）我们不必定要找著者的主名；

2）我们不可凑合前人的记录；

3）我们不应断论这些书中间的关系；

4）我们只要从材料代表声韵史的几点上做讨论，尽可无主名无著录而定为一个音系的独立标准，就是一书而分为几部分都没有什么不可以。

因此我们利用这些材料做声韵史的研究似乎应该务其大端。研究的大端约举有四：

1）由音类的分合情形论证声韵的演变和音值。这可分两种：a. 两部韵书的比较；b. 一部韵书中的分析。

2）由韵中收字反切之穿错，考定韵类分合的变迁并拟构音值。

3）由谐声系统的分布状况，窥测文字音读的变迁。

4）由先后时代确定而系统不同的韵书里分别统计增删文字和音读的状况而为语音或语言变迁的考证。

这几项固然是声韵史的研究，也就是韵书系统分别的标准。

我们定韵书的系统着重两件事：

1）韵目次第的同异变迁。

2）韵中收字及其音注的比较。

因为韵书体制中所包涵的音类标准本有四个：

1）声调标准——分成平上去入四类，为韵书分卷的依据。

2）音尾标准——分附声不附声的韵为阴阳入三类，成韵书分韵的条理，古音家以此为论韵的依据。

3）韵呼标准——分开合两类，韵书间用为分韵的标准，而是断定韵书系统的依据。

4）音符标准——这是未有韵书以前的谐声字系统，消纳在韵书里
　　　　　　而与声韵的演变相关，也是探究古音的依据。

这些标准以外还有唯一的标准，为韵书音类分部别纽的总标准，就是反切。先有反切，后出韵书。分别韵书系统的两件事，除了音符标准，这些标准都与之有关，而反切尤重。我们只有研析实际音类是研究韵书材料的正当态度。

前贤的考证，时彦的论研，足以发明我所陈述的例很多，本书罗常培先生序里已经言简意赅的提挈出来了。我对于本书所收的材料，再用浅薄的眼光撮叙几点：

1）由体制看系统。　拙著《唐宋两系韵书体制之演变》（《国学季刊》三卷一号）曾经说了些琐细的事，我们从新开列出来：

a. 平声分上下卷与不分上下卷；

b. 韵部相连而下与不相连而下；

c. 韵目冠数次与不冠数次；

d. 韵中纽首先注反切及字数后注释与先注释后注反切及字数；

e. 纽首所注反切用“反”字与用“切”字；

f. 纽首所注字数分别新加数目与不分；

g. 注释每字皆注与不每字皆注；

h. 卷首韵目表下注“同用”、“独用”及各家异同与不注；

i. 每韵韵目用别色书写与不别色书写；

j. 每韵每纽加圈点标识与不加标识；

k. 每韵韵目题刻上眉与不题刻上眉。

这些不划一的现象，中间透露出先后系统的演变。

2）由分韵看系统。　按照韵呼标准，韵书里有单是一种韵呼为一韵的，有两种韵呼为一韵的，有两种韵呼相对为两韵的，有一种韵呼再分为两韵的。我们在这部书的材料里可以找到：

a. 真谆，寒桓，歌戈，轸准，旱缓，哿果，俨范，震稕，翰换，个过，酽梵，质术，曷末的不分。

b. 仙宣的分。

前者是陆法言的系统，后者是李舟的系统。

3）由韵次看系统。　　按照音尾标准声调标准，韵书的平上去的阳声韵阴声韵相贯，而入声韵与阳声韵相对配。这部书的材料里韵次上有很大变动的一点，就是《切三》、《王一》与《唐韵》入声除分韵多寡外，次第完全相同，而皆与《广韵》入声次第不同：

a.《广韵》栉物倒为物栉。

b.《广韵》药铎陌麦昔锡职德缉合盍叶怗洽狎业乏倒为锡昔麦陌合盍洽狎叶怗缉药铎职德业乏（举《唐韵》为例）。

而阳声韵次第：

a. 臻文并不是文臻。

b. 阳唐庚耕清青蒸登侵覃谈盐添咸衔严凡并不是青清耕庚覃谈咸衔盐添侵阳唐蒸登严凡，乃是

覃谈阳唐庚耕清青侵盐添蒸登咸衔严凡（上去二声准此。）

五代刊本残存的入声韵末尾又是：

c. 盍洽狎叶怗□□□职德。

日本昌住《字镜》所引《切韵》是阳声蒸登在末了，和这有点相似。

d.《王二》的入声韵与阳声韵相对（唯一处乱例），阴声韵和阳声韵次第有特别的变动，详目见前提要。

这里可以看出几个系统：

1.《切三》、《王一》等入声韵阳声韵韵次相合之系统（假设更早应有阳与入对或入与阳对两种）；

2.《切三》、《王一》等现存之韵次（阳入分歧，唐代通行的）；

3.《唐韵》之系统；

4. 五代刊大字本与昌住《字镜》所引之系统（阳入全歧否未可知，蒸登职德居末可知）；

5.《王二》韵次之系统（内容另有问题）；

6. 五代刊小字本之系统（分宣韵的）；

7.《广韵》所本之系统。

从许多系统的零星材料中间，我们可以知道韵书的演变，六朝到唐，唐到宋，平上去入排列成四声一贯，阴阳入音类相从不紊，这才产生出《广韵》的标准，前前后后经过若干次数的移动。这种移动也许毫无

音值改估的意义，不过我们相信却是值得注意的史迹。我们由这上头可以了解：

1）唐代韵书当与陆法言《切韵》原本的音系有差异；

2）陆法言《切韵》与其前的韵书也当有差异；

3）这些差异最著的是阳入二声的韵次移动，阴声韵简直没有什么变化。

我依《切一》、《切二》、《切三》的一类(a)韵次，排成(b、c)两个阳入对照的次第；如果《切一》、《切二》、《切三》的韵次是法言原本，这次第就是法言以前某韵书的旧第；不然，也得旧第是法言原本，而《切一》、《切二》、《切三》的次第是唐代的移动(如入声为旧第，与入相对的阳声才是旧第；如阳声为旧第，与阳相对的入声才是旧第)。五代刻韵书大字本入声残存末了几韵的对照列成(d)阳声次第，是唐、宋之间一种移动的痕迹。《王二》阳入的(e)次第是唐时的移动最大的一种。我就将这些由材料排比出的例掇献给审音考史的学者们，至于怎样解释和断论，那就是本书纂集听候编遣的进一步的意义了。

a b	a c	d	e	《广韵》
东—屋	屋—东		东—屋	东—屋
冬—沃	沃—冬		冬—沃	冬—沃
锺—烛	烛—锺		锺—烛	锺—烛
江—觉	觉—江		江—觉	江—觉
真—质	质—真		阳—药	真—质
臻—栉	物—文		唐—铎	谆—术
文—物	栉—臻		真—质	臻—栉
殷—迄	迄—殷		臻—栉	文—物
元—月	月—元		文—物	欣—迄
魂—没	没—魂		斤—讫	元—月
痕	痕		登—德	魂—没
寒—(末)	末—(寒)		寒—褐	痕
删—黠	黠—删		黠	寒—曷
山—辖	辖—山		魂—纥	桓—末
先—屑	屑—先		痕	删—黠

仙—薛	薛—仙		□—屑	山—辖
覃—合	锡—青		□—薛	先—屑
谈—盍	昔—清		□	仙—薛
阳—药	麦—耕		□—辖	阳—药
唐—铎	陌—庚		□—月	唐—铎
庚—陌	合—覃		庚—隔	庚—陌
耕—麦	盍—谈		耕	耕—麦
清—昔	洽—咸		清	清—昔
青—锡	狎—衔		冥—觅	青—锡
侵—缉	叶—盐	□—(覃)	侵—缉	蒸—职
盐—叶	怗—添	盍—谈	蒸—职	登—德
添—怗	缉—侵	洽—咸	盐—叶	侵—缉
蒸—职	药—阳	狎—衔	添—怗	覃—合
登—德	铎—唐	叶—盐	覃—沓	谈—盍
咸—洽	职—蒸	怗—添	谈—蹋	盐—叶
衔—狎	德—登	□—(侵)	咸—洽	添—怗
(严)—业	业—(严)	□—(严)	衔—狎	咸—洽
凡—乏	乏—凡	□—凡	格	衔—狎
		职—蒸	昔	严—业
		德—登	严—业	凡—乏
			凡—乏	

我很荣幸,在这么一个大工作的结集前面得有机会对读者们陈述了一些臆说!因为我奔丧而羁迟了作序的光阴,耽误了出版的时日,谨此对各方面表示歉意!

1936年5月10日

(原载《国学季刊》1936年5卷3期)

张洵如《北平音系十三辙》序

今北平本在古来幽州地界。东汉十三州里的幽州囊括代、上谷、渔阳、右北平、辽西、辽东、玄菟、乐浪八郡（平地属渔阳）。这幽州的名称在《释名》里说是“在北，幽昧之地也”。关于这地方的地位自然是一种边檄荒远，其语言也不过是鄙语方言了。扬雄记载方言的时候，对这一带往往用燕国代国的故名，和朝鲜、冽水、赵、魏、齐、晋、卫错综并举，显然自成一个系统区域。那当然与今日北平语的关系很浅。唐前人书里写着幽州的语言的略有：

1. 青幽之间，凡土而高且大者，谓之坟（《方言·坟地·大也》条）。

2. 额，鄂也，有垠鄂也，故幽州人则谓之鄂也（《释名·释身体》）。

3. 幽州及汉中皆谓老妪为媪（《史记·高祖本记》集解引文颖）

4. 鸡头，水中芡，幽州谓之雁头（《淮南子·说山训》注）。

5. 蔏苗，荻秀，楚人谓之蔏，蔏读敌战之敌，幽冀谓之荻苕也（《淮南子·说林训》注）。

6. 蚈，马蚿也，幽冀谓之秦渠蚈，蚈读蹊径之蹊（《淮南子·时则训》注）。

7. 菲，幽州人谓之芴，《尔雅》又谓之葸菜……（陆机《毛诗草木虫鱼鸟兽疏》）。

8. 藿，芄兰，一名萝藦，幽州人谓之雀瓢（同上）。

9. 蟋蟀，楚人谓之王孙，幽州人谓之趋织（同上）。

10. 蜇螽，幽州人谓之螓箕，即螓蝶，蝗类也……（同上）。

11. 蜙，如蝗而斑色，毛翅数重，其翅正赤，幽州人谓之蒲错（同上）。

12. 蟏蛸，一名长脚，荆州河内人谓之喜母，幽州人谓之亲客（同上）。

13. 小鸠，一名鹁鸠，幽州人或谓之鷎鵙，梁宋之间谓之隹，扬州人亦然（同上）。

14. 鵙鸠，幽州谓之鹫（同上）。

15. 鴟鸮，幽州人或谓之鸋鴂，或曰巧妇，或曰女匠，关东谓之过羸，关西谓之桑飞，或谓之韈雀，或曰巧女（同上）。

16. 黄鸟，黄鹂留也，或谓之黄栗留，幽州人谓之黄鹂，一名仓庚，一名商庚，一名鵹黄，一名楚雀，齐人谓之搏黍（同上）。

17. 鲂，似鲂厚而头大，徐州人谓之鲢或谓之鳙，幽州人谓之鸮鴮，或谓之胡鳙（《诗经·释文》）。

18. 蔹，似括楼，幽州人谓之乌服（《诗·葛生》孔疏）。

19. 苕苕，饶也，幽州人谓之翘饶（《诗·防有鹊巢》孔疏，《史记·魏世家》注）。

20. 谷，幽州人谓之谷桑，荆扬人谓之谷，中州人谓之楮（《诗·鹤鸣》孔疏）。

【扬雄《方言》有一处称"沅、涌、浇，幽之语"当是南方幽地，未列入。】

二十条中间，汉人才有五六条，陆机吴人记有十条，六朝以下的记录四五条而已。我们从这个事实的表现，可以知道扬雄、许慎的时代这一个区域的语言虽是有独立系统的地位，而其中实在又要分得很繁复的小区间，等到魏晋以降就成了一个比较范围宽泛的"幽州人语系"了，越往后越减少了特殊方言的色彩。

唐承隋后，大的幽州区域名称取消了（隋并于冀州）。北平人有句传说的史谚："先有潭柘，后有幽州。"这是说西山潭柘寺的历史的，所谓幽州指北平一地而言。幽州从此是民族史上的重要名词，地位与那大的幽州迥殊，而语言的问题却不大见人道及了。唐代开辟"道"制，河北道中设有幽州，就是现在的北平。公历 936 年，这幽州和其他十五个州同时被石敬瑭送给了契丹人，第二年契丹人把幽州设析津府作了"南京"，因此成了华夷杂处的大都会，到现在整整一千年了！经过一千年的时间，那原来比较宽泛的"幽州人语系"似乎渐渐消灭变化成了另一个新的语言系统。这个语言系统是占极重要的地位的，简直是中国语的近代标准系统。我们称之为"北平语系"。

大凡一个语言标准系统的成立，乃是许多不同语系的人荟萃在一处，互相融和，竭力推置，不知不觉，去泰去甚，把语言的音素选拔出最便易的，将语言的组织锻炼成最简明的；所以都会最久的地方语言系统聚的最复杂，混合而成的标准却最易于溥及四方。北平建置做都会以来，辽、金、元、明、清乃至民国，中间除了明太祖和建文帝时期三十多年，算到十七年(1928)国民政府迁都南京，一共957年，要算中华立国建都第一长久的地方了。由这长久政治中心造成了标准的语言。中国语言系统里由政治中心养成标准资格的语言，北平语应该是第五种。五种是：

一秦语：咸阳，长安。

二豫语：洛阳，开封。

三宁语：金陵。

四杭语：杭州。

五平语：北平。

这五种，我们仔细看看其中的关系不由得不承认北平语资格完全，不由得不相信北平音系天演晚成。请听我道来！秦以前，封建的制度划分了许多地方独立的政治中心，语言因而各成系统。我们读汉以前的书几于不能离开了“方音”、“方言”的观念。秦始皇的统一，集权到了中央的政治中心，所谓“书同文”的设施就自然产生。他开创了“国字”统一政策，可没有管着“国语”！我们固然不能知秦时咸阳音系的情形，从后来扬雄记方言，问“天下上计孝廉及内郡卫卒会者”调查访问的记录，我们不难想象当秦时许多人在咸阳所说的话是如何的奇奇怪怪。然而这时期共同的标准是“雅言”，雅言并非纯粹的语言，大半还是借文字的体义表意志。我大胆的说那是用的“官字”表“官意”(仿“官话”词例作)，这就形成了雅言的官话资格。如果就现代的材料约略窥探一下，刘文锦先生的《记咸阳方音》告诉我们：

咸阳声类二十七，比北平音系多 ȶ、ȶ' 两“舌上音”。

咸阳韵类十六，比北平音少 ə、ɤ。

咸阳调类四，和北平音一样。

拼音条例除了四点(见中央研究院历史语言研究所《集刊》三之三 427 页)，馀与北平音一样。

调类的来源，除去入声变化的条例，大体也与北平音一样(同上，435

页)。

入声变化:①全浊＞全清阳平;②次浊＞阴平;③全清与次清＞阴平。

所谓"官话"就是某政治中心地的"方音雅言"。现代咸阳的方音既与现代官话的音系相近,我们可以明白早先他们中间的关系不是没有的了。那么,像长安、洛阳、开封等方言现代的状况,我们大体知道和咸阳与北平的关系并无二致,我们至少敢于承认这几处语言的系统是在这九百多年中间造成最后一种"方音雅言"——北平语——的分子了。

现今的"官话"不是分得两大支吗?一支自然是北平音系的"正则官话",一支是南京音系的"蓝青官话"。上面排列的五种做官话标准的语言和这两支的关系正是表现"方音雅言"的成长发育的状态。我们有:

正则官话:北平音系(咸阳、长安、洛阳、开封)

蓝青音系:南京音系

变蜕官话:杭州音系

这三种官话的性质:

方音雅言:正则官话

半方音雅言
半雅音方言 :蓝青官话

雅音方言:变蜕官话

咸阳、长安、洛阳是唐以前的政治中心,也是文化中心,"雅言"的产生自然是在这一带。公历907年的时候,朱温篡了唐的帝位,迁都大梁,开封开始成为中国政治中心了。我们可信这时候的方音雅言的更动并不很大,犹之乎咸阳之于长安,长安之于洛阳,只在一个大的音区中的小迁移而已。宋朝开国都汴梁,那时辽人已经占有北平二十多年了。在汴梁的宋人住了166年,辽人与之发生交涉者凡164年。辽人未设南京之前,在阿保机的时代,已经收纳了许多汉人,建造了许多汉城(参看吾友姚从吾先生《说阿保机的时代的汉城》一文,载北大《国学季刊》五卷一号)。《辽史·百官志》云:"辽有北面朝官矣,既得燕代十有六州,乃用唐制复设南面三省六部台院寺监诸卫东宫之官,诚有志帝王之盛制,亦为招徕中国之人也。"契丹人的文化大半受唐代的影响。五代至北宋的辽国实在是政治的重心，交聘之使不绝于途，由汴梁往上京临潢府，这南京析津府成了一个孔道。南京设置的伟大，《辽史·地理志》可以略见。辽人既早有俘获以及收纳的汉人，契丹语、汉语并用，而汉语定已盛行于契丹人。阿保机自述能汉语（见《五代史记·四夷附录》）。《辽史·伶宦传》记罗衣轻的故事：

> 罗衣轻，不知其乡里，滑稽通变，一时谐谑，多所规讽。兴宗败于李元昊也，单骑突出，几不得脱。先是，元昊获辽人辄劓其鼻；有奔北者惟恐追及。罗衣轻止之曰："且观鼻在否？"上怒，以毳索系帐后，将杀之。太子笑曰："打诨底不是黄幡绰。"罗衣轻应声曰："行兵底亦不是唐太宗。"上闻而释之。上尝与太弟重元狎昵……又因双陆赌以居民城邑，帝屡不竞，前后已偿数城。重元既恃梁孝王之宠，又多郑叔段之过，朝臣无敢言者，道路以目。一日复博，罗衣轻指共局曰："双陆休痴！和你都输去也！"帝始悟，不复戏。

都足证明契丹人使用着一种汉语，其系统应该是被俘获以及依附的汉人的方言的混合。这些方言的混合，与南京设置以后的都会语言的成立多少有些关系。我们虽无明文可征南京的民众和这些汉人有什么绝对关系，但从辽开国入占幽州多用这批汉人从事戎行是可以证明的。既是得有幽州的力量多半在这批汉人身上，那么建置南京的重要分子当然也是这批汉人，而造成南京语言的中坚系统势必是这批汉人的方言的混合了。我大胆假定这大部分汉人方言的混合是今日"北平语系"的雏型。

这"北平语系"的形成固然是那些汉人的语言的混合，同时我们读《辽史》又知道唐代的旧文物和汴京的法物（见礼乐仪卫诸志）都整个的流入了幽燕以北去了。我曾经从辽陵石刻的哀册文中窥见当时汉人所作的韵文用韵的字例里，入声字的读音已经有后来《中原音韵》的派入三声的现象（别详《辽陵石刻哀册文中之入声韵》一文，见天津《益世报·读书周刊》第六十九期）。这一个问题虽然还没有完全确定，但是大致没有什么不能成立的。《中原音韵》的系统据周德清《正语作词起例》云："平上去入四声，《音韵》无入声，派入平上去三声，前辈佳作中间备载明白，但未有以集之者，今撮其同声，或有未当，与我同志改而正诸。”他所根据的前辈佳作当然是在其成书年代以前的，该是元泰定甲子(1324)以前。上面说的辽陵石刻的年代代表宋天圣九年到建中靖国元年(1031—1101)的时代。那么，自从1324年的《中原音韵》著录了入派三声的系统，在这以前未著录而自由成长的时期，我们就说是从1031到1101以后的223年中间正可以表现其逐渐孳生的历史也未尝不可以。亡友白涤洲先生在整理北平音系今日入声变化的条理的工作上，曾经从1324《中原音韵》的著录现象中归纳条例和其后六百多年的演变状况做过比较，成《北音入声演变考》专文(中国大辞典编纂处报告之一)。他发现六百年来北音的入声变化先后不同。我们从辽陵石刻中入声韵也隐约看见和《中原音韵》不同。辽陵石刻韵文的作者都是那时的北平的汉人，他们中间年龄最大而最早的一个人(张俭)生在五代末季辽已建设了南京之后，而所作韵文用的入声字系统就已开了《中原音韵》的先河。我们粗略的说“北平语系”的大规模至少建设了一千年是可以的，如果更从这点向上探求，而毅然说这种新方音雅言继承的是那一千年以前老方音雅言也未尝不可以！这个学说，我想等到声韵史的研究再多得些结论，总有正式解决的一日。

提到四声变化的历史，的确是中国语言语音变迁的历史的投影。近年来国内外学者讨论上古音中间平入通押的问题，把与入声通押的平声字假定做一种最古的入声。我们按照这一派的学说，也居然能看出上古音入声变化的条例的影子，和这一千年来入声变化的条例所走的路是相像的。譬如“来”字上古音和入声押韵，这个字最古应该也是入声，《切韵》以下的系统读平声了，这岂不是后来入派三声的变入阳平的条例？并且和“麦”字《切韵》系统的入声派入三声的去声的韵读(-ai)也完全相像。入声的字时时刻刻在变化，变化到阴声的平上去三声里去，我想这是正则官话一脉绵延相承的特点。用《切韵》的标准看上古音的四声分划，我们姑且引据王念孙晚年二十二部的系统：

平	东冬蒸侵谈阳耕真谆元歌支	脂	之鱼侯幽萧
上		纸	旨	止语厚有小
去		忮	至鞊祭	志御候黝笑

入　　　　　　　　　　　　　赐质术月合缉职铎屋毒药

许多的古音考据家都是这样的排法：把入声合在阴声的部中，与其平上去相系。《切韵》系统呢，就把入声系在阳声下面，阳声部分出平上去三声来了，其分韵之加详细恐不是一个实际一时一地的系统。我大胆的取等韵书代表的系统做《切韵》的实际部类，凡开合图姑合为一，所得部数当为：

平　东冬江支脂之微鱼咍佳真殷元先萧宵歌麻阳庚青尤侵谈凡蒸
上　董　讲纸旨止尾语海蟹轸隐阮铣篠小哿马养梗迥有寝敢范拯
去　送宋绛寘至志未御代卦震焮愿霰啸笑个祃漾敬劲宥沁阚梵证
入　屋沃觉　　　　　　质迄月屑　　　　　药陌锡　缉盍乏职

这是用初期《韵镜》一派等韵的合并结果，大约部数二十六。如果取《中原音韵》的系统依现在国音标准合并排列和这个结果以及王念孙二十二部对照，我们就可以见得一些上下变迁的痕迹：

<table>
<tr><th colspan="4">上古音</th><th colspan="4">中古音</th><th colspan="2">近世音</th><th>今音</th><th>十三辙</th></tr>
<tr><th>平</th><th>上</th><th>去</th><th>入</th><th>平</th><th>上</th><th>去</th><th>入</th><th>平上去</th><th>入</th><th>平上去</th><th>平上去</th></tr>
<tr><td>东</td><td></td><td></td><td></td><td>东</td><td>董</td><td>送</td><td>屋</td><td rowspan="2">东锺</td><td rowspan="2"></td><td rowspan="5">ㄥ
ㄧㄥ
ㄨㄥ
ㄩㄥ</td><td rowspan="5">中东</td></tr>
<tr><td>冬</td><td></td><td></td><td></td><td>冬</td><td>（）</td><td>宋</td><td>沃</td></tr>
<tr><td></td><td></td><td></td><td></td><td>庚</td><td>梗</td><td>敬</td><td>陌</td><td rowspan="3">庚青</td><td rowspan="3"></td></tr>
<tr><td>耕</td><td></td><td></td><td></td><td>青</td><td>迥</td><td>劲</td><td>锡</td></tr>
<tr><td>蒸</td><td></td><td></td><td></td><td>蒸</td><td>拯</td><td>证</td><td>职</td></tr>
<tr><td></td><td></td><td></td><td></td><td>江</td><td>讲</td><td>降</td><td>觉</td><td rowspan="2">江阳</td><td rowspan="2"></td><td rowspan="2">ㄤ
ㄧㄤ
ㄨㄤ</td><td rowspan="2">江阳</td></tr>
<tr><td>阳</td><td></td><td></td><td></td><td>阳</td><td>养</td><td>漾</td><td>药</td></tr>
</table>

（续表）

支	纸	忮	锡	支	纸	寘		支 思				ㄓ(ㄖ)(ㄙ)ㄦ	
		至	质										
脂	旨	鞘	术	脂	旨	至							
		祭	月	一								ㄧ	
之	止	志	职	之	止	志		齐 微				ㄟ ㄨㄟ	灰 堆
				微	尾	未							
鱼	语	御	铎	鱼	语	御		鱼 模				ㄩ	（一 七）
												ㄨ	姑 苏
				咍	海	代		皆 来				ㄞ ㄧㄞ ㄨㄞ	怀 来
				佳	蟹	卦							
真				真	轸	震	质	真 文				ㄣ ㄧㄣ ㄨㄣ ㄩㄣ	人 辰
谆				殷	隐	焮	迄						
侵				侵寝		沁	缉	侵 寻					
			缉										
元				元	阮	愿	月	寒 山				ㄢ ㄧㄢ ㄨㄢ ㄩㄢ	言 前
								桓 欢					
				先	铣	霰	屑	先 天					
谈			合	谈	敢	阚	盍	监 咸					
				凡	范	梵	乏	廉 纤					
萧	小	笑	药	萧	篠	啸		萧 豪				ㄠ ㄧㄠ	条 描
				宵	小	笑							
歌				歌	哿	箇		歌 戈				ㄛㄜ	梭 坡
				麻	马	祃		家 麻				ㄚ	发 花
								车 遮				ㄝ(ㄜ)	乜 斜
侯	厚	候	屋	尤	有	宥		尤 侯				ㄡ ㄧㄡ	油 求
幽	有	黝	毒										
18	7	9	11	26	25	26	14	19	19	19	9	18	13

从这表里我们看到上古入声配系的地方和中古音不同而都是近世音与今音衍化加多的阴声韵。在近世音的系统里入声的变化，我们用中古音所列十四韵对照排列来看，比上古音所排列的要更详细些。我们以这个详细的分派现象做标准，上下比较就不难明白我说的正则官话一脉绵延的入声变化的特点了。

中古音入韵		屋	沃	陌	锡	职	觉	药	质	迄	月	屑	缉	盍	乏
近世音入派三声	平	尤侯 鱼模	鱼模	皆来 齐微	齐微	齐微 皆来	萧豪 歌戈	萧豪 歌戈	齐微 鱼模 歌戈		歌戈 家麻 车遮	家麻 车遮	齐微	家麻 车遮 歌戈	家麻
	上	尤侯 鱼模	鱼模	皆来 齐微 车遮	齐微	齐微 皆来 支思	萧豪	萧豪 歌戈	齐微 鱼模 支思	齐微	歌戈 家麻 车遮	家麻 车遮	齐微 支思 车遮	家麻 车遮 歌戈	家麻 车遮
	去	尤侯 鱼模	鱼模 尤侯	皆来 齐微 车遮	齐微	齐微 皆来	萧豪 歌戈	萧豪 歌戈	齐微 鱼模 车遮		歌戈 家麻 车遮 萧豪	家麻 车遮	齐微 鱼模	家麻 车遮	车遮
上古音入相配之	去	候	黝	｜	忮	志	御	笑	至	[illegible]	祭	｜	｜	｜	｜
	上	厚	有	｜	纸	止	语	小	｜	旨	｜	｜	｜	｜	｜
	平	侯	幽	｜	支	之	鱼	萧	｜	脂	｜	｜	｜	｜	｜
王氏上古入韵		屋	毒	｜	锡	职	铎	药	质	术	月	｜	缉	合	｜

我们觉得古今南北方音的差别大体相仿佛，从这一个现象上是可以承认的，并且普通正则官话的系统在一千年来“北平语系”的前许多时候就该有了它的骨架。那么，有许多人说这一个系统是受了外族语言的影响的话，我们首先要加以否认了(外族语言如玁狁、匈奴、鲜卑、契丹已不可知，女真〔满族〕、蒙古大抵可以晓得，至少像入声性质的音尾是有的，汉语的变化消灭并不能说是受别人的影响)。

关于“北平音系”受外族语言影响的话，人们还拿两件事做材料：

1. 现在国音字母的“ㄓ、ㄔ、ㄕ、ㄖ”的这一系声。

2. 现在国音字母的“ㄦ”的这一个韵和附“ㄦ”的一系的韵。

对于第一个问题我在这里不想说的太离题了，只提明方音中读“ㄓ”系声比“北平音系”还有翘舌来得更显著的，吾友罗常培先生所调查的安徽祁门方音可作为反证。至于第二个问题，我们仔细研究了“儿”音的演变史似乎就可以明白其所以然。关于“儿”音的演变，唐虞先生在中央研究院《史语集刊》第二本第四分发表过一篇《儿(ɚ)音的演变》，结论说：

> 我们可以断定：“儿”等变成(ɚ)音自辽已经有直接的材料可以证明；它所以变成，是由声母类化作用的影响而再略加演变的。

同时他指出一个问题没有解决它：

> 现代方音的现象既然指示我们“儿”音的读法显然有南北两个系统，那么，这种差别是不是“古已有之”，也是颇可注意的问题。

我们可以注意唐先生所断定的已有“儿”音的直接材料的时代在辽时的一点，至少这国音系统中间的“儿”与外族语言没有关系而是酝酿在辽以前的自然演变了(这个问题打算在另外的题目里讨论，大约是《中国鼻声的演化》和《中国卷舌韵的演化》两个题目)。“儿”韵和附“儿”韵的事实都存在于“正则”、“蓝青”、“变蜕”三种官话里。附“儿”韵的音在南京有与北平(ɚ)相似的价值，杭州话在吴语系统中单独有一种(l)值的音。这不是一个可以注意的问题吗？南京音系是有东晋由洛阳迁移去的成分，远在北平音系建设之前；杭州音系是有北平音系开始建设时的南宋由开封迁移去的成分；北平音系在北地继续生长起来的。我们似乎不用多说，“儿”韵是中国语官话系统里的一贯演变的共同特点。北平音系的标准系统所有被人误认为外来影响的两点，我们也可以承认了！

我们既然明白了北平音系是中国标准语自然演变最晚出的结果，这才可以来谈这个音系的内容。北平音系到《国音常用字汇》行世才算正式有了客观的记录。我们可以用1324年的《中原音韵》和1442年的《韵略易通》、1642年的《韵略汇通》、1655年后的《五方元音》上下排列起来看它演变的情形：

甲　声类

1324	1442—1642	1655	1918—1934
邦並	冰	梆	ㄅ
滂並	破	匏	ㄆ
明	梅	木	ㄇ
非敷奉	风	风	ㄈ
微			（ㄪ）
端定	东	斗	ㄉ
透定	天	土	ㄊ
泥娘疑	暖	鸟	ㄋ
来	来	雷	ㄌ
见群	见	金	ㄍ　ㄐ
溪群	开	桥	ㄎ　ㄑ
			（ㄫ）（ㄬ）
晓匣喻	向	火	ㄏ　ㄒ
影喻疑	一无	蛙云	（□）
照知床澄	枝	竹	ㄓ
穿彻床澄禅	春	虫	ㄔ
审牀禅	上	石	ㄕ
日	人	日	ㄖ
精照从	早	剪	ㄗ【ㄐ】
清穿	从	鹊	ㄘ【ㄑ】
心审邪牀	雪	系	ㄙ【ㄒ】

乙 韵类及调韵中入声字的部属

<table>
<tr><th>1324</th><th>1442</th><th>1642</th><th>1655</th><th>1918—1934</th></tr>
<tr><td>家麻
13
入</td><td>家麻
18</td><td>家麻
14</td><td>马
10
入</td><td>ㄚ(入)</td></tr>
<tr><td rowspan="2">歌戈
12
入</td><td rowspan="2">戈何
17</td><td rowspan="2">戈何
13</td><td rowspan="2">驼
8
入</td><td>ㄛ(入)</td></tr>
<tr><td rowspan="2">ㄜ(入)</td></tr>
<tr><td rowspan="2">车遮
14
入</td><td rowspan="2">遮蛇
19</td><td rowspan="2">遮蛇
15</td><td rowspan="2">蛇
9
入</td></tr>
<tr><td>ㄝ(入)</td></tr>
<tr><td rowspan="2">支思
3
入</td><td rowspan="2">支辞
11</td><td rowspan="2">支辞
7</td><td rowspan="4">地
12
入</td><td>ㄓ(入)</td></tr>
<tr><td>ㄦ</td></tr>
<tr><td rowspan="2">齐微
4
入</td><td rowspan="2">西微
12</td><td rowspan="2">灰微
8</td><td>ㄧ(入)</td></tr>
<tr><td>ㄟ(入)</td></tr>
<tr><td>皆来
6
入</td><td>皆来
15</td><td>皆来
11</td><td>豺
11
入</td><td>ㄞ(入)</td></tr>
<tr><td rowspan="2">鱼模
5
入</td><td>居鱼
13</td><td>居鱼
9
宜</td><td>(地)</td><td>ㄩ(入)</td></tr>
<tr><td>呼模
14</td><td>呼模
10</td><td>虎
7
入</td><td>ㄨ(入)</td></tr>
<tr><td>萧豪
11
入</td><td>萧豪
16</td><td>萧豪
12</td><td>獒
6</td><td>ㄠ(入)</td></tr>
<tr><td>尤侯
16
入</td><td>幽楼
20</td><td>幽楼
16</td><td>牛
5</td><td>ㄡ(入)</td></tr>
</table>

（续表）

1324	1442	1642	1655	1918—1934
寒山桓欢先天 8 9 10	山寒端桓先全 4 5 6 入 入 入	山寒先全 答 迭 6 5	天 1	ㄢ(入)
监咸廉缄 18 19	缄咸廉纤 9 19 入 入			
真文 7	真文 3 入	真寻 的 3	人 2	ㄣ
侵寻 17	侵寻 8 入			
东锺 1	东洪 1 入	东洪 督 1	龙 3	ㄥ
庚青 15	庚晴 7 入	庚晴 德 4		
江阳 2	江阳 2 入	江阳 泽 2	羊 4	ㄤ

这六百年中间的声韵变化到今日可以有十四条重要的原则：

① 浊声母除了鼻声和分声一律消失。

② 鼻声的一部分消失，一部分合并。

③ 腭化的声母发达而独立。

④ 阳声韵合并为两类。

⑤ 入声韵消失为阴声韵。

⑥ 阴声韵尽量分析，特别立母。

⑦ 同化作用的元音发达。

⑧ 后元音多于前元音。

⑨ 三合元音规则化(其中亦有二合元音)。

⑩ 附加声母的入声韵字派进阴声韵的平上去三声。

⑪ 平声分成两类。

⑫ 上声字一部分分进去声。

⑬ 去声字不变。

⑭ 语音中间有变调。

这样的结果就是二十一声类,十八韵类,四调类(ㄓ韵实是两类,调类名五实四)。由那些原则仔细分析成这个系统乃是我们今日所谓的"北平音系"。

我们见到声韵的变迁是自然流露的,而记录的人却往往是矫揉造作的。在这两个相反的动向里往往生出许多怪异的现象来。例如,第三第七两项原则在北平音系中间产生了"ㄐ"、"ㄑ"、"ㄒ"母,而包括了甲表所列的见精两系齐撮呼字,于是引起了"尖团字"的问题。尖团字问题应在1743年《团音正考》著作成书前就起了。如果《中原音韵》到《五方元音》所成立的见精两系字是所谓尖团字分别的标准,我们参考《团音正考》的解释,就不能相信近年来呈"近代剧韵"或"国剧韵"的人所分别的"尖"、"团"音!我们从甲表中间看《中原音韵》声类的归并,在"ㄗ"、"ㄘ"、"ㄙ"系下有"ㄓ"、"ㄔ"、"ㄕ"音的照穿床审母字,至多可以承认辨别ㄗ系ㄓ系也用"尖"、"团"的名目,其余的声类是没有丝毫关系。然而分尖团的人既然在标准上没有绝大的把握,甚至于弄出了"尖团两念"的字来!例如,有人把"下"、"厕"、"塑"、"孱"等字认为"尖团两念"而"丘"、"丢"、"交"等字却当做"尖字"。又如,第三、第六、第七三项原则,因为乙表里先后标准分类的牵掣产生了"上口字"的现象,北平音系的自然状态中是没有的。《中原音韵》有那分胆量把"支思"、"齐微"两韵的字仔细分列了一下,因此大家很自然的读"ㄓ"韵了,但是"齐微"韵里却包括了"ㄧ"、"ㄟ"两韵,没有给分开;不但如此,经过了许多时候字音起了变化,原有分列两韵的标准也又不全一致了。"支思"韵分出"儿"读"ㄦ","齐微"韵里又有些读成了"ㄓ":这当然与声类"ㄓ"、"ㄔ"、"ㄕ"、"ㄖ"的发达有关。我们如果说:凡"ㄓ"、"ㄔ"、"ㄕ"、"ㄖ"与"ㄧ"、"ㄟ"相拼,"ㄖ"与"ㄓ"相拼,北平音系都自然的读成"ㄓ"韵和"ㄦ"韵;

守着旧分类标准读音就是"上口字"的读法(但"儿"不上口作"ㄖㄓ")。与"ㄓ"相对的圆唇韵,普通以为是"ㄩ",在若干方音里头就用它读"鱼模"韵的"上口字"。这是原来都只读"ㄨ"韵的字,后来分出"ㄩ"韵。北平音系这些读"ㄩ"韵的是《切韵》"鱼"、"虞"韵中字,可是只限"ㄐ"、"ㄑ"、"ㄒ"、"ㄋ"、"ㄌ"声类,"ㄓ"、"ㄔ"、"ㄕ"、"ㄖ"声类就读"ㄨ"韵。同样保守着旧标准的分类,声类应属于"ㄐ"、"ㄑ"、"ㄒ"而现在读成"ㄓ"、"ㄔ"、"ㄕ"的都拼新出的"ㄩ"韵,"上口字"里就多出这一类来。我们可以说"ㄓ"、"ㄔ"、"ㄕ"、"ㄖ"声类与"ㄧ"、"ㄟ"、"ㄩ"相拼起同化作用,结果一种不变原韵读,一种变原音读,都成为"上口字"。"上口字"的条件就成了一反一正。《韵略汇通》是已经较合理的分并那些已变的字类,所谓《中州韵》一系的书就绕回去了。"上口字"的问题恐怕在 1442 年至 1642 年的二百年中间本是没有的。这好比明朝人唱南曲特别注意"闭口音",实在照第四项原则早已没有这种读音了,《韵略汇通》才直截了当的并进"抵齶音"里去。现在唱昆曲的人对于"闭口"不过是告朔的饩羊!将来总有一天有一位有魄力的剧曲审音家径直取消了"尖团"、"上口",斩却一切葛藤吧(我不取《中州韵》一系因袭的书来立论)?那么,歌曲能顺着时代的变迁应用声韵才是一种活泼有生命的文学,举凡一切拗别的规定就显然是时代先后发生的差异了。近代剧曲的发达史无不受此条件的限制:"乱弹"代"昆弋",不是一两个名伶的势力,语言文学声韵工具的亲切最有关系;"评戏"的流行将来必有成功的一日,或是"秧歌"等等也会参加若干势力的。

说到这里,我们就想到"自然流露"的原则。在国音系统之中的著述如甲乙两表所引的《中原音韵》到《五方元音》几部书所表现的大势和北平音系的现状略有出入,其中必有时代问题在内:声类除了"ㄐ"、"ㄑ"、"ㄒ"的增加,大致差不多远。调类问题已有白涤洲先生整理过了。韵类的状况几于全是"上口字"的分划。在现在的系统以前没有成书的口头相传的通俗韵辙是按着习惯自然的分配成十三类,简直是北平音的宽式韵目。我们看它的内容应当是 1324 年到 1642 年之间的建设,就是元到明中间的产物,《五方元音》是受它影响的东西。我的理由是:

① 这十三类的分类与乙表 1642 年以前的系统最近(只有"支辞"

中并“宜”是十三辙的系统，余如“东洪”、“庚晴”合并，“山寒”、“先全”合并，“居鱼”、“呼模”合并，全上与1324年以来的系统相近）。

② “儿”韵另有小辙的规定，在1324年以来的系统虽没有明文与“丨”分开是相同的，但1655年的系统复与“ㄓ”并入“地”韵与上面列入“支思”或“支辞”的意思完全倒行了。

③ 前面说过“尖团”问题当起在1743年以前，“上口”问题是否晚或早姑付阙疑，但“儿”不上口，则可想见“ㄓ”与“丨”的初分和再合中间必已独立了。十三辙既为“儿”设小辙，又合“ㄓ”“丨”为“一七”；1642年的系统“宜”附于“居鱼”，不与“支辞”或“灰微”合；是十三辙当在1642年相近的时代就有了。

④ “上口”问题虽不能确知其发生的时代，但以“ㄨ”、“ㄩ”一类的分化为观点就觉是1442年左右的现象了。这时候“丨”、“ㄟ”还合作“西微”，也是一个有力的暗示。

所以从“儿”与“ㄓ”、“丨”及“ㄟ”在十三辙里分而为三的情形说，十三辙的时代就很显然是1442年以后1642年以前的系统了。那么将近一千年的北平音系得到这个口耳相传的代表中间时期的系统，我们能给它实纪出来，未始不是研究近代声韵史的一件有意义的工作了。

东光张君洵如能苦学，服务故宫博物院文献馆，整理史档颇有成书；暇好研治国语问题，辄因“十三辙”有目无书，而世之辨“尖团字”者又纷嚣不知适从，乃按国音标准北平音系作此一编；勤勤恳恳，历数寒暑，裒然巨帙矣。君尝就余商略体例，书成属为之序，因撮素所感于北平音系之标准问题及十三辙时代之推测，拉杂成文，聊塞责尔。君又别为《小辙编》，对于国语词类标准尤多贡献；余固更乐观其成而望有以惠世人也！

1937年2月13日，如皋魏建功于北平。

原载《世界日报·国语周刊》282、283、284、285期，
又载张洵如《北平音系十三辙》（编著者：张洵如，
参校者：魏建功，发行所：国语推行委员会中国大
辞典编纂处，印刷所：中华印书局。中华民国二十
六年一月初版）

第二组　汉字改革与字典编纂研究

读《帝与天》

半农先生此文引起我两个想头：

(1)《尧典》伪作的时代当在秦汉时。

(2)“帝”之用为人王当在秦以后。

关于第一条，颉刚兄已经在《古史辨》205页上说出：“帝号的作为职位和称谓始于秦”，列为考定《尧典》为秦汉时书之故之一。半农先生与颉刚的意思微有不同。颉刚述：

> 《尧典》，……的批评：
>
> ……
>
> (2) 思想进化程序的违背：
>
> (一) 商周人的先王和上帝的神权思想与《尧典》等的人治思想。
>
> (二) 商周人的威力思想与《尧典》等的德化思想。
>
> (三) 商周人的大邦小邦并立思想与《尧典》等的中央集权思想。

半农先生说：

> (二) 但若有什么一个人王，生前有过相当的功业或威权，死后人民敬畏不止，也就可以把他尊称为“帝”，而且替他造起许多神话来。这就是前文所说三家村地保死后变做城隍一类的事。
>
> (三) 社会上的事物渐渐进化了，后人不知道事物的起原，就有些好事的人造出一两个假古人来，说某事物是他造的，有如西洋人说亚当造人，中国人说苍颉造字之类，世人不察，从而信之，而且信仰有加(例如忘人向“四目苍圣”像跪拜)，比之于天神，尊之为“帝”。

(二)(三)两个假定，都是可能的。尧与舜之所以能“帝”，其原

> 因不出于此，必出于彼。但其纸老虎之所以拆穿，也就在这个“帝”字上。

他们同是以“帝”字为开锁的钥匙，不过半农先生似乎只说明了“尧舜之所以为帝”，而没有谈到“尧舜之为帝究竟是天神抑是人王”。从他第一假定——“帝”的较古义是天神——看来，则尧舜是神格化的人或拟人。颉刚的意思则尧舜是一个人格化的神，即拟人。半农先生指示了我们了解拟人的法则，作伪的因。颉刚兄指示了我们知道拟人的证据，作伪的果。所以，我们读了《帝与天》，再翻开《古史辨》来看，应该更自然的承认古史中尧舜的假托。至于，我之想到《尧典》当在秦汉时伪作，实在是：(1) 赞同颉刚兄的“帝号的作为职位和称谓始于秦”之说，(2) 又相信半农先生“拟人”及“神格化的人”的说法，而认为是秦以后人(汉朝是产生伪书的第二个重要时期)假造的神格化的人，应用当时制度中的帝号而称他的。所以，称“帝”有些神话色彩(也夹了些神话在内)，而那些“人治”、“德化”、“中央集权”等思想却是现实生活的反映；因此露下了大尾巴在不知不觉之中，没有弥补得好。这或者可以说是我们辨伪方法中的一种：刺取成说的矛盾点。

“帝”之较古义是天神，大约可以没有异说。于是，我想到“帝”为人王，一定要在他作为职位和称谓以后。我们看，神权思想时代的君主，宗教色彩很盛；周秦之际的人，谁不是讲“自‘天子’以至庶人”？这“天子”二字便是明明证实“帝”即是“天”，人王不过是天之子；——就是汉代，关于刘季做皇帝也还有“白帝子”、“赤帝子”争斗的神话，虽然嬴政已经把“皇帝”两个字自己拉来定做了人王的尊号。从秦起是“帝”为“人王”之始，到汉初还存有天神的意味；大约自惠帝而后，才渐渐习惯。然而汉人称言皇帝多云“上”，那里是一方面沿秦制称“帝”，而一方面“天神为帝”的观念未泯，不大惯用吗？五大帝之伪讬，崔觯甫先生《五经释要》辨之綦详(《史记探源》亦曾言及)。所以，我想“帝”之习用为人王，至早只在第1世纪(刘向、刘歆作伪时)开始之后。

“天”、“帝”两字双声：古音，“天”许是 t‘in(din)；“帝”音 ti(di,t‘i)。

花蒂，有些地方说做花 t‘ip^{t}(dip^{t})。“天”字，有些地方说做 t‘i(今音普通 t‘ian)。这些音的变化，至少可以暗示我们知道“帝”与“天”语音方面有足以研究的地方。

花蒂，又有花柄的名称，“柄”、“不”双声。“鄂不”是萼柄。这“柄”、“蒂”之间，声音上怕也足以给我们研究，形体已经有吴大澂的证明。“帝”、“天”和“蒂”“不”两方的关系能得到结论，“天”、“不”的关系也许可以解决。关于这点，我以为应该从研究连绵字的语音着手。我总以为中国语言，除去“重言”、“双声”、“叠韵”的原则而外，连绵字的构成，还有几条方法；其中的一个便是发音相近的声或韵的连缀。这 tptdp‘o 是一组，例如：

> 吞并、特别、承平(陈、田古纽同)、逃逋、蒂柄、嚏喷、地方(古无轻唇，方属滂)、推板(事物之差次者叫“推板”)、屯堡、撢扑、淡泊、颠沛、颠扑、提防(防同方)、钝笨、敦朴、靪靶、投奔、大胖(事物之粗肥者叫 t‘op‘oŋ)，

是往往连缀一起。还有些意义相对或相同，音也这样：

对——比　僮——婢　僮——仆　躲——避　泰——否　叠——排
牒——谱　徒——步　凸——瘪　打——拍　夺——剥　爹——爸
沱——滂　荡——板　“一笃”——“一泡”(皆言一场也)　督——迫
丢——摆　胎——胚　推——扳　颓——败　妥——备　倒——踣
套——包　蒂——苞　淘——漂　涛——波　掏——拔　男器从 t
声——女器从 p 声　凋——敝　树枝条——树枝巴　眺——瞟
兜——包　陡——暴　透——阚　谈——辩　断——判　单——薄
探——访　惮——怕　坍——崩　点——斑　腾——奔　臀——脾
党——派　挡——敝　荡——泊　帑——幣　冻——冰　痌——病
统——并

这又是我读了半农先生关于“帝”、“天”、“不”文字研究的话而引起一点小意思，想在文字的形体以外，再由声音上找出关系来。

声音是捉摸不定的东西，所以这条路走的错与不错，还得请识者指教。

颉刚兄正在厦门，半农先生坐在北京，适之先生又走到欧洲去了，而我坐在徐州写这篇小文，却也是一件很有意味的纪念。

一九二六年十一月二十八日，徐州三女师。

（原载1926年《国学月刊》3期）

汉字简化的历史意义和汉字简化方案的历史基础

一　汉字简化是文字改革的第一步

三千多年以来，汉字为汉语服务而不断地发展。它是在统治阶级少数人垄断之中发展的。这个发展的情况，我们看出了它的主要矛盾，纠缠在“形”、“音”、“义”三方面，形体表示意思的观念特别强，可是跟汉语联系又表现有“突破形式”、“密切表音”的要求。[①] 从汉字形体先后变化说，完全是一个简化的过程，不过始终摆脱不开，走不向前。按照世界一般文字发展的规律，简化是一个基本精神。像这一般规律，开始象形，从后表音，就是从照顾“音”、“义”和“形”的联系走向照顾“音”、“义”的一致，而“形”变成只是表“音”的一套符号。汉字的发展情况里的两个要求正是这个基本精神的必然规律。

无庸赘说，汉字形体发展就是它的简化过程。它跟一般文字发展的规律既然相符，那么顺着这规律把它更进一步地加以推动，使它跟一般文字走向拼音一样，就不难从停留在形体简化的一点上突破了。这就是说：文字发展的规律是由形音义三方面并重走到综合形音一致表义，汉字在这个规律上长期起了矛盾，我们的力量就应该用在这里来解决它，促进它，改革它。1940 年，毛主席指示我们：“文字必须在一定条件下加以改革。”这两年文字改革工作上，毛主席指出了“要走世界各国文字共同的拼音方向”。[②] “简化”就是这一定条件的总关键。

---

① 参看中国语文丛书《中国文字改革问题》页 13—21，魏建功：《从汉字发展的情况看改革的条件》。

② 见中国文字改革委员会：《汉字简化方案草案》“说明”，页 1。

汉字发展的必然趋势是走向拼音。现在我们正被汉字形式所迷惑，把它所服务的汉语面目都遮掩得模糊不清。可是看它发展的过程，实际是符合于服务于语言的作用，[①]所以由这样的形式逐渐改变并非毫无可能。上面说过，简化是一般文字和汉字所共有的规律，而简化的内在要求又都一样是要跟它所服务的语言取得一致。因此，我们深切理解到毛主席所指示的文字改革的方向，“就是说必须把汉字逐渐改变为拼音文字”。[②]

汉字自身的简化问题还没有完全解决，这一次中国文字改革委员会发表《汉字简化方案草案》正是一个开端。这一个开端对于文字改革工作同时展开了一个新的局面，向来没有十分明确的观念得到了改正。这个观念就是文字改革工作跟汉字整理和简化工作的联系问题。一向大家都这么想，文字改革就是废弃了旧的汉字，采用了新的拼音文字。表面上拼音文字和汉字的确截然是两种形式，丢了旧形式用新形式，话并不错。我们是太简单地看问题，忽略了汉字和拼音文字的性质。虽然汉字和拼音文字形式上不同，却同样是工具，是社会交际的工具。作为一种交际工具它有几千年的历史，现在有几乎一亿的人口使用着它。而且它是跟拼音文字属于不同的体系。这些情况都不是我们现在所知道的别的民族的文字改革工作所能完全比拟的。因此，我们的拼音文字要逐步研究逐步试行，使它能够胜任愉快地取汉字而代之，在这拼音文字还没有完全代替汉字以前的期间，把它改得简单一些，便利人们的学习和使用，还是必要的。我们绝不能只看见最终的改革而忽视了目前逐步的改进。何况汉字简化对于人们对文字改革的思想准备也是有促进作用的。

依照一般文字的规律要走向拼音，是记录语言的方法的简化，是一个大的汉字改革方向。依照汉字本身的规律，虽只是在形体笔画上进行简化，实质也是在谋求记录语言的方法的简化。汉字改革的初步是

① 参看中国语文丛书《汉字的整理和简化》，页18—26，魏建功：《汉字发展史上简体字的地位》，原载《中国语文》1952年10月号。

② 见中国文字改革委员会：《汉字简化方案草案》“说明”，页1。

简化形体、简化字数，而最后就是进一步简化它记录汉语的方法了。

《汉字简化方案草案》是整理的作用和规范的作用相结合的，目的在于帮助教学和使用汉字得到高度精简的效果。这一个工作的历史意义是文字改革的第一步。

二　汉字简化方案所继承的历史基础

汉字简化方案的产生，“经过多次的摸索、拟议、讨论和修改”，[①]始终以“约定俗成”为原则，又适当照顾事实上的需要。所谓“约”，是群众共同行动，你也这样写，我也这样写。一个字体千百年来经过人民大众实践应用，应用久了就行开了，这算是“定”；如今再把它肯定作为一种正规的形式，大家都依照着写用，就叫做“俗成”。这样一种字体在汉字的发展史上定为正规的形式，传统的文字观念里简直是不可能想象的。虽然我们说明的“约定俗成”的原则，谁也不会否认，但是这种“约定俗成”的字体，过去简直没有取得合法化的资格。汉字简化方案的历史基础却打在这种字体上。这种字体向来称做“俗字”。

“俗字”的得名本来很早。汉朝的文字学家许慎《说文解字》已经有“俗作”的说法，例如：“‘躳’，俗作‘躬’；‘兂’，俗作‘簪’；‘𢑏’，俗作‘抑’”。他只是把当时流行的叫做“俗”，并无褒贬好坏的意思。[②] 往后把“俗”跟“正”对起来，渐渐发生了偏见，弄成“正”是、“俗”非的意思，竟至“正、俗”和“正、误”混同了。等到唐朝颜元孙《干禄字书》中间把字体分做“俗”、“通”、“正”三类，具体给了说明[③]。“俗”字还只是通俗浅近的意思。清朝四库全书馆规定写书的规格《辨正通俗文字》才公然说：

---

① 见中国文字改革委员会《汉字简化方案草案》“说明”，页1。

② 许瀚：《与王君菉友论说文或体俗体》，见丁福保《说文解字诂林》前编下，页281。

③ 《干禄字书》序：“所谓‘俗’者，例皆浅近，唯籍帐、文案、券契、药方，非涉雅言，用亦无爽，傥能改革，善不可加。所谓‘通’者，相承久远，可以施表、奏、笺、尺牍、判状，固免诋诃，若须作文言及选曹诠试，兼择正体用之佳。所谓‘正’者，并有凭据，可以施著述、文章、对策、碑碣，将为允当。进士考试，理宜必遵正体。明经对策，贵合经注本。又碑书多作八分。任别询旧，则有此区别。”

"'俗'者,承袭鄙俚,……断不可从者也。"[①]这一个概念的暴露,显示了汉字在过去统治阶级垄断之下,虽被少数人所遏制,而人民大众还不断发挥智慧改进跟自己生活密切相关的工具,可是统治阶级便给套上个主观上以为不好的坏名字——"俗字"!"俗字"混不到饭吃的(看颜元孙的书名,可以知道文字是讲究求官进爵的法宝[②])。当然,作为汉字简化的历史基础并不只是"俗字",我们特别提出来,一来它的确是主要的部分,二来也有这一点反映人民大众自己掌握的字体的意思。

把汉字简化的历史基础正式指明是"俗字",正是说明人民的政府关怀人民大众的文化生活,重视人民的智慧成果,在党和毛主席的领导下,严肃仔细处理文字改革问题,给"俗字"体系的字体取得合法化的地位。在我国文化史上是一件大事,过去反动统治阶级不能做到的。

现在让我谈一谈汉字简化方案工作进行中所继承的"俗字"的基础。具体的字体属于"俗字"范围中间的,我们叫它"简体字"。简化方案中间所继承的简体字部分,作为笔画简化方法的依据。我们依据它的构成方法,据钱玄同先生分析计有八种。798个简化汉字中间,凡是沿用旧有字体的绝大部分都跟钱氏八种方法相合;新拟的字体都是为了适当照顾事实上的需要,也跟八种方法相合。[③] 必须指出,草案中间

---

① 引文中间节去的是:"后汉儒林传所谓'别字',今转音谓之'白字'"。竟把"俗字"、"别字"、"白字"看做一样!

② 所谓"干禄",意在求谋功名,是统治阶级垄断文字的明证。

③ 黎锦熙:《国语运动史纲》序,页33引。撮要如下,并附《汉字简化方案草案》相合的情况:

1. 删减多画之字,略得形似之轮廓,如"龟亀"。草案应用这个办法制作了几个字,如"倉仓、尋寻、瀘泸"。

2. 采用草书,如"得沔、東东"。草案大部分用了"草书楷化"的办法,如"儉"作"俭"、"孫"作"孙"、"寫"作"写"、"爲"作"为"、"韋"作"韦"。

3. 书写多画字之一部分,如"聲声、寶宝"。草案应用这个办法制作了几个字,如"鑿凿、鞏巩、飛飞、術术"。

4. 多画字之一部分以简单形式代替,如"觀观、鳳凤"。草案"齒"作"齿"是应用这个办法。

5. 采古体,如"禮礼、處処"。草案"私"作"厶"、"棄"作"弃"、"貌"作"皃"是这个办法。

新出一种方法，就是原来分化的或意义不同的字现在合并起来了，如："份分、伙火、佈布、佔占、倖幸、像象、姦奸、招召、捨舍、採采、捲卷、歿没、殭僵、燦粲、燃然、睏困、蠛蔑、讚赞、錶表"。[①]

"俗字"在唐宋以后民间非常发达，像《广韵》里可以看见许多，归纳情况如下：

（一）增加偏旁成新形声字，如：充琉、隆窿霳、冢塚、芻蒭、府腑、縣懸、見現、然燃、果菓、亨烹。

（二）方便取用另一形体，凡有五法：

（1）另一形体读音相同，如：悤忩、糉粽、筍笋、憐怜、蝯猨猿；

（2）另一形体改换结构，如：揔緫、它也它、衄衂、爲为、刺剌、所所；

（3）另一形体形旁改换，如：祕秘、豬賭猪、胆蛆、嬾懶；

（4）另一形体增加表音部分的形旁，如：粘糊、挂掛；

（5）另一形体增或减笔画，如：竺笁、宜宜、廚厨。

（三）减少偏旁成新形声字，如：蝨虱、很佷、滄凔。

（四）另作会意字，如：豚启、菌屎、淚泪。

（五）另作形声字，如：紘彊、閉閇。

像这样的情况就是异体字来源之一，造成简化字数的基础。简化方案草案中间"拟废除的400个异体字表"不过把比较常见的字收集起来做了部分的整理。异体字无限度地增加，应该理解也是由于统治阶级不热心为人民利益搞好文化事业，放任自流。简化工作里异体字处理的原则，总括起来可以有两点精神：避免繁复和树立规范。避免繁复中间还照顾方便书写。例如，一些上下堆叠形式和左右平列形式的字，多半

（接上页注③）

6. 改简音符，如"遠远、燈灯"。草案"僚療遼潦瞭撩镣"作"仃疗辽汀盯打钉"、"導"作"孑"、"尴"作"尪"是这个办法。

7. 别造简体，如"衆仐、竈灶"。草案"傘"作"伞"。

8. 借他字，如"薑姜、義义"。草案说明里的"同音代替"相当于这个办法。

① 分化的字如"份分、伙火、燃然、錶表……"。意义原来不同的字如"姦奸、殭僵、蠛蔑、讚赞……"。两方面性质相同，从声音出发，有些口头上可以加以区别。如果声音上不分，我们就得在这一点上来"突破形式"了！

采用左右平列形式。[①] 这是为了书写的方法逐渐定型化，好为拼音文字的形式打底子。树立规范表现在废除讹体上，如“件件、刊刊、準準、盼盼、訊訊……”之类；但同时也顺着演变的趋势，承认了一些笔迹小有出入的字，如：“致致、羡羡、盗盗……”之类。[②]

汉字发展史上只有统治阶级垄断性质的“书同文”的整理；像这样展开全国性讨论以人民大众约定俗成的“俗字”为历史基础的简化方案，真是史无前例！

随着祖国伟大社会主义社会经济建设相应而来的文化高潮将会从这文字改革的第一步继长增高。

（原载 1955 年《中国语文》2 期）

① 如“整墩、峯峰、崖崕、慙惭、裠裙、羣群、鵞鹅……”，同时也照顾习惯用的频率，以“约定俗成”的原则为中心。汉字的问题最复杂，就在于不能机械。

② 这一问题我在《从汉字简化说到文字改革》里接触到，见《文字改革》双周刊。

关于词典编纂问题致曹先擢同志的两封信

一

先擢同志：

我接到您给我的词表以后仔细学习了一遍，又从教研组（古典文献）转交来一份征求意见参考提纲以及选词原则和汉语词典试注稿，在从事教研组编写任务的间隙时间里，把一些不成熟意见结合学习所得草成以下若干条，供您审择。如果可以在更多的同志面前献丑的话，只要对为人民服务有一点好处，我是十分愿意的。

一、编纂词典的选词工作并非是零散个别地即兴的，而是有一个贯串了毛泽东思想、明确为工农兵服务、普及与提高相结合的原则做指导的科学系统的。这部词典应该成为将来汉语词汇教学的中心内容，我们编纂的同志们主导思想上想来会不约而同地有这样的理解。从这一意义出发，对于汉语词的科学分析，编纂者就得首先有个纲领。解放以来，语文工作者在这方面也有了一些努力，《新华字典》初具线索，《现代汉语词典》又有发展。现在编写，便可在二者之间加以权衡，决定取舍，使若干客观存在的规律得以落实，正是无产阶级新文化建设的一大收获。

二、汉语的特色是词义为中心，汉文的特色以字形为重点。词义与音关联得紧，字形与义结合得紧，二者又互相交叉，形成复杂的关系。词典词的排列怎样把形、义、音三方面安排妥当，实在值得动动脑筋。过去字典组编排"四卷"的词表，对于这一点似乎没有注意。语文工具书有些费工夫的事，并于读者无多大危害，而在使用上有一劳永逸的意义，也是怎样服务法的应该考虑的事情。

三、选收词目的标准似应决定一个较宽的范围，从语文科学性出发，结合政治思想性，订定字词选目，不能主次倒置，形式上注意了政治思想性，实质上滋长了随意性。“群众能理解”，“不一定要查”，不是编字典词典工具书唯一的去取标准，只有注释上注意避免繁琐，而一般基本词义则绝不可以忽略，才符合为人民服务的要求。单字义项要尽量跟词目相呼应，为了帮助读者弄通词义，往往有许多看起来“能理解，不一定要查”的，认真弄通时就非有它不可。

四、有关选词的标准，想到有这样一些情况：

① 有一类词随字出，收字它必然出现，至少在义项中做例，无所谓不收。“不选词目”中许多属于这一部分。如：搭讪 鞑虏 怛化怛伤 玳瑁 骀荡 赕佛 戥子 戥盘 觌面 踮脚 兜鍪 妒忌 （举d母为例）

② 有一些词随义出，有这义项即须用它作为例词，选不选是注释不注释的问题。选收词目和不选词目中都有这种性质的。结合前一种，如觌面、踮脚的词义必须用它作例，可以不选；搭讪在搭或讪下就不一定能说明白，宜选收。

③ 义项不能包括，或未列义项，或不晓其义，选不选要考虑照顾到。选目中看不出来。显明的如“丹田”不选，实际针灸医疗上的穴位是相当重要的。“搭讪”也要从实际应用需要考虑选不选。“弥留”，“弥”字下无其义项，已列入不选词目，可商。又如“名堂”，就是不晓其义的，词较通用，就有选收作注的必要。

④ 对义项有例证作用的词，首先列为例词；只列为例不够明白，须多加解释的应选。不选词目中有这一部分。如“眈眈”单字无此义，必须叠用，65年版《新华字典》的处理用[ ]，这次都应该作为词目。但此字有单用的义，就看编纂条例如何，决定收不收。“和乐且眈”，似可不收。要收，就是一个叠用的义项，一个单用的义项（乐之过甚）。又如“淡泊”，《新华字典》“淡”下未收义项，现在收不收值得考虑。这与古旧词汇有关，字形有合并。

⑤ 语言学习有关的义项例词不入词目，即是不须注释；须注释的，就作为选收词目。这种词虽浅近，必须明白注释。如“地”字下“地点”、

“地面”、“地区”、“地域”不选，和选收的“地带”、“地方”、“地步”，其区别同中有异，要注意指出。

⑥ 有关词义用法的理解的，一般宜选收。这是指一些特例而言。如“点火”、“点燃”的“点”特有“烧着火”的义项，选收词目中没有。“点”字原无此义，是发展出来的新义，单字下必然有，按上面两种例子可能收入义项下作例词，如编纂条例决定要为印证义项选词，则以选收“点燃”一词为宜，而“点火”做例。又如“号脉”，“号”字用法特例，应选收。

五、词目排列就是词典编纂排列的一大项目。如何使用“以音为纲”或“以形为纲”的排列，最要紧是标准不可以复杂。但以照顾注释集中为理想。单字的义项，既为单词，又是合成复词的词素（或词根），是音和形两者不可分的。同一词素（或词根）构成音节较长（即字数加多）的词（或词组）便分开在两处或几处，乃是换用字数多少的另一标准来拆开的。编纂者有责任把词头加工整理，认真在编写时排比分析，再加注释，就可以说明了一点，解决了一片。拿字数多少分排开相同词素（或词根）的词目，实际很不经济，并不科学。《词源》的时代应该再迈进一步！初步想象词典编排原则如下：

① 单字为首，单一标准以音序排列。同音中再用笔形次序，再次用划数。

② 以单字作词素（或词根）组成的词不以字数多少排先后，先后次序仍依音序，比较划一。

③ 词素（或词根）相同组成音节较长（即字数较多）的词，跟着基本词排列。排列法可试订：a 式一般平，b 式低一格或 c 式接连在下面。这只注意了词素（或词根）在前头的，是否也照顾 d 式在后头的。可以设想 d 式的词注释放在它按音序排列的地方，即 a、b、c 中（讨论决定某一式）。

④ 成语、文言结构可以ⓐ随着词的字面排列或ⓑ另外在词排完后再排（音序）。

⑤ 译名、专名（人、地、朝代……）也可以考虑另外编排。

试以“地”字为例：

a 式(一般平)

地
地步
地财
地大物博
地带
地道
地道战
地点
地段
地方
地方病
地方割据
地方观念
地方戏
地府
地覆天翻
地广人众
地窖
地尽其利
地牢
地老天荒
地利
地利人和
地力
地面
地盘
地痞
地痞流氓
地平线
地契
地勤

b 式(低一格)

地
　地步
　地财
　地大物博
　地带
　地道
　　地道战
　地点
　地段
　地方
　　地方病
　　地方割据
　　地方观念
　　地方戏
　地府
　地覆天翻
　地广人众
　地窖
　地尽其利
　地牢
　地老天荒
　地利
　　地利人和
　地力
　地面
　地盘
　地痞
　　地痞流氓
　地平线
　地契
　地勤

c 式(接连在下面)

地
地步
地财
地大物博
地带
地道　地道战
地点
地段
地方　地方病　地方割据
地方观念　地方戏

地府
地覆天翻
地广人众
地窖
地尽其利
地牢
地老天荒
地利　地利人和
地力
地面
地盘
地痞　地痞流氓
地平线
地契
地勤
地区
地权
地势
地头蛇
地图

地区	地区	地位
地权	地权	地下　地下党　地下铁道
地势	地势	
地头蛇	地头蛇	地陷天塌
地图	地图	地窨子
地位	地位	地域
地下	地下	地狱
地下党	地下党	地支
地下铁道	地下铁道	地志
地陷天塌	地陷天塌	地质
地窨子	地窨子	地租
地域	地城	地主　d 式
		恶霸地主
地狱	地狱	
地支	地支	
地志	地志	
地质	地质	
地租	地租	
地主	地主	
d 式	d 式	
恶霸地主	恶霸地主	

我倾向于 c 式，适当收一些 d 式，而成语、文言结构用ⓑ，译名专名最好也另排，再用“地”字为例排出：

地

地步

地财

地带

地道　地道战

地点

地段

地方　地方病　地方割据　地方观念　地方戏

地府
地窑
地牢
地利　地利人和*
地力
地面
地盘
地痞　地痞流氓
地平线
地契
地勤
地区
地权
地势
地头蛇
地图
地位
地下　地下党　地下铁道
地窨子
地域
地狱
地支
地志
地质
地租
地主　恶霸地主
地大物博
地覆天翻
地广人众
地尽其利

地老天荒

地利人和

地陷天塌

*“地利人和”是从《孟子》“天时……地利……人和”来的，似可不收在“地利”下面；“地利”有两义，除此还有“地力”的意思，“地利人和”可作成语出现在后面，“地利”下收其义项不列成语。

看来最不合理的办法是：既不全依音排列，也不依义结集，又有划数，又有字数。字数是偶然的，用它定次序只是表面整齐。跟着构成词的单位逐次集中，不因字数多寡拆散排列，对读者翻检比较单纯方便（注释集中上面已说过）。词与词之间同音的才再数划数，是编者的事，读者并无多大关系。这里 abc 三个排列，a 仍然残存不合理的成分，b、c 精神相同，b 分出纲目，c 聚成族类，最后抉择，请在注释实践中解决。d 式在“地”字下只有“恶霸地主”一例，这一办法对读者有帮助。《同音字典》曾有类似的措施。初步设想，只是把词根或词素在后部的连列（音序）在最后（某一单字），可以使人知道这一词根或词素用法的全貌。至于这一类词的注释，都见依音序排列应该出现的地位，不必注互见页码。例如“地”字可以有：背地、边地、插花地、场地（景）-处地、-斗地、暾饭地、防地、分地、封地、飞地、翻地、发祥地、-覆地、-抢地、坟地、割地、根据地、刮地（皮）、官地、馆地、天地、涂地、故地、霍地、荒地、-黑地、-酒地、见地、境地、基地、就地、-辟地、-立地、领地、…之地、墁地、满地、内地、平地、盆地、恁地、失地、实地、所在地、扫地、死地、随地、倏地、圣地、塌地、头地、田地、无地、土地、-喜地、席地、园地、余地、自留地、阵地、质地、坐地、殖民地、转地、换地。

从成语或文言结构等方面搜集，还有“地”字在前的 d 式词：-地义、-地灭、-地久、-地覆、-地没、-地网、-地皮。

六、就现有词目的排列可以确定选词的完整而避免分散地逐词决定的疏失，同时也能和注释结合起来。例如前列“地”字下“地头蛇”、“地平线”，就可以启发我们考虑到“地平”、“地头”两词是否应该补充。这就看它义项有无补充的必要来取舍了。“地平”看来在“地平线”中必

然涉及,似可不收。“地头”有“地方上”和“田地边”两义,而且农业战线上开“地头会”是新生事物,则“地头蛇”只是“地方上”一义,不能包括“田地边”一义,就得补充收词。这样就可能调整成:“地头　地头会　地头蛇”。一个“地头”注释将有两个义项。以试注稿为例,像“金”字有四个义项,注释中的选词有“金字塔”、“金刚努目”、“金蝉脱壳”三个“金”字就无所系属。我们可以考虑,“有关汉字‘金’字的”和“金黄色”两个义项是可以成立的,而“金刚”一词是否要概括起来统属“金刚石”和“金刚经”,乃至于“金刚”作为比喻某些强梁者的爪牙的意义,所谓“四大金刚”在阶级斗争中还有作用,又该如何处理?稿中③实际指的是“铜”,似可改为:“古代指铜,特指用铜制的打击乐器:吉金|金石|鸣金收兵|金鼓齐鸣。”这说明选词与义项注释相互制约,是有机联系的。《现代》以“五金”、“合金”为例。

词的排列用b或c,注释能得简明扼要、要言不烦的效果,当是有目共睹的。例如试注稿“世界”下面,若将“世界观”、“世界货币金融危机”、“世界可知性”、“世界模式论”、“世界时”、“世界经济”、“世界银行”、“世界语”、“世界主义”集中在一起,不以字数多少分拆开,分别在四个义项下作例词和单独作为词目,可以两相发明的。“世”字的排列便可以作:

世
世故
世界　世界观　世界货币金融危机　世界可知性　世界模式论　世界时　世界经济　世界银行　世界语　世界主义
世面
世俗
世外桃源
世医

七、选词标准既如上述与排列、注释须相配合,乃是从一个根本观点出发的。这就是我们看到绝大多数的词可以按照基本的词素或词根作解释的规律。编词典就应该抓住这个纲。这里就这个意义补充几点选词的意见：

① 某些词照字面易懂，而在意义用法上另有所指，应选收。例如“开”字不选词目下的“开光”、“开交”、“开蒙”、“开心”、“开天窗”，按义项差不多都从一个“启”的意思来的，但是每一个词意义用法都已经有所发展变化了。选收词目似乎各有专义，“开心”和“开颜”相像但“开颜”不能代表，除“开光”涉及迷信可不选或有批判地注解，“开天窗”在鲁迅著作中便是政治斗争的反映，指国民党反动派箝制言论的一种手段。凡此乃是选词和注释两相制约的辩证关系。

② 某些词目前就了解在古语、今语，方言、普通话各方面有显著不同意义，应选收。

③ 一般语词“不选词目”与分类语词往往相涉，历史文化方面的最多，须从分类角度作最后考虑。

④ “不选词目”中一大部分反映旧制度、生活和世界观，对于阅读古旧文籍、了解历史情况必不可少，应择要选录才妥当。

一般词目和分类词目界限难分，不选词目往往是分类专门的。分类词目还不知道共有哪些部门，总觉得首先要避免专门词语出现、极普通词语反而不见的现象。试看不选词目中多有与三大革命实践有关的，或有关文化知识，或有关祖国风物，或关系某一历史时期，或反映革命斗争史实，或有帮助于意志表达，或有裨理论学习，取舍之间，标准如何？总要切于实际，能替读者解决问题，不可以凭一时感情率尔予夺。在这一点看法上只有原则地陈述，很难在每个词目上标出去留，略举不选词目中若干词供考虑（不一定每个都要保留，但是有必要请复核）。

玳瑁　道藏　道门　狄克推多　儿皇帝　发国难财　法师　俘虏政策　妇委　噶伦　噶厦　改土归流　耕读学校　庚子赔款　工委　宫调　宫廷政变　共同纲领　瓜片　关防　关门主义　官人　灌米汤　汉字简化　号志灯　哼哈二将　鸿门宴　黄牛　回纥　回鹘　回教　火印　火头军　机会均等　假洋鬼子　九流三教　拉夫　浪人　龙山文化

这里提的一点引起一个问题值得注意。某些专门分类的词语本身已无必要收入，但它已进入一般生活词语，不得不收。例如近代现代戏曲名词术语不收词目中“压轴”、“京派”、“反串”、“龙套”、“台步”、“行当”、“板眼”、“跟包”……。还有各分类部门本身也应请考虑最基本的常识要照顾，像戏剧中的“昆曲”(不知是否就是“昆剧”?)必须收入。

八、从语言角度对词的构造在注释中作适当表示，用一定的方式标注，对教学可以起划一的作用。例如“叠语”、“连绵语”、“缩语”、“成语”、“译语”……。

叠语:①单字下收义项，词目中互见。目的在提醒读者分清单独一字和重叠两字的不同。②或者单作词目处理。两种办法，决用一个。

连绵语:①单独一字之下不收义项，义项在全词之下。全词以首一字定位次。后面的字只备读者单查，其注释指引到全词下查看。②首一字单字收全词为一义项，词目互见(以首一字定位次)。后面的字同①。两种办理，决用一个。

缩语:①作词目处理。②单字下收义项，词目中详注。可能两种需要都有。

成语:①排列不杂入词目。②由词目连类产生的在词目下出现。③有缩语词目的随缩语(文言结构排在成语前面)。

译语:①作词目处理。②酌情收入义项。③有缩语词目的随缩语。

附:专名　排列不杂入词目，排在成语后面。分别情况，单字缩语收入义项，复词不收义项(专名指人、地、朝代、民族)。

九、注音。

① 单字头　参用《新华字典》和《汉语辞典》办法，即以拼音方案为主，注音字母对照，再加汉字直音。汉字直音宜取《汉语辞典》方法，订定若干标音字。《汉语辞典》每一音节订一字，四声标注符号。为求对读者方便，可以每一音节每一声调订一个字，无字可采的注“某字的‘阴平’(‘阳平’、‘上’、‘去’)声。”

② 注释中最好“难字直音”。难字直音只用汉字和拼音方案，其次第是“音‘某’——拼音”，如“忻音新(xīn)”。但请注意篇幅增加的问题。

按《成语小词典》曾经采取“难字直音”办法，有人认为会引起读音混乱，实际是专家的杞忧。我们可以注意一下，“尖音”、“入声”、“闭口韵”几种字不随便用做直音字，即一律用“团音”、“阴声”、“抵腭韵”，其他问题是有“普通话为标准”的原则管着。如有混乱，那只是这人根本没有规范化，难道真要因噎废食吗？

③ 词目　只注拼音方案和注音字母。难字直音。凡难字直音都在解释中出现。

十、解释。

① 排列的分类能帮助起解释作用。分类排列得恰当可以节省注解工夫。

② 解释单字和复词要注意分析词义。词组和成语要注意关键字、词的解说。例如“百般”的“般”，本条下已经暗释了，须注意“般”字条有无此义相应。因此管单字注释的人要掌握呼应问题（前面讲排列的 d 式是为这一点着想的）。

③ 按照“选词原则”说本词典“是供具有相当初中文化程度的工农兵和革命干部、中小学教师、中学生在学习马列的书和毛主席的书以及学习文化科学知识时查字查词使用的”，有些单字的义项还得加以补充。我前年整理 47 期学习文件接触到这一问题，特为提醒。试注稿“金”字须补充。

④ 选词原则所谓“易懂的和过于专门的词，一般不收”，基本同意，但个人以为这是指列为词条的原则，而这些词往往是一些基本词语，主要应作为单字（词）义项下举例的用处。选词就有“列条”和“作例”两种内容，争论的问题似乎只注意了“列条”而没有管“作例”。应请明确双方兼顾。这条以下几点，是间接对解释要求范围宽广一些。

⑤ 所谓“旧词、旧义”必须审慎处理。在批判形“左”实右和清除极“左”思潮的方针下，对于旧词如何对待应该妥善处理。工具书的性质不是政治读物，著录词条不等于提倡宣扬什么，问题在注解所反映的思想倾向。例如有过扫四旧运动，并不等于关于四旧事物的语、词根本不要出现了。如何做好清理文化遗产工作，体现批判继承精神，在选词上要反复研究一下。

⑥ 由上一点引出一个问题，也是现在常会碰到的。这就是把汉语的现代、古代划分得过死的问题。如果很明白的时代能区分，是可以说

清楚。但是往往有种倾向，强调我们现在一般了解知道的才算是没有问题，否则都仿佛是陈旧艰深的予以排除。反映到注释上，是由于对单字义项和构词的关系不重视，因而发生隔膜。一夸大强调，便起了割断语言上下蝉联的脉络。人们，尤其是关在书斋的知识分子，生活面狭窄，假科学的体系也束缚住了自己，往往妄生分别，截死古今。一切要从实际实践出发。一些搞古代语的人轻率地把某些字义划成"古代常用"，而不注意教人掌握古今一贯的基本意义，增加了学习心理上的困惑。我希望这一词典在这一点上不要疏忽！对旧词旧义可以结合选词来源的扩充决定去取。例如鲁迅著作中用过的一些旧词旧义，无疑地要包括进来。早期白话乃至几部大的文学名著(水浒、三国、红楼、西游)，在新的学习高潮中为广大工农兵阅读服务，恐怕倒要多加照顾。

十一、插图和附表。《新华字典》最初有意增加插图，因为有些用图可以补助文字说明的不足。修改到65年版几乎全删了，不能不算是一个倒退！虽然如此，还保留了两三幅综合图，就说明图是不可少的。我呼吁：本词典要适当重视这是注释的一种补助方式！例如，我就知道过去有人不晓得水牛是现代还有的动物，以为只是图画中的动物，如果词典里有具体几种牛的插图，便可帮一些读者增长知识。

与图相当的还有一些表，也是需要的。例如我国文化上的干支，是很主要的纪年月时间的工具，六十甲子次第表应该收在"甲子"或"干支"、"六甲"之类的词下面的。又如二十四节气，也应该集中编入正文，就可以简要地排列在一处，与每一节气分见的内容相补充。大约有关文化常识的条目下以列表为最合宜，似可估计凡须列举到五项以上的事物就附表。

十二、附录。

以《新华字典》的经验，仍应多征求各方意见来决定。我特别提一下，历史年表必须认真处理。年号、统治者姓名、"庙号"，都不可缺。年号似可参考日本人著的年表收集一下，有三省堂出版的世界年表最通行。

"中外大事表"如果有办法，希望早日筹备。

我想这本词典有必要成为无产阶级文化大革命以来国内文化教育

工作的基本参考书，附录内容比《新华字典》扩大些，是理所当然的。

拉杂地想到哪里就写到哪里，还得请您不客气地批评指正！乃木同志不另。　敬致

敬礼！

魏建功　1972.5.29.

二

先擢同志：

词典组选词工作将告成功，我已别书意见转达。那份意见是从一般语文的选词角度提出的先决问题，用意在全书规模上。想您是可以谅解的。

我以为：分类专门词目宜逐一决定，一般语文词目是词典的骨架，似乎得从方针原则入手。汉语的科学体系迄无标准，基本词及词的基本结构等建立词典的基础要从头树立。回忆《新华字典》的草创，在㊟㊝㊦㊧(-子)(-儿)(-头)(叠)结合当时学习的认识。词典的经验自有《现代汉语》在，但如何反映七十年代的认识水平、表现毛泽东思想，为无产阶级革命路线服务，实在是我们的一大课题。组里决定选词的时候，注释体例想必已有所决定，词、词组、词根、词素、成语乃至词类……之间如何表示其联系，试注稿未见举例。简明扼要分注词类，有无可能？按《现代》标示结构办法，逐词注音分标，有无必要？前信就选词论选词，未敢涉及更为根本的问题。

现在试注稿有些像《辞源》、《辞海》，能不断其流，但又接受《新华》的编制，似为发展。有关语文体系的编排尚不能窥见全豹，以致无由献替。《现代》对单字头以及每一词头的处理，也有可取之处，组中或有其他字例可以揭示汲取其长否？不知道曾否用《现代》作为假想体例进行探索否？愚见希望试注稿能有表示全书编排体例的样本，有别于《新华》修订的征求意见。体例不见，从何谈选词，更难决定编稿。

谨就管见，续陈一得之愚。敬致

敬礼！

乃木同志不另。

魏建功

1972.5.30.

廿九日晚带了词表和两封信去中关园找您，天黑了，门牌号数不知道，就在沟西的东南地区兜了一个圈子又回来了。今天想，先请邮务员送给您，把词表抽下。

专业里工作并不重而有时间性，所以挤掉和您交换意见的工夫。现在学习任务又来了，最近个把星期不能再考虑这方面的问题，十号以后欢迎您来我处恳谈一次！

1972.5.31 付邮

建功

（原载 1998 年《学术集林》卷 13）

第三组　文学研究

《邶风·静女》的讨论

颉刚兄：

《静女》诗的问题，我初未注意；兹承示郭君文，谨将鄙见写出请教。

要解决古书中问题，我想最好用两条办法自然可以表示得清清楚楚；第一，各人依自己的见解加以标点；第二，各人依自己的见解译成今言。这似乎是本题以外的话，请就便先谈他一谈。凡古书中之所以有难解的地方，不外今言古语的差异，这标点和对译便是惟一无二的上法。标点不同，则文法组织不同，然后解说也就跟着定下了。至于训诂名物等，在必要时不妨考他一考；但不能偏重这一面，把全文的意义和文学的艺术忘了！

前些时，为了《伐檀》的"彼君子兮不素餐兮"的解释，我和缪金源兄就发生过辩论，可算是全在艺术上的争执。我记得适之先生在中国哲学史课堂上讲到他《哲学史大纲》第二篇第二章的"诗人时代"，就把这"君子"解作是指的当时不劳而食的"大人先生"，他说：

> ……你看那《伐檀》的诗人对于那时的'君子'，何等冷嘲热骂！

这明明是说愤世派的反嘲口吻，我深信以为然；所以我的《伐檀今讴》便译成正骂的"那些混账王八旦，无菜不下饭"了。缪君却说是引贤人君子做教训的，以为是："那些个君子呢（他的意思即'好人'），是不尸位素餐的！"我译得自然不如原意宛而转；但与缪君之意便根本不同。这诗原文和我意译的对写如下：

坎坎伐檀（辐，轮）兮，	檀树伐得空空的响，
置之河之干（侧，漘）兮；	树段搁在河边上；

河水清且涟(直,沦)猗!	河水呵,泛着清澄澄的细波浪!
“不稼不穑,	“不种地,不耕田,
胡取禾三百廛(亿,囷)兮?	为何平白拿粮三百石?
不狩不猎,	没结网,没放枪,
胡瞻尔庭有悬貆(特,鹑)兮?	干吗看你院子里挂着些狐兔貂狼?
彼君子兮,	唉——那些混账王八旦,
不素餐(食,飧)兮!”	无菜不下饭!”

依我的标点讲解,首三行说的伐檀时情状,不稼不穑以下便托在伐檀者的嘴里对一班“君子”下的攻击,的确是实情;但是这等人又有什么法子,末了对这不平允的事情只有浩叹,悠然发出一句遣情的冷讥的刺语说道:“阔人呵,是不吃白饭的呵!”这一句沉痛的叹语放在伐檀者嘴里,于怀疑一班人不稼不穑,不狩不猎,能得禾和一切的牲畜之后,随即接转其意味之深沉是如何有咬嚼!然而依缪先生却说既然有如此不平的感想,于是想见那些“君子”呢便不如此,他们是不白食其禄的(若译做白吃饭亦可),就连上文,对此非君子教训一顿。他说因为“胡瞻尔庭”的“尔”字与“彼君子兮”的“彼”字相对照的,所以应该那么样讲。依他便要如此标点后六行:

不稼不穑,
胡取禾三百廛兮?
不狩不猎,
胡瞻尔庭有悬貆兮?
彼君子兮,
不素餐兮!

我以为诗的表现手段越高,层次越深,决不会越浅。假若是受了“素餐”的诂义的拘执,一定与“尸位素餐”的意思相和合,其实“素食”“素餐”还可以这样将就来讲,“素飧”又怎么说呢?素,白也。素餐、素食、素飧都是空口吃白饭的白饭的意思——适之先生也好像这样讲的——与挨光吃白食的白食不能相同。

假使“君子”指的是不尸位素餐者,那这个被讥刺的人未免也要指实是尸位素餐者了。一个伐树工人对于那班不劳而获(诗中说的明白)的人攻击是可以的事,却未必是只攻击的有“位”而尸的素餐者!而且诗人托辞于工人休息时的愤懑口吻,那尔庭的“尔”字也不过泛泛的指一些人,决不是面命耳提似的戟指着一个非君子而责问之,并接以教训之语。即使不含教训之意,而谓末了因为这些非君子而想到其他的君子,我也觉得浅的很!况且诗中往往把 Person 半途改变,把意思更转深一些的实繁有例;故我主张应该转折的往深里探其意味,如果径直的接下来便索然寡味!《卷耳》一章的“嗟我怀人”和二三四章的些“我”字,若当做怀人者一个人自谓直接下来,便不如把二三四章的“我”字当做怀人者怀念被怀者之怀念而为之设言自谓的巧妙!《葛覃》三章的“我”字也是一样,中间插写归宁者之心理,揣度其身分而言。这就是我说的既要顾到全文的意义,又要注意文学的表现手腕——艺术。这种地方就是文学的生命;往往经过拘泥的考据把神气失了,是件最可惜的事!

《静女》诗的问题,我原未注意;在读《瞎子断匾》时,我完全与你的意思一样。

刘君将二三两章连贯来讲,你虽改而从之,我却不信。郭君一文因刘文补充出来。我的意思,先标点出来:

静女其姝,俟我于城隅
——爱而不见,搔首踟蹰!

静女其娈,贻我彤管,
彤管有玮;说怿女美。

自牧归荑,洵美且异;
——“匪女之为美——美人之贻”。

第一章我们没有十分不同的地方,不过我以为先说——

幽静人儿呵漂亮,
等着我在城墙角;

但是心下不晓得心爱的人可准在城角何处,便能虑到——

> 我爱心肝见不着，
> 抓耳挠腮没主张！

你译为“我爱她但见不到（或寻不见）她”，我觉得把“爱而不见”的“而”字太着实了。

这《静女》的三章是想念情人的三首诗；所以第一首是因到赴约想见往而不遇的心情，第二首便是因物思人的描写：

> 幽静人儿呵柔婉，
> 她送我一枝红管，
> 红管红的红堂堂；
> 我爱心肝多好看！

“管”字，我觉不必去兜圈子改成草头“菅”，但注意音乐又是爱情生活的重要点缀，这个管是笙箫管笛的“管”！“彤”字，你第一次译的并不错；不过要那么说实了是朱漆，似不如注意“有炜”之译成“红堂堂”的话语来表示的好。我们不必更板板的译成朱漆的管，因为“红管”在今言中可以成一词，犹如玉笛，紫箫……之可以成词。“管”，古时是指乐器中之吹竹的东西，乐器上涂加红彩也不希奇。

说到从“丹茅”“丹荑”来叙家谱，将“彤管”认为“红菅”，总有些迂曲呵！若是因为“荑”是“草木芽”，“管”又可以是“菅”的误，说“彤管”怎不是“红菅”呢？我只有要证据来！我相信“彤”与“丹”同指朱色，但其用处有些不同。“彤”字从“丹”，谁能不说是朱色红色；不过我们看文字之从“彡”的多是有斑彩之意，或指是彩画之实，或指是彩画之事；这“彤”字就不外是以丹作彩的色，的文，的事。《诗》中说到红色的地方有——

> 灼灼其华周南桃夭指桃花的红色(F)
> 鲂鱼赪尾周南汝坟指鱼尾的红色(E)
> 赫如渥赭邶简兮指籥（左手执籥）、翟（右手秉翟）的红色(D)
> 莫赤匪狐邶北风指狐毛的红色(B)
> 彤管有炜邶静女指管的红色(G)
> 朱幩镳镳鄘硕人指幩的红色(B)
> 毳衣如璊王大车指衣如玉的红色(A)

颜如舜华郑有女同车指人面如花的红色(A)

缟衣茹芦郑出其东门指草之红可以染缟衣(A)

蕈茀朱鞹齐载驱指鞹为簟茀者所涂的红色(C)

素衣朱襮魏扬之水指衣襮绣的红色(C)

颜如渥丹秦终南指人面的红色(A)

三百赤芾曹候人指冕服之韠的红色(B)

我朱孔阳豳七月指染丝的红色(C)

赤舄几几豳狼跋指舄的红色(B)

彤弓弨兮小雅彤弨指上涂的红色(D)

朱芾斯皇小雅采芑指芾的红色斯干同(C)

赤芾金舄小雅车攻同前(B)

赤芾在股小雅采菽同前(B)

玄衮赤舄大雅韩奕同前(B)

赤豹黄罴大雅韩奕指豹的毛色(B)

朱英绿縢鲁颂閟宫指矛饰的红色(C)

在这些例子里,我们可以见到古时言红色,是各处用的不同:除去(A)以红色东西比拟另一东西的红色或言染红之事外,则多用“赤”字(B七见),“朱”字(C八见),其余用“赭”(D)“赪”(E)的仅各一次,重言以写光色“灼灼”(F)为一特例;至于“彤”字只有两见。而形容红色之字,只有“赫”“炜”“阳”三字。从两次用“彤”处看,可知“彤”所言红色当是朱漆一类的涂料的颜色。因为由人为而成的红色便就有了光色的形容,于是“赫如”“有炜”“孔阳”都随了所形容之颜色而定其含义,成髹染之红色感应于心理的形容语。彤管的色彩是如何呢?红堂堂的。若是说“管”既是乐器,为什么恰用了“彤”字?就是女子真以乐管相送,何以见得管是红的呢?我有证据!这就在《邶风》本风中的《简兮》三章曰:

左手执籥,

右手秉翟,

赫如渥赭;

公言锡爵。

籥涂红色已经说过；籥是竹乐，竹乐统曰“管”纵不能得明证，而“管”为乐器则不容怀疑！《周颂》、《执竞》曰：

……钟鼓喤喤，磬筦将将，降福穰穰……

《有瞽》曰：

……箫管备举，喤喤厥声……

《商颂·那》曰：

……鞉鼓渊渊；嘒嘒管声：既和且平，依我磬声……

既然乐器可涂红，管也是乐器，涂红了的称“彤管”，有什么不通？见到静女所贻彤管，便对管道：“说怿女美”——我欢喜你真好看！这也没有什么不可，也许语意双关，嘴上对管说，心下却对她说；不过我则以为前三句叙女贻管之事，因提到此事此物，即想到爱她的人，所以主张“说怿女美”的“女”字采朱熹的说法指静女。再往下，第三首是因人而爱物；那“荑”字说是“草木芽”也好，说是“茅芽”也好，说是无用的野草也好，反正是不美不香——无色无味的草儿罢了！他明明说荑“洵美且异”，与二章“说怿女美”是两截，自行起首，不然，他何必要另用“自牧归荑”呢？何不干脆作“说怿女美！洵美且异；匪女之为美，美人之贻！”呢？若是依你们说二章女美之女是尔汝之汝指管，再如刘君之意管是“菅”即为“荑”，那这连接的两章，应该不要“自牧归荑，洵美且异”放在中间！我说是——

野里带回的荑草，
实在好看又希奇，
——“不是你生来的好，
好在人儿送的礼——”

我们现在都在这儿扪“管”，不知道给谁扪着了！我们现在都在这儿试“草”，不知道给谁试出了！我的译文归总写在信后。

弟建功，五月二十日。

幽静人儿呵漂亮，
等着我在城墙角；
——我爱心肝见不着，
抓耳挠腮没主张！

幽静人儿呵柔婉，
她送我一枝红管，
红管红的红堂堂；
——我爱心肝多好看！

野里带回的荑草，
实在好看又希奇；
——“不是你生来的好，
好在人儿送的礼！”

（原载 1927 年《语丝》第 83 期）

论文学体制所以演变之原则

这是我在服尔德学院讲《中国文学史》的讲义的一段，觉得可以单独发表一下；现在抄录给《A. C.》编辑先生。希望读者原谅的是：原文是文言写的，恕不再改做白话了！十八年五九夜。

文学为情绪的发泄，凡所不获已于心胸者，自然流露而咏叹之，所谓“诗言志歌永言”也。生民之初，其所欲言之于心者，出于口则为语言；语言即“言志”之工具也。语言之为用，通常表达其意志，因缘事物之需求，随在而发，固不基为情绪之必欲发泄与否；及其情感应物而动，原乎“情不可变”之定例，有所创作，虽同为语言之运用，此则完全作者主动之也。故语言为人类表达意志之依乎音声者，而其为用，则有文学的与非文学的之别。

大抵物质文明幼稚之社会，其文学之所托迹，类流传于彼此口耳之间。为便于传诵记忆，又多有韵之作，且篇章简短；盖表现文学之工具即不能脱离口语以外别具一种声音符号，则必修饰其只求实用不恤芜蔓之语句，而为合乎咏歌节奏之文学的语言。

是故见于载籍之古代歌谣，虽古今语言殊异，不能仍其旧音；而吾人欣赏感应之所映于心者，宛然如闻其人言之矢于口也。后其作品数千百年，语言不能无变，古之口语而非今之口语所同，今之口语或不为古之口语所有，其初为文学的语言作品者，愈久则愈去后代之语言愈远，而愈失其语言作品之认识点。是为文学随语言而变之原则也。

语言变，文学亦随而变，其所以变者，工具之表现方法不同也。此纵的方面之历史观也。苟按之同一时代，则其界于天然限制之有殊，以此各种方言表现之文学亦自不同。此则横的方面之观也。就地理观论文学，与历史观论文学，其意义一也；特系史者谓其不同曰“演变”，而系乎地理者谓其不同曰“差异”耳。所谓文学工具之表现方法者，但凭语言，虽日在演变之中不可知也；至于方言差异，则耳之所闻立辨于脑，然亦不可以传于远。是语言之无异时间的传流作用，而亦不能作大空间的播布也。于是文学与其他一切事物之要求，于语言外又有文字，文字之作，衍形先于衍音。其一意志依乎绘画而拟成形体，为一事；此形体所表示之意义，为一事；而其意志之依乎声音表达之语言，又为一事。例如“日”“月”“人”“马”之类，今日之音为“ㄖ”“ㄩㄝ”“ㄖㄣ”“ㄇㄚ”。推其初，[illegible]画其形，而所读之音必古语语词之音，未必如今日之“ㄖ”“ㄩㄝ”“ㄖㄣ”“ㄇㄚ”；[illegible]日[illegible]月[illegible]人[illegible]马之形，又必无一定不移足表“日”“月”“人”“马”之德之意义也。故征之古文字流传于今者，则有画一事以为记载，最初之文字与语言不能按其笔画而相比合。试更取甲骨刻辞论之，如——

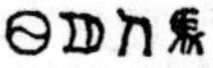

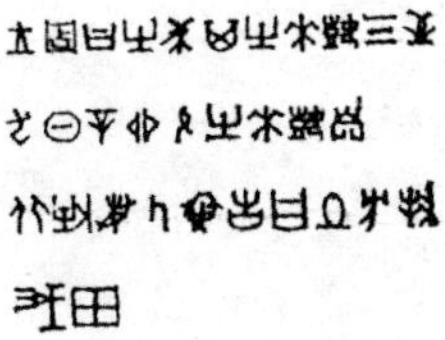

[illegible]

王固，曰：“有求，其有来椬三至。”

九日辛卯，允有来�，自北[illegible]，敏。

姆，告曰：“土方牧我田十人。”①

译以今字，读以今音，觉其句法奥涩；而当时之音必非今日状况，纵于整饬简易之处，以其人读之，至少必如今日之浅近文字与语言相去不远也。其后纯粹象形字日不给用，而增其音符文字，更进而变为音符文字。文字与文学之关系，则与语言相反：盖文字语言初不合一，形以绘影，而别系之音；时移地迁，尽失其真。故语言变而文字不变，文学随语言变，而复随文字不变。于是文学的语言作品因文字以记载传流远久，愈久则愈远于语言，而愈变为非语言的文学，愈形成非语言之文言文学。是为文学随文字而不变之原则也。

自象形文字而意符文字而趋于音符文字也，文字盖向于与语言相

---

① 永坤案：卜辞中无“十人”二字。

合之途径。文字与语言日趋合一,则文学之为文字所牵制而不得随语言变者复归其始。故始则文学随语言而变;继则文学随语言变而牵制于文字不得变,以致语言与文学两歧;终则文字即语言,而文学乃随语言文字以同变。是又文学随语言文字而同变之原则也。

三原则者,文学体制所以演变之基础也,亦文学史之所由生也。至于其演变之所以然——即语言之实在情形——是当求中国古音韵学为之解答其初一部分;而中国文法学可以解答其后二部分;要之,中国语言学职有攸归也。

综上所论,语言文字文学三者之关系,始合而实不合,中分而亦不分,终乃全合。汉以前之文学,吾人当视为第一原则中之文学也。自汉以迄于近世第二原则时期也。于第二原则时期中,第三原则之演变酝酿即已开始;自今以往,吾人当完全入于第三原则矣。

(原载1929年《A.C.》月刊第3期)

第四组　民俗学研究

搜录歌谣应全注音并标语调之提议

现在搜录歌谣，普通标记方音，类有三法：(1)直音和读如，(2)注音字母拼注，(3)罗马字母拼注。

“直音和读如”的办法自然嫌粗疏，结果和旧日反切、直音等法一样的教人不了晓；董作宾先生的《歌谣与方音问题》里自述误听朱逖先先生之“名学”为“民约”，便是活证据。假使甲地的直音等于乙地的另一字；而甲地所直音的字，在乙地的人读了，岂不讹成另一字吗？我们可以举一个《歌谣》上的例，说明说明。这个“我”字，用文字记载，各处几是一样写法；若是依方音仔细分析，就得有许多读法。

我　国音ㄫㄛ。

　　浙江　绍兴音 ŋo(《歌谣》三一，第一版)。

　　江苏　吴江读鼻音(《歌谣》二，第二版)。

　　湖南　鄘县读爱(《歌谣》十一，第三版)。

　　广东　平远读涯(同前)。

以上除国音与绍兴音是字母拼音的，可不发生问题。吴江读鼻音，我们无从知道是怎样读法，且不管他。鄘县音“爱”，平远音“涯”，在采录的人的确是算尽心的了；然而我们的纠纷，也更多了！

“爱”国音ㄞ。那么用国音读歌谣的人岂不以为鄘县的“我”等于国音“爱”的音—ㄞ—了吗？我们江苏如皋“爱”音ㄫㄝ。那么在我们地方的人岂不以为鄘县的“我”等于我们方音的“爱”—ㄫㄝ—了吗？我们邻县南通“爱”音ㄫㄚ˧。那么在南通地方的人岂不以为鄘县的“我”等于南通方音的“爱”—ㄫㄚ˧—了吗？我们江苏江南岸“爱”音ㄫㄝ˧。那么在江苏江南岸的人岂不以为鄘县的“我” 等于江苏江南岸方音的

“爱”—ㄫㄝ˧—吗？安徽黟县普通“爱”音ㄨㄚㄡ；某鄉特别音ㄨㄜ。那么在安徽黟县的人岂不以为鄗县的“我”等于他们的方音“爱”—ㄨㄚㄡ—了吗？黟县某乡的人岂不以为鄗县的“我”等于他们的方音“爱”—ㄨㄜ—了吗？此外，我曾经听得有人读“爱”为ㄋㄞ的。那么在他们岂不以为鄗县的“我”等于他们读的“爱”—ㄋㄞ—了吗？这已经够麻烦了！但是鄗县的“我”实在如何读音法，我们还不知道究竟！

平远的“我”读“涯”，虽然我曾经由平远朋友解释过，知道读为国音的ㄫㄞ，但是其余的人还是如读鄗县的“我”音“爱”一样的纠纷而不了晓。从我平远朋友的解释，我们既知道了“我”、“涯”在平远都音ㄫㄞ。然而，“涯”国音ㄧㄚ；读国音的人必定以为平远“我”音ㄧㄚ了。我们如皋音ㄧㄚ的字如“鸦”、“涯”、“耶"、“牙”、“爷”、“亚”……往往有ㄫㄚ、ㄫㄚ꜔、ㄧㄝ的；那么，平远“我”字的音在他们又岂不要各随所读，而为ㄫㄚ、ㄫㄚ꜔、ㄧㄝ了吗？（安徽黟县“涯”音ㄫㄚ꜔）。

我们不妨仔细排列出来，比较一下，然后可以证明“直音和读如”的办法粗疏而无用。

我　国音ㄫㄛ，ŋo。

　　鄗音爱，不知读法。

　　平远音涯，已知读做ㄫㄞ，ŋai。

爱　国音ㄞ，ai。

　　如皋音ㄫㄝ꜔，ŋɛ。

　　南通音ㄫㄚ꜔，ŋa。

　　江苏江南音ㄫㄝ˧，ŋë。

　　黟普通音ㄨㄚ꜔ㄡ，uæu。

　　黟特别音ㄨㄜ，uə。

　　或音ㄋㄞ，nai。

　　鄗音？

涯　国音ㄧㄚ，ia。

　　平远音ㄫㄞ，ŋai。

　　如皋方音之一音ㄫㄚ，ŋa。

　　如皋方音之一音及黟音ㄫㄚ꜔，ŋa。

如皋方音之一及黟音兀ㄚ˫，ŋa。

如皋方音之一音ㄧㄝ，ie。

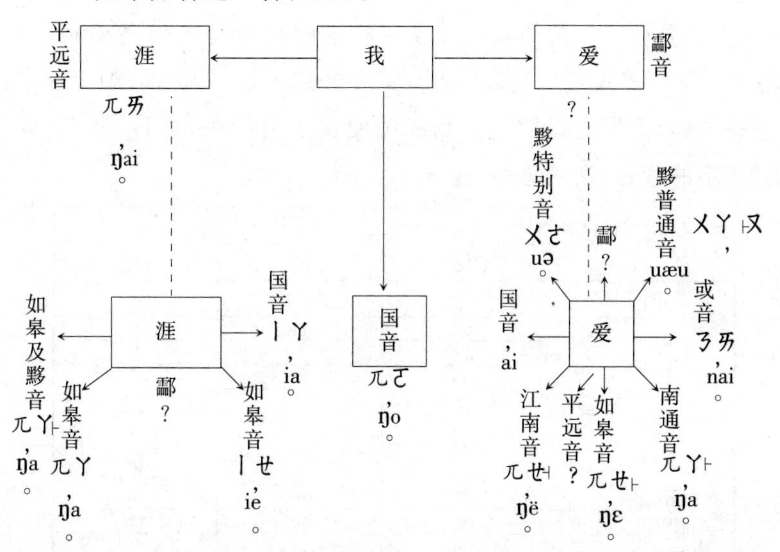

这样便可画成上面这个怪图，只见“爱”、“涯”二字之下反分出多少歧异，没有一个相同。这样，“直音”和“读如”还用得吗？所以，我的结论是：

> 搜集歌谣，记录时用“直音”或“读如”法注的音，结果是用来直音的音或举为所读如的音还是特别方音，等于未注音。

然则我们除去这个方法，用注音字母拼音怎样呢？注音字母自然比较便利些；但是像前面例子里的ㄝ˫、ㄚ˫、ㄝ˧等字母，在今日国音字母里并未列入，关于特别方音的注音并不够用。罗马字母虽较更适用，却失于不普遍。然而不普遍并不成多大问题，到是以不含字母性质纯粹标音的符号能免去罗马字母和中国音隔开的地方为最佳。这就以国际音标为最合宜了。

注特别方音用音标拼音，自不成问题。不过我却更进一层的以为搜集歌谣，记录的时候，就该全用音标注下来。现在试以“我”字为例，好将要全注音的理由说明。

《歌谣》上已登的歌谣里，特别注出“我”字的方音的，到三十四期止，虽只有四处，然而有“我”字歌谣却也不少。他们没有注出读音如何,粗略的说,自可当做与国音相同;其实仔细看去,还是不精密的。因为各地读“我”的音并非全合于国音,不过在他当地认为“我”字是那样读,不觉奇异而已。譬如我们如皋“我”字就有 ŋo、əo、va 等音;江南大都音 ŋu;我们邻县东台、泰县音 ŋ;安徽黟县有 ŋəu、ŋɔ、ŋa;湖南桂东音 ŋa;……总未曾另外说明过。据我随便调查的结果,可将“我”、“涯”、“爱”三字的读音,列一总表。

		字		
		我	涯	爱
国音		ŋo ㄫㄛ	ㄧㄚ ia	ㄞ ai
方音	平远	ŋai	ŋai	?
	鄗	(爱)	?	?
	绍兴	ŋo	ya	aa
	吴江	读鼻音	?	?
	如皋	ŋo	ia	ŋɛ
		ɔo	ŋa	
			ŋa	
		va	ie	
	南通	ŋö	iaa	ŋa
	江南	ŋu	ia	ŋë
	黟县	ŋəu	ŋa	uæu
		ŋɔ		uə
		ŋa		
	桂东	ŋa	ŋa	ŋue
	泰县	ŋ	?	?
	东台	ŋ	?	?
	泰兴	əo	?	?
	?	?	?	nai

看上面表来,我严格的说:

歌谣的词语各处可以相同,他的字音决不相同。例如“隔着竹帘看见她”一句,常维钧先生在《歌谣》第一号里曾经比较研究过一次。他将那十句写在一处,证明国语有统一的势力。我以为他是指的这十句的组织法有统一的趋向,不是指音的方面的。然而我相信,国语统一的可能是站在各处方言的组织法有相同之点上,而不因方音的悬殊发生不可能;因为最后认为适用的国语是根源在各处的方音相同的标准音,就如“我”字,国音ㄫㄛ,和各处方音多少有些相近,或声近,或韵近,便成了标准。所以我们并不能责备他们读音与标准音相近的字不应不注明方音。

虽然,歌谣最富有地方性;为保存和研究各处地方的语音计,我们应该完全用音标拼音记录。常先生那十句中：

(1)隔着竹帘看见她(北京)，

kətʒu tʒulian k'antjian t'a；

(2)推开门来看见她(北地)，

t'ueik'ai menlai k'antjian t'a；

(3)隔着竹帘瞧见她(京兆)，

kətʒu tʒulian tɕiautjian t'a；

(4)隔玻璃看见小奴家(河北)，

kə poli k'antjian siaunutjia；

以上四句大约在国音区域里，我们用国音读来，就如所注一样。若是皖南两句：

(5) 风吹帘幕瞧着她(绩溪)；

(6) 帘背后看见她(旌德)；

我们用国音读一定不对的。其余的四句：

(7) 掀开门帘看见她(江西丰城)；

(8) 推开门来看见她(江苏镇江)；

(9) 格子眼望见她(湖北夏口)；

(10) 风摆门帘看见她(陕西)；

也一定都是不同的方音。第(8)，用我如皋音——与镇江相近——读他，那就是：

"t'ueik'ɛ menlɛ k'uəntjĭn t'a。"与国音"t'ueik'ai menlai k'antjian t'a。"便不全同。这样看来，我们记录歌谣不全用音标拼音，的确不足表现他本身的地方性。将来若干年后，就也许有人像前二三百年中考古音的一样，将我们今日采集的歌谣，"融大冶于一炉"的来找我们这时代的声韵部居；犹如用《诗经》叶韵字下了无数苦工，结果得了个总笼前后若干年(自周之前至于孔子之前)袤延数百里(自周南至于齐鲁)的纸上的分类二十八部韵，十九纽声。这种得失且不管。但至少可预料，假如他们看见鄢音"爱"的"我"和平远音"涯"的"我"，根据"等于同量之量相等”的法则，就得将“我”、“涯”、“爱”三个列入一部了；而那没有特别注音的 ŋo、əo、va、ŋö、ŋu、ŋeu、ŋə、ŋa、ŋ 的“我”便无形澌灭了。这够多么可惜！

考古音的人，有的主张《诗经》叶韵的地方要读他们考订的“本音”或依某家定的“叶音”，闹出不古不今的《诗经》读法的笑话。今日我们单注歌谣中一二特别方音，教别地方人看了，读成各处方音混凑的读法，岂不一样是笑话吗？他们把《诗经》读成[今][今][今][古]，[今][古][今][古]……自不合理。我们把歌谣读成[甲][甲][乙][甲][乙][乙][甲][甲]……又岂有此理？我们试看这首平远山歌：

心肝相似山画眉，
笛愚唔倒用网围，
网围唔倒用铳打，
终久死在涯手里（《歌谣》十一，第三版）。

原注：心肝，女；笛，以术捕鸟；愚，你；涯，我。除去“心肝”是释义的，“愚”、“涯”、“笛”是注音和解义的。我们用国音读他，但将已注明的改成方音，那么结果：

全国音的 sien kan siaŋ sɿ ʃan xua mei
ti y u tau yəŋuaŋuei；
uaŋ uei u tau yəŋ tʃiəŋ ta
tʂuəŋtjieu ʃs tʂai ia ʃəu li。

因为“涯”平远音 ŋai，国音 ia 自然要改去了。广东“山”收 an 音；ʃ 音不发，常读为 s；所以“山”字又要改做 san。于是第一、第四二句成：

“sien kan siaŋ s^{1} san xua mei”
“tʂuəŋ tjieu ʃz tai ŋai ʃəu li”

这种[国][国][国][国][平][国][国]的怪东西，笑话不笑话呢？所以，我说：

歌谣的采录应该完全注音——完全注那歌谣唱时的音，才不失歌谣原赋有地方性；我们方音调查便得比较真确而有价值的附带成功了。

歌谣的采录能注意到声音方面，是我们考核方音，研究语言学，最强有力的帮助，我们不可忽视。另一方面，我们研究语言学要借助于歌谣的，便是“语调”。同是一个意思，发音不同便表示出不同的情绪。一个字变化的，如《歌谣》三十一期，周作人先生录绍兴歌谣的注一：“我”平常读ㄫㄛ，我“们”则曰ㄫㄚ，此处“我”读若ㄫㄚ，系傲慢之意。便是明例。语调上变化的，就如《歌谣》三，第二版。《男子怀人》一首中：

左思右想不是味儿，

管他是味儿不是味儿。

前一个“不是味儿”是直述“左思右想”的感觉如此；后一个“不是味儿”是对待“是味儿”而言的意境；文法上作用已经不同，语调上的表示当然也有些分别了。我臆说这两句的调如下，对与不对，希望诸位指正！

左思右想́不ˈ是味̀儿＝

tʒoʃziəusiaŋ′pu′ʃzuèiə

管́他́是味儿不́是́味́儿＝

kuantʻa′ ʃiuèiə儿 pu̇ʃzuèiə儿

“想”、“他”和下一句第一个“味̀儿”，大约是声音不落低的；上一句“不”，下一句“是”和“不是”，大约是声音着重的；上一句“味儿”和 下一句第二个“味儿”，大约是声音落低的；其余比着与平常一样。我暂用刘半农先生《中国文法通论》71 页和 76 页的符号，“"表声音不落低，“ ＝ ”表声音落低，“ˈ’表声音着重。

我们采录歌谣，能制定出标注语调的符号，既可保留歌谣音调的本真，研究中国语言学方面又多得一点辅助；岂不是一举两得吗？我希望中国语言学者从我们《歌谣》周岁纪念日起，改换一个方向，开辟一个新纪元！——因为《尔雅》、《方言》、《释名》……以来的近于语言学的书，他们表音都是纸上的死字，没有能利用符号制定音标，更不曾注意到语调；这虽然如此，时代眼光的进步却也是一个大原因。我愿今日我们的《歌谣》能够帮助中国语言学者开辟这个新纪元。所以我提议：搜录歌谣应全注音标语调。

这个提议也许就是北大 25 周纪念。《歌谣》周岁纪念，对中国语言学发生了很深远的意义和密切的关系！

壮丽的宫室起源于构木而成的粗笨的巢。我最后将我假设的粗笨的办法,写个实例,当做一个构巢者的贡献!

(1) 江苏如皋山歌一句:

日落西山黄叶黄。

en ïlæ—eú——èú—ĕù

日 落 (唱时尾声引长而提高)

çi—sàn —àn,∠ xuáŋï xuďg。

西 山(尾声低落停止)黄叶 黄。

(2) 平远山歌一首:

sim kæn′ siəŋsɿ— san′—fa′— mi` — ĕi

心 肝 相似(稍停)山 画 眉 (尾声),

taŋi—mt‘əau′—nəŋ′ʏ, ïəŋ′—mieŋ——vi— ĕi

笛愚 唔倒(尾声高长稍停), 用 网 围(尾声)。

mieŋ′ vi—mt‘ə au′—nəŋ′ʏ—ï əŋ′—tʃu`ŋ—ta′—a`

网 围 唔倒 (尾声) 用 铳 打(尾声),

tʒəŋt jièu—‘èu—sjtʃiai′—ei` ʏ ŋa′iʃuli`—i`

终 久 (尾声) 死在(尾声)涯手裹(尾声)。

符号说明:

字上“-”——平声。

字上“ˇ”——上声。

字上“ˋ”——去声。

字角“ʏ”——小停。

字后“—”——延长。

字角“ˊ”——声不落低。

字角“ˋ”——声落低。

字角“ˈ”——声着重。

字下角“●”——休止。

(原载《歌谣增刊》1923年12月)

吴歌声韵类

一　弁　言

吴县方音，人人知道是特别的，而这种特别方音在国内也特别为人所爱好。大概多数人遇见了我们江苏人总以为我们江苏人一定会说吴县（苏州）话，因为他们心目中的江苏话只知道是苏州话。我也曾经得许多朋友惊奇的来问：“你是江苏人，为什么不会说江苏话？”哈！我却是个“江北老！”我们的江北话截然与江南有些不同的。颉刚兄辑印吴歌，我以“江北老”来代他整理吴歌声韵，在事实上实在有些不能称职！所好我的方音——如皋话——的情形，还有些不与苏州全行隔膜，或者能得其形似。

江苏语言的区分，取其大同，可分出下面几种：

徐海系：这一部分与山东南部河南东南角语音相去不远，不知者一听他们话，总以为是北省人。

淮阜系：这一部分较徐海系语音为重，而且快些。

镇扬系：这一部分较淮阜系语音为柔，而更速。

南京系：这一部分与镇扬系声韵相同的多，而参酌官话，成为南方普通话。

上面四系可算在官话区中，除去方音的特别地方，其余与官话无别。完全与官话不通的方音区就有：

苏松太系：这一部分的语言与浙江的杭嘉湖相合成为一大区，声韵与官话颇有不同。吴歌声韵属此系。

南通系：这一所地方的语音甚为特别，既不与其东南方面苏松太系相同，又不与其西北镇扬系相同。

深淳系：这一部分承镇扬、南京两系之余，而与苏松太相似。

我约略分成这七系，简单的便可分极北苏语（山东、河南语近似），近北苏语（介于极北及中路），中路苏语（介于近北及南路，与 安徽北部成一带），南路苏语（与浙江语近），及特别苏语（独自成系，或系混合数种而成）五类。依五类的分列，我再大致将各县分出。在大同之中的小异之间，必定有同异相杂的，那此刻不去细析了。

苏语五类：

赣榆、灌云、东海、沭阳、宿迁、邳、睢宁、铜山、萧、砀山、丰沛（极北苏语）

盐城、阜宁、涟水、淮安、淮阴、泗阳（近北苏语）

东台、兴化、泰、宝应、高邮、江都、仪征、丹徒、扬中、泰兴、如皋、六合、江浦、江宁（中路苏语）。

奉贤、南汇、川沙、上海、宝山、崇明、海门、金山、松江、清浦、嘉定、太仓、昆山、常熟、靖江、江阴、吴江、吴、无锡、武进、丹阳、金坛、宜兴（南路苏语）。

南通（特别苏语独自成系者）、溧阳、句容、溧水、高淳（特别苏语混合数种而成者）。

吴县语音之系属大致如上，本要详细的分编一部《吴音字类》，事乱不得闲暇，只好先将吴歌的韵脚字做根据，写出吴音的韵类，用国音的韵类做对照。

从这个韵类的整理，连带写出方音的声类。所以《吴音声类》附在后面。

二　韵　类

吴音韵类一时未能全赅，仅仅就吴歌所有之韵分理，所以只称“吴歌韵类”。

吴歌中韵字分类，可得大概数目如下：

单韵十一：ʑ、ʑ̊ᵓ、Y、u、o、ɒ、i、y、ε、œ、ə͡ɹ

复韵十：uɒ、uε、uœ、əu、ie、iøY、iaə˞、yœ、øY、a ə˞。

附声韵十九：uah、oh、ɒh、əh、ioh、iɒh、ieh、ah，以上附 h。

uɔŋ、oŋ、əŋ、ioŋ、iɔŋ、iaŋ、aŋ，以上附 ŋ。

uən、ən、in、yən，以上附 n。

(韵一)ʑ——国音的ㄗ、ㄘ、ㄙ、ㄓ、ㄔ、ㄕ、ㄖ的韵。《广韵》的支、纸、寘。

吴歌韵字——事、士、市、寺、子、丝、四、私、司、师、蛳、屎。

(韵二)ʑ°——国音的ㄨ和ㄓ、ㄔ、ㄕ、ㄖ、ㄗ、ㄘ、ㄙ的韵；《广韵》的支、脂、鱼、虞、纸、旨、语、麌、寘、至、御、遇。

吴歌韵字——树(名词)：主、嘴、脂、珠、猪、朱、知、书、水。[①]

(韵三)ʏ——国音的ㄨ，《广韵》的鱼、虞、模、歌、戈、语、麌、姥、哿、果、御、遇、暮、泰、个、过。

吴歌韵字——夫、妇。[②]

(韵四)u——国音的ㄨ；《广韵》的鱼、虞、模、歌、戈、语、麌、姥、哿、果、御、遇、暮、泰、个、过。

吴歌韵字——布、婆。

(韵五)o——国音的ㄚ、ㄝ、ㄧㄚ、ㄨㄚ、ㄨㄛ；《广韵》的麻、马、祃。

吴歌韵字——巴、蚂、蟆、麻、瓜、虾、车、茶、蛇、花、喔、鸦。

---

① 以上两韵，原用 Lundell 式字母，依疑古玄同先生改。先生说："ɿ、ʮ，你用龙特耳之字母固亦佳，但我现在觉得似乎还是用声母来表示较好，即作'ʑ'与'ʑ°'也。其理由：(1)龙氏字母甚不通行，且与国际音标是两个系统。(2)在事实上这几个特别的音，读的时候，我觉得自始至终是起摩擦作用的；质言之，即无韵母而以浊声为韵母也。(北京读浊通声，吐气特别少，故较像元音；苏音读浊通声，与英文相像，吐气甚多，故此等字始终受摩擦，很容易听得明白。)但无论如何，即使末了不摩擦，确乎是韵，然作 ʑ、ʑ'仍无碍也。严格地说：

是韵则当作 ʑʳ、ʑᵊ̩。

是浊通声则当作 ʑ、ʑᵊ。

然随便一点，即使是韵，不加'̩'亦无妨，故此二音 ʑ、ʑᵊ 最无毛病。"

② 这一韵向来与 u 不分，依疑古玄同先生说分开。疑古先生说："日前与南北两方友人详细讨论，知'夫妇'等字其韵决非 u，简直 v 为韵，而且是始终摩擦的，故北京声母不用浊，'夫妇'均是 fʏ；苏州有浊声，'夫'为 fʏ，'妇'为 ʏ。用ㄨ母来拼，实在不对，谓宜将表中之'u'韵下'布、婆、夫、妇'四字改列两处，增加一类。……声母而有韵母价值者，应于本字母之下(或上)记以小直，故作 v̩。(国音'夫妇'等字，依理应拼作'ㄈㄪ'；今既定拼为'ㄈㄨ'，当然成事不说，故 ʏ 韵下仍可曰'国音的ㄨ'。)"

(韵六)ɒ——国音的ㄚ、ㄝ、ㄞ、ㄧㄚ;《广韵》的佳、皆、麻、蟹、骇、马、泰、卦、怪、夬、祃。

吴歌韵字——摆、牌、卖、大、赖、家、嫁、解、枷、芽、啥、债、斋。

(韵七)i——国音的ㄧ、ㄟ、ㄨㄟ、ㄦ;《广韵》的支、脂、之、微、齐、纸、旨、尾、荠、寘、至、志、未、霁、祭。

吴歌韵字——屁、鲏、皮、被、蚁(读鼻声)、米、微、弥、飞、微(读唇声)、霏、非、滴、底、啼、地、提、泥、疑、俚、梨、里、李、篱、离、鸡、机、及、奇、期、去、气、欺、二、戏、稀、齐、哜、妻、凄、西、细、意、依、夷。

(韵八)y——国音的ㄩ;《广韵》的鱼、虞、语、麌、御、遇。

吴歌韵字——吁、馀。

(韵九)ɛ——国音的ㄟ、ㄚ、ㄢ、ㄞ、ㄨㄟ、ㄨㄢ、ㄧㄢ;《广韵》的支、脂、之、微、佳、皆、灰、咍、寒、桓、删、山、麻、覃、谈、咸、衔、严、凡、纸、旨、止、尾、蟹、骇、贿、海、阮、旱、缓、潸、产、马、感、敢、豏、槛、范、至、未、霁、祭、泰、卦、怪、夬、队、代、废、愿、翰、谏、裥、祃、勘、阚、陷、鑑、梵。

吴歌韵字——杯、背、坯、攀、爬、陪、板、瓣、媒、饭、还、对、担、堆、胎、倷、难、篮、来、监、橄、盖、开、碍、眼、海、唧、咸、唉、才、材、财、哉、蘸、搀、菜、钗、三、山、嗳、卫、慧、弯、灰。

(韵十)œ——国音的ㄢ、ㄨㄢ;《广韵》的元、寒、桓、先、仙、覃、谈、阮、旱、缓、铣、狝、感、敢、愿、翰、换、霰、线、勘、阚。

吴歌韵字——半、探、断、段、团、囡、干、幹、看、汉、转、窜、船、缠、传。

(韵一一)$\overset{\frown}{\text{əɹ}}$——国音的ㄦ;《广韵》的支。

吴歌韵字——儿。[1]

(韵一二)uɒ——国音的ㄨㄞ;《广韵》的佳、皆、蟹、骇、卦、怪、夬。

吴歌韵字——乖、快。

(韵一三)uɛ——国音的ㄨㄟ;《广韵》的支、脂、之、删、山、灰、咍、纸、

[1] 这个“儿”字的音很难确定,现在姑且拿“ə”和“ɹ”拼合,拿括线来连起,以表示读音时舌卷如“ɹ”,而舌尖与硬腭不相接触,不起摩擦作用。

旨、止、贿、海、潸、产、寘、至、志、队、代、谏、裥。

吴歌韵字——关、龟、块、筷、甩。

(韵一四)uœ——国音的ㄨㄢ;《广韵》的元、寒、桓、阮、旱、缓、愿、翰、换。

吴歌韵字——罐、观、官、碗、完、换。

(韵一五)ᵊu——国音的ㄨ、ㄛ、ㄚ、ㄜ、ㄨㄛ;《广韵》的鱼、模、歌、戈、语、麌、姥、哿、果、御、遇、暮、泰、个、过。

吴歌韵字——都、多、朵、炉、路、骡、箩、罗、大、驼、陀、渡、果、歌、哥、个、裤、苦、科、湖、何、核(核桃)、和、胡、火、误、吾、做、坐、搓、楚、苏、酥、梳、窝。

(韵一六)ie——国音的ㄧㄢ;《广韵》的删、山、先、仙、盐、添、咸、衔、潸、产、铣、狝、琰、忝、豏、槛、谏、裥、霰、线、艳、栎、陷、鑑。

吴歌韵字——燕、弦、檐、簷、烟、盐、片、边、面、眠、绵、店、颠、点、天、田、甜、钱、殿、怜、连、莲、脸、肩、坚、间、见、年、钱、姓、前、全、尖、煎、先、鲜。

(韵一七)iøy——国音的ㄧㄡ;《广韵》的尤、侯、幽、有、厚、黝、宥、候、幼。

吴歌韵字——丘、休、牛、油、有、游。

(韵一八)iaə̀——国音的ㄠ、ㄧㄠ;《广韵》的萧、宵、篠、小、啸、笑。

吴歌韵字——腰、要、邀、飘、票、嫖、嫖、鸟、刁、跳、挑、条、了、捞(豪)、寥、叫、跷、瞧、俏、笑、宵、轿、桥、焦、小、摇、遥。

(韵一九)yœ——国音的ㄩㄢ;《广韵》的元、先、仙、阮、铣、狝、願、線。

吴歌韵字——圈、圆、院。

(韵二〇)øy——国音的ㄨ、ㄡ;《广韵》的尤、侯、幽、有、厚、黝、宥、候、幼。

吴歌韵字——浮、鬭、丢、豆、头、漏、楼、流、狗、句、钩、口、修、羞、酒、秋、绸、手、舟、愁。

(韵二一)aə̀——国音的ㄠ;《广韵》的萧、宵、肴、豪、篠、小、巧、皓、啸、笑、效、号。

吴歌韵字——饱、爆、宝、泡、袍、跑、冒、帽、刀、到、桃、淘、陶、牢、痨、高、糕、好、豪、朝、烧、早、罩、嫂、梢。

(韵二二)uah——国音的ㄨㄛ;《广韵》的曷、黠。

吴歌韵字——豁、刮。

(韵二三)oh——国音的ㄨ、ㄛ、ㄠ、ㄩㄛ;《广韵》的屋、沃、觉、药。

吴歌韵字——熝(平豪叶笃)、笃、绿、六、阁、殼、哭、学(赖学)、镬、熟。

(韵二四)ɒh——国音的ㄜ、ㄨ、ㄛ;《广韵》的陌、药。

吴歌韵字——白、隔、客、宅、著。

(韵二五)əh——国音的ㄨ、ㄛ、ㄨㄛ;《广韵》的质、曷、缉、合(个)。

吴歌韵字——脱、个(啥个)、鸽、出。

(韵二六)ioh——国音的ㄨ、ㄩㄛ;《广韵》的屋、觉。

吴歌韵字——肉、学(大学)。

(韵二七)iɒh——国音的ㄧㄛ;《广韵》的药。

吴歌韵字——脚。

(韵二八)ieh——国音的ㄧ;《广韵》的物、屑、锡。

吴歌韵字——吃、滴、搬。

(韵二九)ah——国音的ㄚ;《广韵》的月、曷、黠、合、葉、洽。

吴歌韵字——发、法、踏、辣、鸭、插、杀。

(韵三〇)uɔŋ——国音的ㄨㄤ;《广韵》的阳、唐、养、荡、漾、宕。

吴歌韵字——光、汪、王、黄、鐄、徨、黄(蛋黄)、慌。

(韵三一)oŋ——国音ㄥ、ㄨㄥ;《广韵》的东、冬、锺、董、肿、送、宋、用。

吴歌韵字——风、逢、东、通、洞、童、桶、笼、龙、隆、公、贡、功、工、空、嗡、翁、红、閧、充、葱、聪、虫、重、从、中、终、送。

(韵三二)ɔŋ——国音的ㄤ、ㄥ、ㄧㄤ、ㄨㄤ、ㄧㄥ;《广韵》的江、阳、唐、庚、耕、清、蒸、登、讲、养、荡、梗、耿、静、拯、等、绛、漾、宕、映、诤、劲、证、嶝。

吴歌韵字——帮、膀、蚌、旁、厖、庞、房、放、方、枋、妨、亡、忘、忙、网、氓、汤、荡、糖、堂、膛、挡、吣、当、党、瞪、上(在上,读分声)、郎、缸、刚、杠、江、康、行、床、状、尚、藏、上(上山,动词)、妆、装、孀、霜。

(韵三三)ioŋ——国音的ㄩㄥ;《广韵》的东、冬、锺、董、肿、送、宋、用。

吴歌韵字——穷、穹、胸、雄、庸、容、蓉、用、荣。

(韵三四)iɔŋ——国音的ㄧㄤ;《广韵》的江、讲、绛。

吴歌韵字——腔。

(韵三五)iaŋ——国音的ㄧㄤ;《广韵》的阳、唐、养、荡、漾、宕。

吴歌韵字——秧、鸯、殃、娘、亮、凉、粮、薑、姜、强、娘(姑母)、香、乡、响、酱、枪、相、镶、厢、阳、杨、洋。

(韵三六)aŋ——国音的ㄤ、ㄥ;《广韵》的阳、唐、庚、耕、清、蒸、登、养、荡、梗、耿、静、拯、等、漾、宕、映、诤、劲、证、嶝。

吴歌韵字——鬤、绷、浜、更、鹦、长、仗、肠、裳、上、伤、商、张、章、帐、撑、生、甥。

(韵三七)uən——国音的ㄨㄣ;《广韵》的元、魂、痕、阮、混、很、愿、恩、恨。

吴歌韵字——棍、荤、昏、婚、魂。

(韵三八)ən——国音的ㄣ、ㄥ、ㄨㄣ;《广韵》的真、谆、臻、文、元、魂、痕、庚、耕、清、青、蒸、登、侵、轸、準、吻、阮、混、很、梗、耿、静、迥、拯、等、寝、震、稕、问、愿、慁、恨、映、诤、劲、径、证、沁。

吴歌韵字——盆、门、问、粉、𧋆、灯、凳、嶝、腾、能、根、真、珍、辰、成、神、沈、升、身、僧、恩。

(韵三九)in——国音的ㄧㄣ、ㄧㄥ;《广韵》的真、臻、文、先、仙、庚、耕、清、青、蒸、登、侵、轸、準、吻、阮、狝、梗、耿、静、迥、拯、等、寝、震、稕、问、霰、線、映、诤、劲、径、证、嶝、沁。

吴歌韵字——饼、冰、明、名、钉、听、厅、庭、蜓、铃、淋、邻、鳞、经、巾、筋、景、今、轻、琴、人、兴、情、精、晶、晴、亲、青、清、星、心、蜻、新、蝇、鹦、莺、音。

(韵四〇)yən——国音的ㄩㄣ;《广韵》的文、吻、问。

吴歌韵字——君、裙。

前面四十个吴音韵母与国音韵母比较,除去国音中ㄧㄝ一韵没有发现吴音读做什么,其余同异的情形如下:

(1) 国音ㄧ(i);吴音同,入声作 ieh。

(2) 国音ㄨ(u);吴音同,又读为:y、ᵊu、ʑᵊ、øy;入声作 oh、əh、ioh。

(3) 国音ㄩ(y);吴音同。

(4) 国音丫(a);吴音读为:ɒ、o、ɛ、ᵊu:入声作 ah。

(5) 国音ㄛ(o);吴音读为ᵊu;入声作 oh、əh。

(6) 国音ㄜ(ɔ);吴音读为:ᵊu;入声作 ah。

(7) 国音ㄝ(e);吴音读为:ɛ、ie。

(8) 国音ㄞ(ai);吴音读为:ɒ、ɛ。

(9) 国音ㄟ(ei);吴音读为:i、ɛ。

(10) 国音ㄠ(ɑu);吴音读为:aə̀、ia ə̀;入声作 oh。

(11) 国音ㄡ(ou);吴音读为:øy。

(12) 国音ㄢ(an);吴音读为:ɛ、œ。

(13) 国音ㄣ(ən);吴音同。

(14) 国音ㄤ(ɑŋ);吴音读为:aŋ、ɔŋ。

(15) 国音ㄥ(ʌŋ);吴音读为:oŋ、ɔŋ、aŋ、ən。

(16) 国音ㄦ(ər);吴音读为:ə͡ɹ、i。

(17) 国音ㄖʳ(ʒ˫);吴音读为:ʑᵓ、ʑ(ㄖʳ 即 Lundell 式的 ʅ)。

(18) 国音ㄙ’˫(ʑʳ);吴音同,又读为 ʑᵓ。(ㄙ’ʳ 即 Lundell 式的 ɿ。)

(19) 国音ㄧㄚ(iɑ);吴音读为:o、ɒ。

(20) 国音ㄧㄛ(io);吴音入声作 iɒh。

(21) 国音ㄧㄝ(ie);吴音读为(?)。

(22) 国音ㄧㄞ(iai);吴音读为:ɛ、ɒ、iə。(此未举例推想如是)

(23) 国音ㄧㄠ(iɑu);吴音读为:iaə̀。

(24) 国音ㄧㄡ(iou);吴音读为:iøy。

(25) 国音ㄧㄞ(iɛn);吴音读为:ɛ、ie。

(26) 国音ㄧㄣ(in);吴音同。

(27) 国音ㄧㄤ(iaŋ);吴音读为:iaŋ、ɔŋ、iɔŋ。

(28) 国音ㄧㄥ(iŋ);吴音读为:in、ɔŋ。

(29) 国音ㄨㄚ(ua);吴音读为 o。

(30) 国音ㄨㄛ(uo);吴音读为:o、ᵊu;入声作 uah、ɒh、əh。

(31) 国音ㄨㄞ(uai);吴音读为:ua。

(32) 国音ㄨㄟ(uəi);吴音读为 i、ɛ、uɛ。

(33) 国音ㄨㄢ(uan);吴音读为 ɛ、œ、uœ。

(34) 国音ㄨㄣ(uen);吴音同,又读为:ən。

(35) 国音ㄨㄤ;(uaŋ)吴音同,又读为:ɔŋ、uɔŋ。

(36) 国音ㄨㄥ(uŋ);吴音读为:oŋ。

(37) 国音ㄩㄛ(yo);吴音入声作 oh、ioh。

(38) 国音ㄩㄝ(ye);吴音入声作(?)(推测起来可以知道这是yeh。)

(39) 国音ㄩㄢ(yɛn);吴音读为:yœ。

(40) 国音ㄩㄣ(yn);吴音读为 yən。

(41) 国音ㄩㄥ(yuŋ);吴音读为:ioŋ。

综合国音与吴音韵母不同之点,我们可以归纳成两个大类:一类是"此有彼无";一类是"此为甲彼为乙"。这两类是变异的方法。仔细分开,每一类又有几种:

(A) 此有彼无的。

a. 国音附声 n,吴音不附;

(1) 国音附 n,吴音不附;如 iɛn→ie,an→ɛ、œ,yen→yœ。

b. 国音复韵,吴音增减其音素之一;

(2) 少首一音素,如 uo→o,ia→ɒ,ei→i。

(3) 多中一音素,如:yn→yen。

(4) 少尾一音素,如 ai→ɒ,uo→ᵉu。

(B) 此为甲彼为乙的。

c. 国音所附之声,吴音不与之同;

(5) 国音 ŋ,吴音 n,如 ʌŋ→ən,iŋ→in。

d. 国音韵呼吴音不与之同;

(6) 国音合口,吴音开口,如 uan→œ,uən→ən,uaŋ→ɔŋ。

(7) 国音齐齿吴音开口,如 iŋ→ɔŋ,ie→ɒ,iaŋ→ɔŋ。

(8) 国音开口,吴音齐齿,如 e→ie,ɑu→iaə̀。

(9) 国音圆唇,吴音不圆唇,如 yuŋ→ioŋ

(10) 国音不圆唇,吴音圆唇,如 ɑ→o, u→ʑᵓ, ʑ→ʑᵓ, ʒ→ʑᵓ, ʌŋ→oŋ。

e. 吴音韵的发音部位状态与国音不同:

(11) 国音舌前,吴音舌后,如 ie→ɒ。

(12) 国音舌后,吴音舌前,如 ɑ→ɛ,u→øy,ou→øy。

(13) 国音舌降,吴音舌升,如 a→^{ə}u,o→^{ə}u,e→ɛ,ɑŋ→əŋ。

(14) 国音舌升,吴音舌降,如 u→øy,uŋ→oŋ。

f.

(15) 吴音存古,与国音异,如国音之 ər 乃 13 世纪顷新变之音,古音则为 i,今吴音读国音之 ər 尚有作 i。

g. 吴音全韵的音素与国音不同;

(16) 国音两音素,吴音发成一音,此音之部位在两音素之间 ai→ɛ,ei→ɛ,uɒ→o,iɑ→o。

(17) 国音之甲音拼合乙音,吴音读成另一音,au→aə̀,ɑn→œ,这些吴音与国音歧异的所以然,我们可以找出下列几种原因:

1. 受声母的影响;

2. 多舌前韵和升韵;

3. 受语音柔软的影响;

4. 部位相近的音省而不发,和先后部位太远懒而不发。

这四条,除去第三条,其余不外一条总则:“图简易而合于习惯!”这是横的方面将吴音与国音比较起来看的;但是我们有一点非常困难:究竟国音从吴音里变出的呢?还是吴音从国音里变出来的呢?这个纵方面的问题便不是上面的记录可以解答的了,也不是一时可以卤莽灭裂而决定的。虽然我也曾经将上面记录的结果和 Karlgren 研究的《切韵》的音(就是《广韵》的音)对照了一下。这个对照的工作,却也有相当的结果。

(《广韵》)	(Karlgren 音)	(吴音)
歌戈	ɑ、uɑ。	u、^{ə}u。

麻　　a、i̯、a、^{u}a、ji̯^{u}a。　　o、ɒ、ε。①

哈灰　　ai、uai。　　ε、uε。

泰　　ɑ̄i、uɑ̄i。　　u、ɒ、ε^{ə}u。

皆佳　　ai、ɑ̄i、^{u}ɑ̄i、^{u}ai。　　ɒ、ε、uɒ。

祭　　ji̯æi、ji̯^{u}æi。　　i、ε。

废　　ji̯^{u}ʌi。　　ε。

齐　　iei、i^{u}ei。　　i。

这几个韵里,我们可以这样说:《广韵》时代的收 i 的复韵,吴音多已经不这样发音了。他们把 i 消失了,读成单韵;这个单韵也多受舌前韵的条件支配,而是 ε 或 i 的多。在这个变化里是差不多有规律的,故 ɑi 变 ε,uɑi 就变做 uε。ai 变 ɑ,uai 就变做 uɑ。ai 变 a,大概是只截去收韵的 i。去声泰变成 u、ɑ、ε、^{ε}u 四读,大概还是从 ε、ɑ 两个音读递变出来的;就是 ɑ̄i 变做 ɑ 或 ε,又变了升韵 u,u 前有^{ə} 的乃是受语音柔软的影响所致。

覃谈　　ɑm(ɑ̄m)。　　ε、œ。

咸衔　　am(ām)。　　ε、ie。

盐　　ji̯æm。　　ie。

严凡　　ji̯ʌm、ji̯^{u}ʌm。　　ε。

添　　iem。　　ie。

《广韵》附 m 声的韵,现在只存留在粤音、闽音,这是事实;所以吴音收 m 的韵便没有了。添韵很明显的看到,一个读 iem,一个就只读 ie;其余覃、谈若去掉 m 读 ɑ,是依变化条理应该如此,大约又受了 舌后变向舌前的条件读做 ε,或为 œ(ε 圆唇)。盐韵的 æ,因为吴音中不发就变了他最便于发的 e;严、凡的 ʌ 也是一样。

---

① 这里我们看到歌、戈与麻,吴音截然不同;而歌、戈并非古音,不读 a 了。根据吴音多舌前韵的条件,我们可以知道他们是从舌后变到舌前来的。但是吴音的 ɑ 还存留在麻里头,而麻韵大部分的音读 o,却又是因为他们从舌后变向舌前去的关系。所以,我们可以知道吴音的麻,现在发音状况之中实在是把古今音变的痕迹保存在那儿,他们的音比歌、戈要较古一点。

寒桓	ɑn、uɑn。	ɛ、œ、uœ。
山删	an、^{u}an(ān、^{u}ān)。	ɛ、uɛ、ie。
仙	ji̯æn、ji̯^{u}æn。	œ、ie、yœ、in。
元	ji̯ʌn、ji̯^{u}ʌn。	œ、uœ、yœ、ən、uən。
先	ien、i^{u}en。	œ、ie、yœ、in。

这与上面收 m 的韵一样的，吴音里收 n 的韵，除去在舌前的 i 和中间的 ə 后面而外，他们全都不发了。这一方面是附声韵古今音的变化中一个最极端的例，一方面也是因为方音里的特别习惯，把繁难的拼音简单化了(舌后的 ɑ 后面拼舌尖鼻声 n，舌头的运动不能不算应接不暇了)；这种现象，也许将来的中国音都会改变到和他一样的。例如北京的“三(san)”说成 sa，“两(liaŋ)”说成 lia；我们如皋说凡是张开的“张”音“tza”，“怎么样”的“怎么”合为 tzen，“样”说做 ŋa；南通说“暂时”为“tzaɹ”，他们“暂”实在是读“tzɔŋ”，“险些儿”本读“çiɛn çia əɹ”他们说话就变做“çia xuɹ”。

唐	ɑŋ、^{u}ɑŋ。	ɒŋ、ɔŋ、iɒŋ、uɔŋ。
江	ɔŋ。	ɔŋ、iɔŋ。
阳	iaŋ、i^{u}aŋ。	ɒŋ、ɔŋ、iɒŋ、uɔŋ。

江韵与《广韵》无大变化，不过有了齐齿的 iɔŋ。阳、唐却变了一部分为 ɔŋ。看阳、唐里，吴音 uɔŋ、ɔŋ 配得好好的，也许江、阳、唐，《广韵》原是有分别。不过吴音照例由降变升，就自 aŋ 变成 ɔŋ；同时在 ɑŋ 和 aŋ 往 ɔŋ 的中途，又变出 ɒŋ 来。

豪	ɑu。	aə̀。
肴	au。	aə̀。
宵	ji̯æu。	aə̀、iaə̀。
萧	ieu。	aə̀、iaə̀。

这一部分的韵，把 ɑ、æ、e 全变做了 a；u 在 a 后，发音部位前后距离太远，他们就懒得发，只变换舌头的位置到 ə 的状态而发成 aə̀ 的音了。

深(侵)	ji̯əm。	ən、in。

寒、桓韵底下，我们已经说过了，大概吴音附舌尖声的韵紧前面的韵母也是舌前韵。这一韵只是把《广韵》的附 m 变成附 n，无多大变化。

痕魂　　ən、uĕn。　　ən、uən。

真静(臻)　ji̯ĕn、ji̯uĕn　　ən、in。

欣文　　ji̯ĕn、ji̯uən。　　ən、in、yən。

痕、魂与《广韵》同。真谆(臻)没有了合口呼。欣文多变出开口来了。

登蒸　　əŋ、^{u}əŋ、jiəŋ。　　in、en、ɒŋ、ɔŋ。

耕庚　　ʌŋ、^{u}ʌŋ、jiʌŋ。　　in、ən、ɒŋ、ɔŋ。

清　　jiæŋ、ji^{u}æŋ。　　in、ən、ɒŋ、ɔŋ。

青　　ieŋ、i^{u}eŋ。　　in、ən。

吴音附舌尖声的韵之前无发降韵的;反之,附舌后声的韵之前也就没有发升韵的。所以,《广韵》的 əŋ、^{u}əŋ、jiəŋ、ʌŋ、^{u}ʌŋ、jiʌŋ、jiæŋ、ji^{u}æŋ、ieŋ、i^{u}eŋ 全把 ŋ 变做 n,读作 ən 和 in 了。那不变做 n 的,便把前面的韵母来将就 ŋ,变降了一点,读作 ɔŋ 和 aŋ,与江、阳、唐相同去了。变成 ən、in 的和痕、魂、真、谆、欣、文相同。于是《广韵》的江、阳、唐和登、蒸、耕、庚、清之一部分,在吴音里成为一韵;《广韵》的痕、魂、真、谆、欣、文和仙、元、先、登、蒸、耕、唐、清之一部分及深(侵)、青,在吴音里成为一韵。

侯尤幽　　ə̯u、ji̯əu、iə̯u。　　øY、iøY。

吴音把《广韵》时代的 u 变做圆唇的 y;y 较 u 为前,与 ə 的部位不相近,难于拼合,又加语音柔软的影响,ə 就变做圆唇的 ø,而发 øY。

微　　je̯i、j^{u}e̯i。　　i、ε。

脂　　ji、j^{u}i。　　i、ʑ^{ɔ}、ε。

支　　jie̯、j^{u}ie̯。　　i、ʑ、ʑ^{ɔ}、ε、uε、ə͡ɹ。

之　　ji。　　i、ε、uε。

这部分的韵与咍、灰……部分的韵一例;而支里变化的最复杂。因为 ɑi、ei、ie 复韵和附声韵-n 、-m 的变化,于是《广韵》的咍、灰、皆、佳、泰、祭、废与微、脂、支、之及覃、谈、咸、衔、盐、严、凡、添、寒、桓、山、删、仙、先在吴音中便分别的同作 ε、e、uε、ie 韵;《广韵》的齐、祭、废与微、脂、支、之同在吴音作 i 韵。

模　　uo　　u、^{ə}u。

鱼	ji̯ᵘo	u、ᵊu、y、ʑᵓ。
虞	ji̯u	u、y、ʑᵓ。

模、鱼、虞部分的韵，吴音已不是《广韵》之旧，变成后起的 y 韵了。在 y 之先的变化当是 u，现在全还有 u 音；u 便和歌、戈的新音相同，于是歌、戈、鱼、模、虞成为一韵。歌、戈和鱼、模同受语音柔软的影响又读成ᵊu。泰韵因为复韵的变化，有的与歌、戈的《广韵》音近作 ɒ，连带的也变成了 u、ᵊu；与鱼、模、虞就相同了。鱼、模、虞既成了 y，那近于 jiᵘo、ji̯u 的 ji̯æ、ji̯ʌ、ji̯ə、ji̯uə 和 ie 便变出圆唇音来。y 向中紧点，便成了 $ʑ_T$ 的圆唇 $ʑ_T^ɔ$，大约 $ʑ_T^ɔ$、$ʑ_T$ 总要比 y 还要后起。这 $ʑ_T$、$ʑ_T^ɔ$、y 受声母变化的影响很大。

东	uŋ、ji̯uŋ。	oŋ、ioŋ。
冬	uoŋ。	oŋ、ioŋ。
锺	ji̯uoŋ。	oŋ、ioŋ。

东、冬、锺，吴音与《广韵》音已不同，全无分别。因为吴音没 uo 的复合的合口音，所以东、冬、锺他们就不比《广韵》音那样合得厉害，读成 uŋ 或 uoŋ，而变成 oŋ 和 ioŋ，与《广韵》锺相近。①

从《广韵》音与吴音对照，已经把平声（上去赅括在内）的情形写在上面了；还有入声韵没有谈到。我们知道闽、粤有《广韵》的入声音保存着，配在阳声韵下面：凡收 ŋ 的，入声韵收 k；收 n 的，入声韵收 t；收 m 的，入声韵收 p。这是因为入声本是最短促的，舌后阻的 ŋ（鼻声故长）短促了自然成了他的塞声 k；n、m 类推。但是江苏音并不是阳声韵的短促而收其塞声，实在都收 h 去了。现在一共有整八个入声韵：

ieh、ioh、oh、əh、iah、uah、ah、ɒh。

	（《广韵》配收 ŋ 的入声韵）	（吴音配收 ŋ 的入声韵）
屋	uk。	oh、ioh。
沃烛	uok、iok。	oh。
觉	ɔk。	oh、ioh。

① Karlgren 的注音见《国学季刊》第一卷，第三号，《答 Maspero 论切韵之音》译文中；那里面排颠倒了 u 和 n，ə 和 e 等等地方都改正了；只是他用的 w，我为方便计全用 u 了。

药铎	ɑk、iɑk。	oh、ɑh、iah。
陌麦	ʌk。	ɒh。
昔	iæk。	(ɒh)。
锡	iek。	ieh。
职德	ək、iək。	

东、冬、锺、江、阳、唐入声同为 oh、ioh。

阳、唐、庚、耕、清入声同为 ɒh。æ,吴音没有,所以清的平声就是与庚相同的了,现在他也是 ɒh。

青的平声是 ieŋ,入声便是 ieh。

蒸、登平声 əŋ、iəŋ,入声变做 uəh。蒸、登、与、真、谆、欣、文收 n 的和深(侵)、覃、谈等收 m 的,吴音变成一韵,所以依着他 ie、iə 变 əh 的条理而变做 əh 的合口 ueh。

(《广韵》收 n 声的入声韵)(吴音配收 n 的入声韵)

质术栉	i̯ĕt、i̯uĕt。	əh。
物	iuət。	ieh。
迄	i̯ət。	(əh)。
月	iʌt、iuʌt。	ah。
没	ət、uət。	(əh)。
曷末	ɑt、uɑt。	ah、uah、əh。
黠鎋	at、uat。	ah、uah。
屑薛	iet、iuet、i̯æt、i̯uæt。	ieh。

真、谆、臻、欣、元、寒、桓入声同为 əh、uəh;因为平声都是i̯ĕ、i̯ə、ə 后附 n;寒、桓是 ɑ 后附 n;吴音 ɑn 变成 ɛ、e,所以也变成 əh、uəh 的入声。

文、元、先、仙的 ɑn,吴音变做 œ,所以入声就变做 yeh。

元、先、仙的 ɑn,吴音又变做 ie、iɛ,所以入声就变成 ieh。

寒、桓、山、删平声是 ɑn、an、uɑn、uan,元平声是 iʌn、iuʌn,入声吴音全读成山、删的 ah、uah。

(《广韵》收 m 声的入声韵)(吴音配收 m 的变声韵)

缉	i̯əp。	əh。
合盍	ɑp(āp)。	ɔh、ah。

叶怗　　iæp、iep。　　ah。

洽狎　　ap(āp)。　　ah。

业乏　　i̯ʌp、i̯uʌp。　　(ah、uah)。

侵、覃、谈入声同为 əh，与上真、元、寒、桓例同；盐、添、咸、衔与覃、谈入声同为 ah，与上寒、桓、山、删例同；惟所附之声为 m 之分，吴音把 m 变成 n，而按 n 变化的条理变化。严、凡的入声当与元 iʌ 的变化条理相同，故假定为 ah、uah。[①]

究竟吴音韵类受声类的影响如何？我们在下段《吴歌声类》里去看吧！我总以为韵类的变化复杂，他影响到声类的比声类影响到他的要重要而且多些；所以不依“先声后韵”的次序，而首先把“韵类”写出来，这应该交待明白的。

三　声　类

吴音韵类已经有一个小结果，从韵的整理中，我们连带整理出了他的声类共有三十二个：

单声二十五！ h、ɦ、k、k‘、g、ŋ、ɲ、ç、j、ɥ、s、z、sᵓ、zᵓ、t、t‘、d、n、l、f、v、p、p‘、b、m。

复声七！　cj、cç、ɟj、tz、ts、tzᵓ、tsᵓ。

声(一)h——国音厂、T。

吴歌字例┬【晓钮】海、灰、豁、花、慌、荤、昏、婚、火、汉、虾、好。
　　　　└【匣纽】黄。

声(二)ɦ——国音厂、T、ㄨㄢ、ㄨㄤ、ㄞ。

① 凡假定之音都加括弧表明。这一片账，现在总声明一句，是一片浮算的，要等吴歌集出完，证明没有遗漏的例外或舛错才能确定。这是个预算案，不是决算案！所以有些符号不过是临时由疑古玄同、刘半农两先生指导着假定的，非经过仪器的实验怕总难全靠得住，但也大致不差了。

吴歌字例——【匣纽】唧、学、咸、行、红、镬、豪、黄、鐄、徨、馄、魂、完、换、核、何、虾、湖、和、鬍。
　　　　　　【影纽】唉。
　　　　　　【喻纽】王。

声(三)k——国音ㄍ、ㄐ。

吴歌字例——【见纽】狗、句、钩、监、橄、盖、龟、关、个(ㄜ韵)、鸽、隔、罐、观、官、干、乾、瓜、果、阁、过、歌、哥、个(ㄨ韵)、高、糕、家、嫁、解、枷、乖、光、根、刚、杠、江、公、贡、功、工。
　　　　　　【匣纽】棍。

声(四)k'——国音ㄎ。

吴歌字例——【溪纽】口、开、块、筷、客、看、殼、哭、裤、苦、科、快、康、空。

声(五)g——国音ㄎ、ㄏ。

吴歌字例——【羣纽】狂。
　　　　　　【匣纽】閧。
　　　　　　【方音字】甩。

声(六)ŋ——国音ㄫ、ㄧㄚ、ㄧㄢ、ㄨ。

吴歌字例——【疑纽】碍、眼、误、吾、芽。

声(七)ɲ——国音ㄖ、ㄋ、ㄬ、ㄫ。

吴歌字例——【日纽】二、肉、人。
　　　　　　【泥纽】泥、年。
　　　　　　【娘纽】娘(母亲)、娘(姑母)。
　　　　　　【疑纽】疑、牛。

声(八)ç——国音ㄒ。

吴歌字例——【晓纽】戏、稀、吁、休、兴、香、乡、响、胸。

声(九)j——国音ㄒ、ㄩㄥ、ㄧㄤ、ㄧㄥ、ㄧㄠ、ㄧㄢ、ㄧㄡ、ㄧ。

吴歌字例——【晓纽】撷。
　　　　　　【匣纽】学、弦。
　　　　　　【喻纽】雄、庸、容、蓉、用、荣、阳、杨、洋、蝇、摇、遥、盐、檐、簷、油、有、游、夷。

声(一〇)ɥ——国音ㄩ、ㄩㄢ。

吴歌字例——【喻纽】圆、院、馀。

声(一一)s——国音ㄙ、ㄕ、ㄗ。

吴歌字例——【心纽】西、细、丝、四、私、司、三、先、鲜、苏、酥、小、嫂、笑、宵、修、羞、僧、星、心、新、镶、相、送、厢。
　　　　　【审纽】师、蛳、屎、事、山、杀、梳、梢、生、甥、伤、商。

声(一二)z——国音ㄔ、ㄕ、ㄙ、ㄘ、ㄓ。

吴歌字例——【澄纽】长、仗、肠、场、宅、茶。
　　　　　【禅纽】裳、辰、成、市、尚、蛇。
　　　　　【床纽】神、床、状、熟、船、事、士、愁。
　　　　　【从纽】情、才、材、财、钱(姓氏)、前、全、齐、藏、从、坐。
　　　　　【邪纽】寺。

声(一三)$s^{ɔ}$。——国音ㄕ。

吴歌字例——【澄纽】沈。
　　　　　【审纽】双、霜、烧、书、水、手、升、身、扇。
　　　　　【方音字】啥。

声(一四)$z^{ɔ}$——国音ㄔ,ㄕ,ㄓ。

吴歌字例——【澄纽】虫、重、缠、传、朝、绸。
　　　　　【禅纽】树。

声(一五)t——国音ㄉ、ㄋ。

吴歌字例——【端纽】滴、底、斸、丢、对、担、堆、店、颠、点、笃、都、多、岛、刁、刀、到、灯、凳、钉、挡、啱、当、党、东、朵。
　　　　　【泥纽】鸟。
　　　　　【方音字】爊。

声(一六)t'——国音ㄊ。

吴歌字例——【透纽】胎、天、脱、探、跳、挑、汤、吞、听、厅、通。

声(一七)d——国音ㄊ,ㄉ,ㄘ。

吴歌字例——【定纽】啼、地、提、豆、头、田、甜、殿、断、段、踏、大(ㄨ韵)、驼、陀、渡、条、桃、淘、陶、大(ㄚ韵)、荡、糖、堂、膛、饨、腾、庭、蜓、洞、童。
【端纽】殿。
【透纽】桶。
【从纽】钱(铜钱)。

声(一八)n——国音ㄋ,ㄐ,ㄗ。

吴歌字例——【泥纽】难、囡、能。
【见纽】囝。
【方音字】倷。

声(一九)l——国音ㄌ、ㄕ、ㄗ。

吴歌字例——【来纽】俚、梨、里、李、篱、离、漏、楼、流、篮、来、怜、莲、连、脸、辣、绿、六、炉、路、骡、箩、罗、了、捞、寥、牢、痨、赖、铃、淋、邻、鳞、郎、亮、凉、粮、笼、龙、隆。
【禅纽】上(在上)。
【从纽】在(在上)。

声(二〇)f——国音ㄈ。

吴歌字例——【非纽】飞、非、法、发、夫、粉、放、枋、方、风。
【敷纽】霏、妨。
【拼音字】嫞、嫑。

声(二一)v——国音ㄈ、ㄨ、ㄨㄟ。

吴歌字例——【奉纽】浮、饭、妇、房、逢。
【微纽】微、亡、忘。

声(二二)p——国音ㄅ、ㄆ。

吴歌字例——【帮纽】杯、背、半、巴、布、饱、爆(爆仗)、宝、摆、帮、板、边、饼、冰、浜。
【並纽】瓣。

声(二三)p‘——国音ㄆ,ㄅ。

吴歌字例——【滂纽】屁、坯、攀、片、飘、泡。
【並纽】票、膀。

声(二四)b——国音ㄆ。

吴歌字例——【並纽】鲏、皮、被、爬、陪、婆、袍、牌、盆、绷、蚌、旁、庞、跑。
【滂纽】嫖、鳑。
【明纽】庬。

声(二五)m——国音ㄇ、丨、ㄨㄟ、ㄨㄤ。

吴歌字例——【明纽】米、弥、媒、面、眠、绵、妈、蚂、蟆、麻、冒、帽、卖、忙、氓、门、明、名、迷。
【微纽】微、网。
【疑纽】蚁。

声(二六)cj——国音ㄐ。

吴歌字例【见纽】鸡、机、肩、坚、间、见、叫、君、经、巾、筋、景、今、薑、姜、脚。[①]

声(二七)cç——国音ㄑ

吴歌字例——【溪纽】去、气、欺、丘、吃、跷、轻、腔、穹。
【羣纽】圈。

声(二八)ɟj——国音ㄑ。

吴歌字例——【羣纽】裙、及、奇、期、琴、强、桥、轿。

声(二九)tz——国音ㄗ,ㄓ。

吴歌字例——【精纽】子、哉、尖、煎、焦、早、精、品、睛、酱、酒、做。
【从纽】哜。
【照纽】哜、舟、蘸、债、妆、装、章、终。
【知纽】罩、张、帐、中、长。

声(三〇)ts——国音ㄘ、ㄔ。

吴歌字例——【清纽】枪、亲、青、清、槎、菜、妻、凄、秋、俏、葱、聪、窜、刺、雌、此、次、崔、猜、采、菜。
【穿纽】楚、车(ㄚ韵)、插、搀、钗、充。
【彻纽】撑。
【方音字】瞧。

声(三一)tzᵓ——国音ㄓ、ㄗ。

---

① 这一类的复母发音状态很难断定,又好像是单单一个塞声。我们暂时假定的这样注音觉较近似。下面(二七)(二八)同。

吴歌字例——【照纽】主、脂、珠、朱。
　　　　　　【知纽】猪、知、转、贞、珍、著、朝。
　　　　　　【精纽】嘴。

声(三二)tsᵓ——国音ㄔ、ㄘ。

吴歌字例——【穿纽】吹、齿、处、臭、醜。
　　　　　　【彻纽】宠、耻、痴、抽、丑。

吴歌与国音的声异同如次：

(1) 国音ㄏ;吴音分 h、ɦ、g 三纽,当旧母晓、匣二纽。

(2) 国音ㄒ;吴音分 h、ɦ、ç、j 四纽,当旧母晓、匣、喻三纽。

(3) 国音ㄍ;吴音 k,当旧母见、匣二纽。

(4) 国音ㄐ;吴音分 k、n、cj 三纽,当旧母见纽。

(5) 国音ㄎ;吴音 k‘、g 二纽,当旧母溪、羣二纽。

(6) 国音ㄫ;吴音 ŋ、j,当旧母疑纽。

(7) 国音ㄖ;吴音 ɲ,当旧母日纽。

(8) 国音ㄋ;吴音分 ɲ、t、n 三纽,当旧母泥纽。

(9) 国音ㄬ;吴音 ɲ,当旧母疑、娘二纽。

(10) 国音ㄙ;吴音分 s、z 二纽,当旧母心、邪二纽,

(11) 国音ㄕ;吴音分 s、z、sᵓ、zᵓ、l 五纽,当旧母审、澄、禅、床四纽。

(12) 国音ㄗ;吴音分 s、n、l、tz、tzᵓ 五纽,当旧母精、见、从、照、知五纽。

(13) 国音ㄔ;吴音分 z、zᵓ、ts、tzᵓ。四纽,当旧母澄、禅、床、穿、彻五纽。

(14) 国音ㄘ;吴音分 z、d、ts、tzᵓ。四纽,当旧母澄、床、从、清、穿、彻六纽。

(15) 国音ㄓ;吴音分 z、zᵓ、tz、tzᵓ。四纽,当旧母澄、禅、照、知四纽。

(16) 国音ㄉ;吴音分 t、d 二纽,当旧母端、定二纽。

(17) 国音ㄊ;吴音分 tᵓ、d 二纽,当旧母透、定二纽。

(18) 国音ㄌ;吴音 1,当旧母来纽。

(19) 国音ㄈ;吴音分 f、v 二纽,当旧母非、敷、奉三纽。

(20) 国音ㄅ;吴音分 p、p‘二纽,当旧母帮、並二纽。

(21) 国音ㄆ,吴音分 p、p‘、b 三纽,当旧母帮、滂、並、明四纽。

（22）国音ㄇ；吴音 m，当旧母明、微二纽。

（23）国音ㄑ；吴音分 cç、ɟj 二组，当旧母溪、羣二纽。

（24）国音为韵，吴音为声的有——

国音ㄨㄢ，吴音 ɦ；国音ㄧㄢ，吴音 ŋ、j；国音ㄩㄢ，吴音 ɥ。

国音ㄩㄥ，吴音 j；国音ㄧㄥ，吴音 j。

国音ㄧㄤ，吴音 j；国音ㄨㄤ，吴音 ɦ、m。

国音ㄧㄚ，吴音 ŋ。

国音ㄧㄠ，吴音 j。

国音ㄧㄡ，吴音 j。

国音ㄨㄟ，吴音 m、v。

国音ㄞ，吴音 ɦ。

国音ㄧ，吴音 j、m。

国音ㄩ，吴音 ɥ。

国音ㄨ，吴音 v。

国音ㄫ，吴音 ŋ。

——这多半当旧母影、喻二纽，和疑、日、微三纽。

细看吴音与国音的异同与旧日三十六母（或四十一母）比较，就有几条很明显的条例。

（1）塞声及通声，吴音有浊声。

（2）吴音无翘舌叶声，及舌上声，此类多变平舌叶或平舌叶之圆唇声。

（3）吴音浊声有一部分读做清声浊流。

（4）吴音“见、溪、群”读 k、k‘、g 的字，是开合两呼；读 cj、cç、ɟj 的字，是齐撮两呼。

（5）吴音“疑”读 ŋ 的字，是开合两呼；读 ɲ 的字，是齐齿呼。

（6）吴音“泥”读 n 的字，是开合两呼；读 ɲ 的字，是齐齿呼。

（7）吴音“非、敷”同读 f，“奉、微”同读 v，与刘半农先生三十六母排列法所拟“非、敷”同为清音，“奉、微”同为浊音相同；而刘氏以为“非、奉”为唇齿，“敷、微”为两唇，吴音则皆系唇齿阻。刘说见《国学季刊》第一卷第三号。）

(8) 吴音"娘、日"均读作 ɲ,皆为齐齿呼。

(9) 吴音"晓、匣"在开合两呼读 h、ɦ,齐撮两呼读,j、ɥ;有些齐撮读入开合。

(10) 吴音"喻"在齐齿读 j(有变撮为齐者在内);撮唇读 ɥ。

(11) 吴音"精、清"在开齐两呼读 tz、ts,撮唇读 tz、ts;合口变入开撮。

(12) 吴音"照、穿"在开齐合三呼读 tz、ts;撮唇读 tzᵓ、tsᵓ。

(13) 吴音"知、彻"在开齐合撮四呼有读 tz、ts 的,也有读 tzᵓ、tsᵓ 的。

(14) 吴音"澄"在开合两呼读 zᵓ,开口的大部分读 z。

(15) 吴音"审、禅"在合口及开口一部分读 sᵓ、zᵓ,齐撮及开口一部分读 s、z。

(16) 吴音"心、斜"在开齐合三呼读 s、z,撮皆变开。

(17) 吴音"从"在开齐合三呼读 z,撮变开。

(18) 吴音"床"在开合齐三呼读 z,撮变齐。

至于特别的变读就有:

(A) 在同样部位的阻里转变的:如群 ɟj 声中有读做见 cj、溪 cç,並 b 声中有读做帮 p、滂 p‘,明 m 声中有读做並 b、泥 n 声中有读做端 t,从 z 声中有读做精 tz,澄 zᵓ 声中有读做审 sᵓ,精 tz 清 ts 声中有读做心 s,匣 ɦ 声中有读做见 k、群 g。

(B) 在同样程度的阻里转变的:如疑 ŋ、微 v 中有读做明 m,禅 z' 或 z 声中有读做来 l,从 z 声中有读做定 d。

(C) 在相近部位的阻里转变的:如

晓匣 hɦ 中有读做喻 j。

喻 ɥj 中有读做晓匣 ɦ。

(D) 特例:

见 k 或 ɟj 中有读做泥 n。

从 z 中有读做来 l。

(E) 影韵读做晓匣 ɦ(c 的原则)。

关于知彻澄,照穿乘审掸,精清从心邪,庄初床山读音分别问题,有单独提出来的必要，兹先分别排列如下：

精知庄	……………tz	清彻初	……………ts
从斜澄床	……………z	心(澄)山	……………s
照知	……………tz^{ɔ}	穿彻	……………ts^{ɔ}
(乘)禅澄	……………z^{ɔ}	审澄	……………s^{ɔ}

因为牀只有 z 无 z^{ɔ}，照穿乘审禅之乘只有 z^{ɔ} 无 z，所以知道照穿乘审禅中之 tz、ts、z、s 是庄初牀山一部分的并合，而照穿乘审禅是 tz^{ɔ}、ts^{ɔ}、z^{ɔ}、s^{ɔ}，因为心邪只有 z、s 无 z^{ɔ}、s^{ɔ}，也可以知道精清中之 tz^{ɔ}、ts^{ɔ} 是照穿一部分的并合。知彻澄中之澄有 z'、s'二声而仅一 z 无 s，是知彻澄下之 tz^{ɔ}、ts^{ɔ}、z^{ɔ}、s^{ɔ} 为照穿乘审禅一部分的并合，而知彻澄之 ṭ、ṭ'、ḍ 消灭为 tz、ts、z。所以，这几组的分别和并合可以表明在下面一个表里。

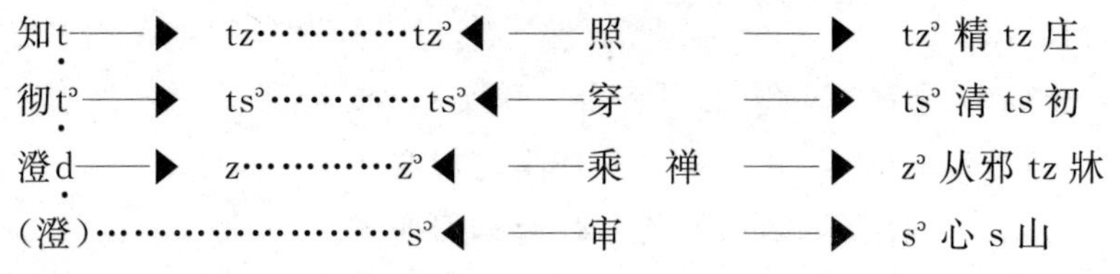

至于庄初床山与精清从心邪同是 tz、ts、z、s，到底什么分别呢？大概吴音中间已无痕迹可找了。这完全以吴音做主体来分别的，与《广韵》四十一纽排列的情形不同。疑古玄同先生排列《广韵》这几阻的字母如下，写出好有个对照。

(1)翘舌叶与硬颚前部阻	照 tȥ　穿 tɕ　乘 dȥ　审 ɕ　禅 ȥ
(2)翘舌叶与齿槽阻	庄 tʒ　初 tş　床 dʒ　山 s
(3)平舌叶与齿龈阻	精 tz　清 ts　从 dz　心 s　邪 z
(4)舌尖与硬颚阻	知 ṭ　彻 ṭ'　澄 ḍ

据我看来，吴音没有翘舌叶声，所以庄初牀山读像精清从心邪，乃故翘舌叶为平舌叶，自齿槽移向前面齿龈处成阻。照穿乘审禅读像精清从心邪的圆唇，也是没有翘舌叶声，改做平舌叶而忽变其唇之状态，舌亦自硬颚移前近齿了。凡吴声均无舌叶舌尖抵硬颚阻的，所以知彻澄也依舌尖与最易成阻处所相阻而读为 tz、ts、z。

这样总看起来，吴音的声的音素在口腔前部成阻的多，所以吴音的韵的音素也就是舌前韵和升韵多了。于是吴语便成了那一片娇声，全是舌头前部的灵活和些舌前韵舌升韵和谐的“自来腔”。或者也可以说，因为吴人多舌前和舌升的韵，声也就多发舌尖舌前的。

关于方音部分还有“声调”应该调查，关于方言方面还有“语法”应该整理，关于总研究的应该有吴民族沿革、风俗种种的调查，我们现在都没谈到，也实在是力量够不上，只好待诸将来吧！底下就是一个总报告的结论。

四　吴音表

吴音音素表(一)

声韵	口腔的部位	两唇		唇齿		舌尖		舌叶		舌前		舌后		声门	
声	清浊	清	浊	清	浊	清	浊	清	浊	清	浊	清	浊	清	浊
	塞声	p	b			t	d			c	ɟ	k	ɡ		
	鼻声		m				n				ɲ		ŋ		
	分声						l								
	通声			f	v			s s^{ɔ}	z z^{ɔ}	c	jɥ			h	ɦ
韵	升韵	z̩z̩yu		v̩		əɹ		z̩	z̩^{ɔ}	iy Y			u		
	半升韵		o							eø	ə		o		
	半降韵	œ	ɔ							ε œ	ə		ɔ ɒ		
	降韵										a				

吴音声母表(二)

<table>
<tr><th>声的种类</th><th>阻的部位</th><th>阻的程度</th><th colspan="2">清　浊</th><th>音　标</th></tr>
<tr><td rowspan="6">单声</td><td>声门</td><td>通声</td><td colspan="2">清声</td><td>h</td></tr>
<tr><td rowspan="5">舌后</td><td rowspan="3">塞声</td><td colspan="2">浊声</td><td>ɦ</td></tr>
<tr><td rowspan="2">清声</td><td>浊　流</td><td>k</td></tr>
<tr><td>清　流</td><td>k‘</td></tr>
<tr><td>鼻声</td><td colspan="2">浊　声</td><td>g</td></tr>
<tr><td></td><td colspan="2">浊　声</td><td>ŋ</td></tr>
<tr><td rowspan="3">复声</td><td rowspan="7">舌前</td><td colspan="3">c 与 j 的结合</td><td>cj</td></tr>
<tr><td colspan="3">c 与 ç 的结合</td><td>cç</td></tr>
<tr><td colspan="3">ɟ 与 j 的结合</td><td>ɟj</td></tr>
<tr><td rowspan="4">单声</td><td>鼻声</td><td colspan="2">浊　声</td><td>ɲ</td></tr>
<tr><td rowspan="3">通声</td><td colspan="2" rowspan="2">清　声</td><td>c</td></tr>
<tr><td>ɥ</td></tr>
<tr><td colspan="2">浊　声</td><td>j</td></tr>
<tr><td rowspan="4">复声</td><td rowspan="8">舌叶</td><td colspan="3">t 与 z 的结合</td><td>tz</td></tr>
<tr><td colspan="3">t 与 s 的结合</td><td>ts</td></tr>
<tr><td colspan="3">t 与 z^{ɔ} 的结合</td><td>tz^{ɔ}</td></tr>
<tr><td colspan="3">t 与 s^{ɔ} 的结合</td><td>ts^{ɔ}</td></tr>
<tr><td rowspan="15">单声</td><td rowspan="4">通声</td><td colspan="2" rowspan="2">清　声</td><td>s</td></tr>
<tr><td>s^{ɔ}</td></tr>
<tr><td colspan="2" rowspan="2">浊　声</td><td>z</td></tr>
<tr><td>z^{ɔ}</td></tr>
<tr><td rowspan="5">舌尖</td><td rowspan="3">塞声</td><td rowspan="2">清声</td><td>浊　流</td><td>t</td></tr>
<tr><td>清　流</td><td>t‘</td></tr>
<tr><td colspan="2">浊　声</td><td>d</td></tr>
<tr><td>鼻声</td><td colspan="2">浊　声</td><td>n</td></tr>
<tr><td>分声</td><td colspan="2">浊　声</td><td>l</td></tr>
<tr><td rowspan="2">唇齿</td><td rowspan="2">通声</td><td colspan="2">清　声</td><td>f</td></tr>
<tr><td colspan="2">浊声</td><td>v</td></tr>
<tr><td rowspan="4">两唇</td><td rowspan="3">塞声</td><td rowspan="2">清声</td><td>浊　流</td><td>p</td></tr>
<tr><td>清　流</td><td>p‘</td></tr>
<tr><td colspan="2">浊　声</td><td>b</td></tr>
<tr><td>鼻声</td><td colspan="2">浊　声</td><td>m</td></tr>
</table>

吴音韵母表(三)

(1)单韵

单韵	舌的部位	两唇及舌叶	两唇及舌叶	唇齿	后	后	后	前	前	前	前	尖
	舌的升降	升	升	升	升	半升	半降与降之间	升	升	半降	半降	升
	唇的圆否	不	圆	不	圆	圆	不	不	圆	不	圆	不
	音标	z̩	z̩ᵓ	v̩	u	o	ɒ	i	y	ɛ	œ	əɹ

(2)复韵

复韵	结合的音素	u+ɒ	u+ɛ	u+œ	ə+u	i+e	i+øy	i+aə	y+œ	o+Y	a+ə
	音标	uɒ	uɛ	uœ	ᵊu	ie	iøy	iaə	yœ	∅Y	aə

(3)附声韵

附声韵	结合的音素																			
		单韵		o	ɒ	ə				a		o	ɔ				a		ə	i	
		复韵	ua				io	iɒ	ie		uɔ			io	iɔ	ia		uə			yə
		附加的声	h								ŋ							n			
	音标		uah	oh	ɒh	əh	ioh	iɒh	ieh	ah	uɔŋ	oŋ	ɔŋ	ioŋ	iɔŋ	iaŋ	aŋ	uən	ən	in	yən

(原载《国学周刊》1925年10、11、12、13期,1926年1、2期)

第五组 在台湾推行"国语"的理论与实践研究

"国语运动在台湾的意义"申解

我来到台湾的第二个星期日晚上，曾经在广播电台广播了一篇广播辞。那是一篇为了牵就时间限制和听众了解的演说，内容有些晦涩。现在从头细说，作为一种通俗学术讲话。

请让我录原辞，随时补充说明。

"国语是什么？"（原辞）我们都知道台湾光复了以后第一件要紧的事情，是推行国语。在一般人的想象，国语就是我们中国人所说的话，不管它是上海、重庆、南京、温州、汕头、广州、厦门、福州或是西安、兰州、开封、太原、济南、天津、保定，以至于辽宁、宁夏、昆明、琼州，只要不是用abcd……和アイウエオ拼念的话，都可以当做国语。这样，我们在台湾就可以用台湾话当做国话，无庸另外再有一套什么用北平话做标准的国语了。

（申解）我们的国语是用北平话做标准的。北平话的标准也是有条件的。这条件是北平社会受过中等教育的人日常应用的话，并不是北平话一概算做国语。提到"国语"这一个名词，它的沿革就包涵了很多的民族兴衰的回忆了。伟大的中华民族器度是没有种族和血统的歧视。纯粹从文化上融和起来，历代往往容纳进许多的宗族。宗族和宗族之间的交际，互相采取足以达到完全了解的工具，所以用声音表示的语言工具有所谓"雅言"。记录语言用图形或符号表示的文字，在我们国家就成了一种共同表意的标识。我们的文字可以被宗族以外的民族借用的道理在这里。一般人误解了这个道理，把成为表意标识的一点儿作用当做天经地义，而埋没了表意的标识与所记录的语言中间的联合一致。当初的“雅言”,实在就是现代所谓的“标准语”,“雅”字的古训是“正”,“正”即是“标准”。“雅”和“俗”,两者之间只是指明内容应用的范围的分别:“雅”的普遍,“俗”的偏僻。我们距离古代远了,这种分别已经不能确切明瞭,不过从文学古典的诗经所分“风”“雅”来推想,大致也还能窥探出一点痕迹。因为古时候的国的观念和后代不同,所以只有“雅言”一个语词,而“国语”一个语词倒成了狭义的“列国的人的言论(语)集的专名(《国语》《国策》书名的国语)。这样一直向后代传下来,宗族不断的增加新的分子,文字也不断的增加了新的表意作用和形式,语言更不断的增加了新的声音和组织。从有历史记载以来,我们的雅言自然在生长,最初统一的力量多半依靠政治,造成一种用“帝王都邑”流行的系统做标准的事实。我国的历代都邑自周朝起,都在黄河流域,如咸阳洛阳长安开封,而北平是最后最久的一个。中间因为外族侵入,发生民族迁移的事,语言也分出许多支来:有五胡的侵入,向南分出了金陵一支;有契丹女真蒙古民族的侵入,再分出了临安一支;有满洲民族的侵入,又分出了桂林和昆明两支;北平的系统却是从临安一支分出时起慢慢的养成了现在唯一的标准资格。五胡以至于满洲,人民已加入中华民族,生活习惯完全融和了,语言文字也完全混合了。他们有些在统治中原的时候,曾经把自己一族的语言称做“国语”过。这个“国语”的意味带点血腥气,是征服者的自骄自傲的名目!我们知道最明白的是金人称女真文做“国书”,女真语当然是“国语”;元人称蒙古文,清(后金)人称满洲文,都叫“国书”,而“国语”成了少数统治我们的外族语言的特别名称。这是“国语”一个语词演变到第二个阶段的意义:统治中国的外来民族自称他们的语言的名目。民国成立了以后,才演变成每三阶段现在的意义,“中华民国人民共同采用的一种标准的语言是国语;国语是国家法定的封内封外,公用的语言系统。”这个系统由许多语言不同系统的人荟萃在一处,互相融和,尽力推心置腹,不知不觉,去泰去甚,选择出最方便容易的声音锻炼成最简单明瞭的组织。国语包括(1)代表意思的声音叫“国音”,(2)记录声音的形体叫“国字”,(3)声音形体排列组合表达出全部的思想叫“国文”。排列组合的规矩就是“文法”。我略举的各地,除了辽宁是赅括一省的,其余都是国内各省方言做中心的地方。从声音说,有很相近的,有绝不相同的;而应用文字和文法就没有什么不相通的。我们在没有分歧的文字和文法之中,共同拿最方便容易的声音来表示,便是国语要标准化的惟一理由。北平话合于这一个理由上的条件,所以一般人的想象只是知道文字与文法无问题而不明白声音障碍要排除,误会了凡是中华民国的人说中华民国国土内任何一种声音系统的语言就算得是国语。文化进步而组织健全的国家,没有不是确用一个标准声音系统做国语的。我们有得经过一千多年培养,二三百年应用,几十年政府提倡的声音系统,当然应该切实推行。所以,北平话做标准国语是有它的来历的。

“标准国语是纯粹雅言的演变”(原辞)按着“客随主便”的惯例,在国际间的交际上,从“主权”以及“地位”的关系,倒是应该互相尊重,两方面的语言要有同样行使的权利和机会;若是大家共同选择一种语言来做双方表达意思的工具,就显得更加“开诚布公”些。所以,理想的大同世界一定会有用共同了解的一种声音系统做语言的一天。根据这样的意义,人类的若干界限要逐渐消除,文化就这样交流起来。我们中华民族历史之长,散布之广,无须多说,其中互相表达意思的工具,在声音的系统上,实实在在都有脉络相通的关系;粗疏的说,任何一个地方的话都有做标准国语的资格。然而,我知道,这样长的历史和这样广的散布,中间发生了若干交流的变化,逐渐消除了许多隔阂,在语言方面是共同选择了一种大家应用最方便的声音系统,顺着大家共同方便的组织习惯,来表达意思,就是“国语”的正确性质。我们可以说这种标准的国语条件是声音系统和组织习惯是全国人民最方便使用的。不用谈学理,我们只要把现在的标准国语,北平话,跟任何的土语方言对照一下,就很明白。

(申解)标准国语的来历,从北平建设做都市说,就有一千多年的培养,拙著《北平音系十三辙序》说的很详细;从通行于清代全国官吏社会说,就有二三百年的应用,所以有官话之称,西洋人叫它 Mandarin;从开国以来,开会审定读音,颁布注音符号,编行《国音常用字汇》和《中华新韵》,小学科目改订国语,就有几十年由政府的提倡。有如此的经过,还不能得人了解吗?所以台湾光复以后的国语运动,使得我们直觉的知道国语的重要，而更显明的教训了我们理智的认识国语的实质。我这一段讲辞里不能太啰嗦的说明北平话声音系统和组织习惯两方面如何取得标准资格的实况，所以只谈了一些理论。上面申解里已经指出国语包括国音和文法两大方面。这里我们但求大家明白标准国语是纯粹雅言的演变，它的声音系统和文法组织都是最简易最明瞭的。至于详细内容，另文叙述。台湾本省人在这个基本问题上，我想一定是同意的；我们希望对于这问题未求甚解的台湾省以外的人借此想一想！台湾省人的发音，据我短时间的观察，很有些受了日本假名影响的，跟国语相差不少：例如"ㄨ""ㄩ""ㄈ""ㄓ""ㄔ""ㄕ""ㄖ""ㄦ"这些个声音要费力学习。如果拿台湾话的声韵和调类跟国语比较，国音不用浊音，声调连带跟着只有四声，就此一点简省许多问题。还有，台湾口语另有一套带鼻音的韵，说话时候先后音缀相联又要有很多变读，国语除了"儿"化韵以及轻声词有变化，更无复杂之处。

"标准国语跟台湾方言中间的脉络"（原辞）上面我说的意思，是说明国语是跟各地方言土语中间血脉相通的一种简捷明瞭当得起全国人民开诚布公用的语言系统。这更不用说，日本东京话的声音和组织的两项系统，都跟我们不同，只配做他们自己国家的国语。

（申解）因为国语包括声音形体和组织，方言和它之间的差异只是声音。例如，国语里把所有的鼻声仅仅留存了双唇的"ㄇ"和舌尖的"ㄋ"两个，其余的按着(1)改并到"ㄋ"里来，(2)全行遗失念成韵的两条路变化。我们有声韵史料的反切系统可以探出线索；国语依照这系统，方言也是依照这系统。所以，当我知道了台语有"ㄫ"和"ㄍ"的时候，我便可以按着我们的音韵系统能够很快的懂得台语"我"和它的多数所写的"阮"字应该是什么读音了。这哪里是不同系统的日本语所能办到的呢？或者有人要把日本语里从我国语言里借去的汉字音读认做是日本话和台湾话相同的证据，就是大错！国语和台语是兄弟姊妹的关系，国语的字音和日语汉字音读是外祖外孙或舅甥的关系，台语与国语地位相当，你想跟日语汉字音读是什么关系吧？我们从老家里来到多年没见面的兄弟姊妹家里来，纵然生疏了，还是自然联得起宗来的。外甥外孙家，隔了几代，没有姑娘姑母乃至于姑奶奶的联系，那门亲戚就要断绝往来的,何况“认干亲”的“假外甥”“假外孙”呢?所以,平情说,日本人能断行推用东京话做标准语是他们的聪明,并且也得到了进步和健全的成果;在他们处心积虑之下侵略我国,强夺本省去统治了51年,硬要本省父老昆弟诸姑姊妹用他们的东京话做国语,是绝对要不得的!这倒跟我说的我们“国语”一个语词的第二阶段相同了。现在好了,我台湾省的国民有享受采用我们第三阶段意义的“国语”自由了!因此(原辞)说:

台湾光复了以后,推行国语的唯一的意义是“恢复台湾同胞应用祖国语言声音和组织的自由”!

明明是“ㄊㄞㄅㄟˇ”(台北),或是“ㄉㄞˊㄅㄚㄍ”(上国音,下台音),偏偏要我们说“タィホク”;明明是“我有书”(ㄨㄜㄧㄡˇㄕㄨ或ㆣㄨㄚˊㄨˋㄗ或ㆣㄨㄚˊㄨˊㄑㄧㄝˊ)(上国音,中台北,下台南),偏偏要我们依他们的习惯说成了“我书有”的次序,把我们的语言的声音和组织搅乱得颠三倒四!我们说ㄨㄜㄧㄡˇㄕㄨ也好,说ㆣㄨㄚˊㄨˋㄗ或ㆣㄨㄚˊㄨˊㄑㄧㄝ也好,表达意思的方式是同样的组织法,这就是相通的血脉。

(申解)日本语音不能独立发一个声,所以我们字音的收声尾的读法,他们非用一个假名全音表示不可,台北的北字所以就只有联着“ウ”“ク”来注他的-K尾了。台语有我们的方音注音符号可以表示得很正确。关于我有书一句日本话,依着我的使命和誓愿,恕不用假名写出!这一点,我呼吁本国同胞之间似乎不应该用外国语言做交际语!是国家“主权”和“地位”的表现!是政府语文教育成绩的表现!是所谓“精诚团结”的表现!说老实点,是“体统”!是“面子”!台湾省的同胞热烈要国语,我们要人人用标准国语和他们交谈。我们不能只责望本省人说标准国语,而我们从国语流行的乡土来的反而不能说标准国语!新的中国一切应该真正标准化!度,量,衡,衣,食,住,行,再加上写和说!当我允许传习几位我们住所的女工学国语的时候,我们很自然的找出了国语台语话句组织的相同点。我叙述一个例子,请热心的君子们采纳:自己尽量说标准语就是帮助我们推行国语了!这是阴历元宵晚上的事:我们的女工周来富介绍她的两个同伴周美玉廖宝玉来学国语,我请王子和(炬)先生代我教她们。起初读的教育处印行的民众国语读本,我们费了许多力量矫正她们受日本语音影响的"ㄨ""ㄏㄨ""ㄖ"的发音;后来用直接教学法教会话,王君手里拿着香蕉问周美玉:"这是什么?"她回答了台湾话的名字。"《－mч－Z"。接着问:"你爱吃这个吗?"同时写出国字来,另外写了"你喜欢不喜欢吃?"她们看见汉字就在念"欢喜"两个字,因此知道台湾话的词汇是"欢喜"。她们答话是:"不欢喜。"引起我们的惊异,以为没有懂得问话的用意,便问:"为什么?"因为我们觉得她们是误会要劝她们吃而推辞,所以想尽方法使她们明白是教会话的。她们能用破碎的词句说明了不欢喜的理由。王君就用她们的意思写成一句国语:"香蕉好吃是好吃,可是我们不欢喜吃。"我们要她们说成这句台湾话。好!自然的我们学习得一句台湾方言,而她们改成为地道的台湾话在组织上和国语完全相同:

芎	蕉	真	好	吃	不	过	我	们
ㄍ	ㄧㆬㄐ̥ㄧㄛ	ㄐㄧㄣ	ㄏㄛ̃	ㄐ̥ㄧㄚ	ㄇㄚ	ㄍㄛ	ㄍ̥ㄨ	ㄣ

不	爱	吃
ㆬ	ㄞ	ㄐ̥ㄧㄚ

(以国语记意。)(暂不注声调。)

王君又写了一句:"北方天气冷,不长香蕉。"我们应用音韵的系统,试读成台湾音,居然"北方"两个字全对了;"天"字台湾话要读成鼻韵,以下"冷"字她们根本没有这个观念,原来用"寒"字。她们又改说了一句台湾话:

北部 真 寒,所以 无 芎蕉。(以国语记意,注音略。)

这表现了我所说的"血脉相通"的情形。我们两方面的声音系统有的是办法可以找出对照关系,组织习惯又如此合一,所需要沟通的是表现意思的个别单词的对照。我们知道语汇词典的编纂成了迫切的工作了!台湾省重归我们的版图,台湾人恢复用自己的语音语法的自由,国语推行的伟大的意义,我们人人都要竭诚帮助完成起来。若是摆在几个推行国语工作人员的肩上,把造成标准语的环境和断行标准语的决心放松,我恐怕要成为孟子所说的比喻"一齐人傅之,众楚人咻之"的结果!这尤其是利用日本话的办法不加限制,我觉得最成问题。那么,台湾人尽可用他们自己乡音说他们的中国话,我们也无须乎枉费工夫了。

我们也发现一个现象：凡是用标准国语对台湾人说话可以得到了解；倘是自由的用各地语言说各人的中国话，结果一定不能了解。有心的君子应该对这“语文第一”的问题有所明见了！所以，我原辞有这样的话：

我相信，敌人夺得去台湾的河山，已经重归了祖国版图；台胞表达意志的方式，根本敌人是不能改变的，恢复起来一定很快！我们要稳稳实实的清清楚楚的先把国语声音系统的标准散布到全台湾。这是在台湾同胞与祖国隔绝的期间，国语运动的目标，传习国音——“统一国语”的基础。

恕我坦白的报告岛省内外的人士，我们国家的国语运动还停留在这一个推行国音的阶段上呢！我们不必讳言，全国的国民革命才从狠心毒手的敌人无条件投降开始成功，岛省内外被压迫的方式和方面不同，并没有此优彼劣的差异。从今以后，我们由台湾丧失而积极开始的国语运动将要在台湾收复以后又巧巧的从台湾积极开始完成大功！岛省人士，我希望他们踊跃的说国语，大胆的说，语言要先从敢说不管错不错练习起。岛省以外的人士，我希望咱们也踊跃的用国音说正确的国语！理想的世界要大家实地的造成。这美丽的四季皆春的岛不是我们向来文学上所赞美的仙境吗？仙人岛上的语言一定可以达到一个理想的标准化吧！

（原辞）我们还有一个目标，也可说是期望统一的效果，“言文一致”。言文一致的问题是国语在时间上先后有了演变发生出来的。

（申解）我们语言文字的声音系统随着应用实际情形有分别。最普通的是“文言”“口语”的不同，例如一个“车”字读“ㄐㄩ”是“文言”里用的音，读“ㄔㄜ”是“口音”里用的音。这是全国各地一致的分别，声音的内容尽可以参差错综的不同。上海人叫南京路做“大英大马路”，上一个“大”字读ㄉㄚ，下一个“大”字读“ㄉㄛ”；正是“大英”属于文言的词，“大马路”是方言的口语。假使“车辚辚，马萧萧”的“车”读成“ㄔㄜ”，而“火车站”说做“火ㄐㄩ站”，听的人一定感觉奇怪，但是象棋的“车马炮”尽管“ㄐㄩ”“ㄔㄜ”两便的读。这都是标准里所包括的问题。这些在言文一致的问题上，原则都是有语文科学的根据可以说明的。我们有一些忽略了语文科学基础的认识的人，误解了“雅”“俗”与“文”“语”的事实和价值的分别，往往拘墟于文言白话的外貌，而实际抹杀了日常生活上应用的状况，所以演成了近年国内青年作文不能明白表现的毛病。如果从语文工具的观念上出发，实事求是做到言文一致的工夫，哪是文言，哪是口语，哪是文言口语都没有的，能分辨清楚，说得出，写得下，人家一念就听得懂，便是国语运动的成功，便是真的国文的建设。我们试看现在国内学校的课本，有几部达到这步程度的？编辑先生们的嘴里说自己的话，而写下了“出言为经”的“国语”。敌人统治过的台省，反由他们交还来了一个值得我们慎重将事的言文一致的教育环境。我们很耽心，很高兴，将如何顺势利导的建设这言文一致的教育就是整个台湾教育界的责任了！

（原辞）祖国与台湾隔绝的期间，一般关心国事的志士，不断努力文化运动，现在已经有相当进步。我们要仔仔细细的坦坦白白的再把敌人搅乱过的语言组织方式，一一在全台湾返本还原起来！

（申解）我们国家的文化运动是划时代的大事，尤其对于日本的外交关系上。日本人一向取冷眼旁观的态度，并且专在小处表示许多轻视的，因为这件事对于他们侵略野心互相冲突。我们的国语运动也正是这文化运动中间的一大部门。我们的国语标准却在他们侵略目的里被利用而重视，譬如“注音符号”，国内各大书坊并不肯赔血本真心真意的用它，但所有日本人写中国话的书都一定要用的。我们只有趁今天提醒国人，大家注意工具的利用，头脑科学化起来，才能接着敌人的后面建设一切，别再延长“八股”精神，凡事都像在做“翻天妙手”的文章了！因此，我们觉得台湾的国语运动是要把“言文一致”的实效表现出来，而使得“新文化运动”的理想也得到最后胜利。国语中间有与台语相同的文法，所有编辑教科书的先生是应该注意发挥的。但我们还没有见到一部从音的教学而语法的教学到文章组织法的教学的国语或国文课本，除了一些编辑先生在编辑室里创作的“国语”以外，就只有教学生模仿学古人的舌的选文范本——选文本是应有的，但我们的青年从没有得到一部真正可以教他们写出巧妙的文章的选本。例如标准语里代名词第一人称多数有两种方式，这是很巧妙的办法，台湾语恰巧也有：

我们(发言人与他人而除去对话人)等于台语“阮”(排除式)。

咱们(发言人与对话人包括在内)等于台语“咱”(包括式)。

这种方式训练好,在话剧里应用一定有很大的作用,因为这些是有声音上的区别可以表现出言文一致的作用。我们的作家以及青年却不很喜欢求这个实际语言的表现,而往往偏重在文字表意标识的创造,譬如近年第二人称代名词流行一个“妳”字,完全反映出我们只是从看去想,而忽略由读去听,理解虽然可以更高深,总不免成了“无声音的寂寞国度”!上面所举我们咱们,台语声音与国语完全可以比对解释:

(1)阮的音等于我字古读的声加鼻音尾,鼻音尾就是们字的痕迹;

(2)咱的台音声母与国音不同而韵母相同,鼻音尾还就是们字的痕迹。

从这一点看来,国语和台语直接对照研究是可以有办法的。但是日本文(即是语)给台省人的影响不小,就我来到此地半个月读了许多报纸上的文字说,好像文言白话的分别还没有清楚,然而我们却十分同情若干作者,他们正努力抛弃日本文的形式而来写国文,不过这种国文正像若干编辑先生闭门造车的写国语一样。请看:

> 公说公有理,婆说婆有理,大家都有理,大家都无理,究竟责任要谁归?
>
> 那么现时所发生不快的社会现象,许是不清廉,不认真,不察民意为厉之阶

这两段并没有绝对不合文法的地方,但每段整个儿有些不合适,如加点的部分既非由日本文翻出来的,也不是纯粹记录标准语的,或许更不是写的台湾方言文。因此我提出“文章复原”的一个办法来。我想只要把写的文字,一句一句念一遍:文言白话自然会觉察出来的。所以原辞最后说:

我们祖国国语运动被一个附带作用拖累到现在——扫除文盲。因为不认识文字而无智识,我们叫“文盲”。文盲对于文字是俗语所谓“睁眼睛的瞎子”。台湾同胞足以快慰的,这里文盲问题可算没有。但是对面语音不通,大家成了“有耳朵的聋子”,固然令人焦急;那语言组织方

式被搅乱,说出写出像可以懂而实在不可以通,便成了"能说话的哑巴",实在教人忧虑;所以我们在台湾的国语推行工作不仅是"传习国语"和"认识国字"两件事,而最主要的就在"言文一致的标准语说写"。

最后,我用两句赅括的话指出国语运动在台湾的意义:

文章复原由言文一致做起;

解脱"文哑"从文章复原下手!

——原辞二月十日载《人民导报》,申解脱稿于二月十七日,三十五年在台北龙口町。

(原载 1946 年 2 月 28 日《现代周刊》第 1 卷第 9 期)

国立台湾大学一年级国语课程旨趣

一、本大学为应台省学生需要，开设国语课程，与国文课程相辅为用，主旨在使学者能——

1. 认识国字，

2. 正确读音，

3. 流利应用标准语。

二、国语课程基于前列主旨，着重“能说”、“能读”；教学内容分为三部分：

1. 发音，

2. 会话，

3. 读讲。

三、国语课程教学方法，略订共同实践三事：

1. 着重方言对照——关于音、词、语法，须尽量培植台省青年“恢复母语，推行国语”的心理，以达到自力更生的语文复原。

2. 引导国字正确观念——国字专读一音，与日本训音读法复杂纷歧习惯不同，为求语文复原，必须促令改变，加以纠正。

3. 鼓励应用——多方变化，勉励青年，如诵读、讲演、辩论、座谈等举，都须提倡。

四、国语课程教材，除会话由担任教师各自设计，发音部分采用台湾省国语推行委员会编印“国音标准汇编”，读讲部分由本大学编印选本。

五、国语教材选本共二十目，备与发音、会话同时并进。估计全年一百小时，占六十小时读讲，至少可拣授十四五目。二十目凡七类：

A. 故事 *

B. 对话 *

C. 小说 *

D. 戏剧 *

E. 歌谣 *

F. 演说 *

G. 文

以上有 * 符的，多属口语相合的材料。

六、二十目全用注音国字印刷。

A. 故事一目：

1. 北风跟太阳，赵元任写，国语。

2. 北风及日头，罗常培写，厦语。

这一目表示国语方言对照的例子，是一个国际间语学研究的母题。

B. 对话二目：

1. "功课完毕太阳西"，赵元任写。

2. 水患，叶绍钧作。

这两目表示一种会话的例子，所以别于一般会话那样陋而且俗的意味。前一篇是儿童会话，后一篇是成人会话，都是语学和文学的专家之作。

C. 小说三目：

1. 骆驼祥子，老舍作，节选。

2. 儿女英雄传，清· 文康作，节选。

3. 俞伯牙摔琴谢知音，据明·冯梦龙编醒世恒言节选。

这三目表示国语小说的时代变迁。老舍为当代北平人，所写是现在的标准语。文康是清代北京人，所写是标准语从前的面目。冯梦龙所编的醒世恒言中的短篇小说，是宋元明以来传流的通俗文学，表现了更早的一种语体文，和现在的标准语有血脉相通的关系。

D. 戏剧三目：

1. 蜕变，曹禺作，节选。

2. 压迫，丁西林作。

3. 最后五分钟，赵元任译。

这三目话剧，后两个独幕剧，前一个五幕剧的一段。

E. 歌谣二目：

1. 澎澎澎，北平歌谣，国语。

2. 草蜢公，台湾歌谣，台语。

这两目表示民间文艺形式相似的例子。国语台语除了音、词、语法可以对照，还有表现的形式也完全相通。A类故事表现了词和语法的对照，这类表现的形式的对照。至于音的对照，在G类有一篇怎样从台湾话学习国语，可以得到一些参考。对照是比较的，而比较所得的条例却要能“举一隅”“以三隅反”才行。文言词说“隅反”，我们现在就叫它做“类推”。

F. 演说词二目：

1. 学问之趣味，梁启超讲。

2. 劳工神圣，蔡元培讲。

这两目表示演说词的例子。两位讲演人都是现代文化的先驱领导者，所以特别选入。论讲演用语言，这两篇可以代表知识高的人士说的话，不完全是普通口语，尤其未必是北平话，但不能说不是“国语”。因为内容思想的关系，也就渐渐近于“文”了。这是国语便是国文的证明。

G. 文七目：

1. 聪明人、傻子和奴才，鲁迅作。

2. 补破衣底老妇人，落华生作。

3. 差不多先生传，胡适作。

4. 春，朱自清作。

5. 寄小读者通讯七，冰心作，节选。

6. 海上的日出，巴金作。

7. 怎样从台湾话学习国语，魏建功作。

这七目前六篇是现代文的各体，大半都属于小品。鲁迅作品中，这一篇最合于口语。落华生是台省作家，这一篇用字颇有他特殊的风格，如“底”字和“的”字的分别，又有台湾方言字用法，如“号”字。其余胡适朱自清冰心巴金诸作，从诵读上都能体味到各人个性的不同。最后一篇是为了说明“对照类推法”的学习国语，应该算做附录。对照类推法正是合于知识青年的台省学生的需要。

七、“说”“读”在国语课程占重要地位，“写作”“欣赏”归到国文课程里，但这里也不能不顾到。同样，国文课程对于“说”“读”，并不比“写作”“欣赏”可以轻忽了多少。本大学为了特别需要，在语文复原的意义上，把国文多分出一部分来叫做国语而已。

（1947 年 8 月）

（根据作者手稿排印，收入《魏建功文集》第四卷，第 388—391 页）

第六组　人物志（人文学术史研究）

胡适之寿酒米粮库

更不伤春，更不悲秋，以此誓诗。任花开也好，花飞也好；月圆固好，日落何悲！我闻之曰：从天而颂，孰与制天而用之？更安用为苍天歌哭，作彼奴为！　　文章革命何疑！且准备举旗作健儿！要前空千古，下开百世；收他臭腐，还我神奇。为大中华，造新文学，此业吾曹欲让谁？诗材料，有簇新世界，供我驱驰。

——调寄沁园春

这首词儿是从事革新中国文学的先锋将胡适之的《誓诗》。当时是民国五年(1916)的春间，这人正在美国纽约城哥伦比亚大学留学，是一位天下闻名的才士，姓胡，单名适，表字适之，年方 24 岁。原来胡家是安徽绩溪的大族；他父亲铁花公游宦江苏，转官台湾；太夫人 17 岁过过门来，是续弦的，所生只他一个儿子。甲午之役，清廷把台湾割给日本，胡铁花先生回到内地，却就死在厦门，那时他才 5 岁。老先生遗命一定教让他读书，太夫人督责的很严紧，时常勉励他道："我一生只晓得有这样一个完全的人，你将来做人总要学你的老子！"14 岁上，他被送到上海入学，三年才许回家一次。民国前二年(1910)，他考取美国留学生，就放洋去了；先学农业，改修政治经济，兼治文学哲学，最后专攻了哲学，得了博士学位回来。

他生来性情洒落，怀抱远大；旅居上海，也曾诗酒豪迈，纵情奔放，正是：

少年恨汙俗，反与汙俗偶。一日大醉几乎死，醒来忽然怪自己：父母生我该有用，似此真不成事体！

他交游的朋友，很能策励相彰；"学理互分剖，过失赖弹纠"，去国六七个年头，大加抖擞，颇读了一番书。他尝有《朋友篇》一诗，内中说：

清夜每自思。此身非吾有：一半属父母，一半属朋友。

起先在美国绮色佳城读书，那地方几乎成了他的"第二故乡"，但看他写这地方的景致：

山前山后，多少清奇瀑布，更添上远远的一线湖光；瀑溪的秋色，西山的落日，还有那到枕的湍声，夜夜像雨打秋林一样。

这一派景色中住着这一位文采豪华的才士，又加同住了几位能酬唱咏和而联盟与他成劲敌的诗友。终朝每日受着外国文学空气的振荡；纵然他是为了挽救中国贫弱，不治文学，试问这样情境如何能不焕发起他的文学趣味？当时经过了民国四年五年(1915，1916)两个年头，他们在海外早争论起"死文学""活文学"的问题来。

提起中国文学史的消息，那一线生命未曾与语言离得毫厘；只争无人识透这哑谜儿；即使省得，又无人肯打破这闷葫芦儿，和盘托得出来。前六十年左右却有一位有志革新的诗人黄遵宪，他少年所作《杂感》诗道：

……吁嗟东京后，世茶文益振；文胜质则弱，体竭势已窘！后有王者兴，张网罗贤俊，决不以文章：此语吾敢信！……俗儒好尊古，日日故纸研，六经字所无，不敢入诗篇；古人弃糟粕，见之口流涎，沿习甘剽盗，妄造丛罪愆！黄土同抟人，今古何愚贤？即今忽已古，断自何代前？明窗敞琉璃，高炉爇香烟，左陈端溪砚，右列薛涛笺，我手写我口，古岂能拘牵？即今流俗语，我若登简篇，五千年后人，惊为古斓斑。

黄遵宪倒是尽过一番心血，可惜只限于他自己创作的成功，何曾影响给旁人！又何曾影响到学术的全部！正是：

风定始知蝉在树，灯残方见月临窗。

偏生再过了四五十年，这位先锋将走向海外，服膺了"实验主义"的哲学，身受了"科学方法"的训练；回到国内，彻底澄清的匡正了思想，才水到渠成的革新了文学。凡是学术没有不互相贯通的,这才给了世人更加相信的证券也!

且说这位先锋将慧眼高深,法力广大:

刍议改良,

　　劝众“八不”入手;

“历史观念”,

　　教人一念持信;

建设宗论,

　　造成十字名言;

播扬创作,

　　写就连篇考证。

那“八不”是:

1. 不做‘言之无物’的文字。

2. 不做‘无病呻吟’的文字。

3. 不用典。

4. 不用套语烂调。

5. 不重对偶——文须废骈,诗须废律。

6. 不做不合文法的文字。

7. 不摹仿古人。

8. 不避俗语俗字。

那十字是:

国语的文学;文学的国语。

那古老的“非国语文学”却重重的栽着一个跟斗,不啻从九霄云头跌落下了千丈深坑!倒也有些卫道的人替古文“会师勤王”,直到如今不三不四的还有人在报尾巴上嘲骂两句!最有意味的纪念要算当日林纾将“狄莫”“秦二世”的隐名来影射“胡适”写成的小说了。自从民国七年(1918)教育部正式颁行了注音字母,公布了“国音字典”;九年(1920)又规定全国小学实行渐次改授国语;现在已成当然不疑的事实:这种成功，自与这位斩将搴旗的先锋奋斗的阵容声气相通。

民国十二年(1923)由他主编的北京大学的《国学季刊》发表了宣言，提出三个方向来督责勉励治学的同志。就辟出辨伪研究的大路，开发实地考古的先声。有分教：

世间多少迷路客，一指还归大道中。

走惯了“磨盘”路的中国学术界，这才紧赶了一程：从思想的革新到学术的革新，从文学的改革到文字的改革。打民国六年到十一年(1917—1922)六年之间全在思想和文学改革的时期中；十二年(1923)以后，便进步到了学术革新和文字革新的时期。回头一算，转眼也就如同隔世，所谓“时代”似乎有一日千里的变化，不觉已是十三四年了！这位革新的先锋，他遭母丧，结婚，得子，教书，讲演，著述，中间又生病，又几番在国内外旅行，毁誉荣辱，在精神劳力上都有相当的增损；他也就到了中年，是四十岁的人了！

民国十九年(1930)12月17日便是他的四十整生日。他的朋友和学生们中间，有几个从事科学考古工作的，有几个从事国语文学研究和文字改革运动的，觉得他这四十岁的纪念简直比所谓“花甲”“古稀”更可纪念：因为在这十三四年中间他所尽力于中国学术的辛苦，应该获得一些愉快，应该享受一点安慰。好在他早有可以自豪的“不朽”，即如这首《誓诗》，尽够当祝语，不用旁人再赞一字了：所以他们不想用什么话句来祝他，只将他十三四年来努力的梗概记下。他们毕竟是谁某？原来是这十二个人：

北平　白涤洲　镇瀛
宁波　马隅卿　廉
东台　缪金源　金源
织金　丁仲良　道衡
湘潭　黎劭西　锦熙
汉川　黄仲良　文弼
吴兴　钱疑古　玄同
唐河　徐旭生　炳昶

绍兴	周启明	作人
北平	庄慕陵	尚严
沧	孙子书	楷第
如皋	魏建功	建功

十九年后再住北平，定居米粮库，便赶上是生日。他从自己诗里说，"幸能勉强不喝酒，未可全断淡巴菰"，是早已受了酒戒了；这次生日应该替他开戒，好比乡下老太婆念佛持斋，逢了喜庆，亲友们来给她开了斋好饱餐肉味一样。

如今为要纪念"人""事""地"，便写下恁个题目：

胡适之寿酒米粮库。

魏建功撰，

钱玄同书。

（原载 1934 年《国语周刊》第 67 期）

十年来半农先生的学术生活

来往22天的旅行就成了人生绝大悲伤的诀别,我还跟做梦似的不相信半农先生竟死了!

6月19日下午,他和涤洲一行五众,自西直门车站出发。他那时精神的奋张,欢乐的笑语还深印在我脑子里。我与半农先生的最后一面也就是那天的握别。没有一个月的分别居然变做永世的隔绝!

半农先生之死本是意外不幸。这不幸之死又和他专门的学问相关,我们想来越加伤痛!因为决定这次工作的计划,我曾经承他下问,参与末议;偏偏送他生往,听他归死,病榻前未能再见一面,我想起来更万分悲惨!

我们后死者对于他的生平,可以起多方面的哀思。我们对于他的哀思应该从多方面来叙述纪念他。因为半农先生的事业和兴趣方面不少,而我与他相识以来,追随讨研的范围却不离乎中国语言的问题,现在略述我所知道的这方面。

民国十四年的秋天,半农先生自法国回来从上海到了北京。当时我已经在北京大学毕业,专望他到北京时好于语音学得到很完密的知识。他带了些仪器回来,由沈兼士先生的介绍,我就帮着他在大学宴会厅开箱收拾。我住在景山东街的公寓里,我们在大学宴会厅里工作完毕后,常常到我住的地方休息。我们便时常提出些计划来讨论。那年10月18日下午2时,兼士先生主持的研究所国学门召集了一个第三次的恳亲会,在北海公园濠濮间举行,约定半农先生演说。他的题目是:《我的求学经过及将来工作》。这次会上的馀兴是马幼渔先生提议收集方音,当做半农先生收蓄方音的先声。于是由半农先生出了一个母题:“到底怎么样?”

自他说起,按到会者席次陆续发音,我在半农先生指导之下用了国际音标记录。这算是我们第一次调查方言记录方音,由半农先生领导的。回首十年,谁料到他竟死在他最后一次调查方言记录方音的工作上呢?

他演说里叙“将来工作”道:

> 第一,我所已经着手研究的四声问题,现在打算继续下去,作大规模的研究,希望把中国所有各重要方言中的声调曲线,完全画出,著成一部“四声新谱”。
>
> 第二,打算用相当的方法,调查各地的方音,著成一部方音字典;如果调查顺利,作工的人也多,还希望按照法国语言地图的办法,编成一部方言地图。我觉得中国的音韵学,如果不改变方针,向方言中去研究,却只向古书堆中去乱钻,恐怕是无论如何用功夫,结果总不能十分完满的;所以在这方言一件事上,非努力作工不可。
>
> 第三,打算利用蓄音机,将各种方言逐渐收蓄下来,作研究的张本,同时对于社会上流行的俗曲,以及将要失传的旧乐,也须竭力采访收蓄,希望十年八年之后,我们可以有得一个很好的蓄音库。
>
> 第四,中国的乐律,近来除日本田边尚雄外,研究的人很少;我们因为实验室中已有许多设备,可以借来研究乐律,所以也打算在这一个问题上,做一些有系统的实验的工。

说这话的时候到现在才九年,中间除了许多人事的影响停顿以外,半农先生生活的整个部分可算全在他自己预计的计划中间劳碌,以至于死。不幸中了他演说结束的话语:

> 这几件都是很繁重的事,当然不是一天能做成,也当然不是一个人能做得成的。但是我们既已要做,就只有向前做的一条路;我们不必去问他几时能做成,我们只须把学问看作我们的坟墓,那么,即使不成功,也就是最大的成功了。

在半农先生的精神上,我感觉他十几年来已经是寝馈不忘的许身于“语音乐律”了。从他演说的意义,看涿洲他们叙述这次调查平绥沿线方音工作情形,在张家口染病时的奋勇不辍,始终是一贯的。

我从半农先生知道了许多语言审察方法,但以研习方面的不同,结果没有能利用,是最可惭愧憾恨的。就我记得的,这八九年中间,我们曾经一同做了些工作,也值得记录下来。

(一) 十四年十五年之间,半农先生在大学开讲语音学,我就随时加入听讲。我们商量了一个调查“方言同音字”的计划,并由我与半农先生从一部通俗韵书里选定些个例字,作为听讲者做报告的材料。我们得到两种纪录,都是特别的方言区域里的读音:一是安徽黟县舒君耀宗辑,一是广东东莞容君肇祖辑。

(二) 十八年十九年之间,半农先生的语音乐律实验室才布置就绪。那时我和涤洲士英随同他用《总理遗嘱》做材料,记录了七十多处的方言。这段工作中间,都用仪器纪录发音的浪纹,和四声的标准。我们在十九年夏天,利用河北民众教育人员养成所的机会将河北各地总理遗嘱读音记下。这个工作是与中国大辞典编纂处合作的。凡有馀闲可以利用的机会,我们都计划着去记录。

(三) 十九年六月三日,半农先生将我们工作的收获,编成一个《查调中国方音用标音符号表》,由他写了一段短跋:据一年来所治七十馀种方言中之音素制为此表,所用符号普通者均从国际式;其所不具,或不适用,则制新符以补之。方音浩繁如烟海,要非区区百数十符所能尽。是以此表在今日或可视为苟完,更越一年,容即摧烧毁弃之。此道不乏方家,当知余言之非谬。

他将国音字母的音素特别注明,又注了十一条由工作里发现的事实特定的符号。

(四) 十八九年同时搜集了许多现成的方音记录(外国人的著作)。

我们的工作有些没有能实现的:

(一) 十六七年间,我们两人相约要从事中国大辞典的编纂事业。半农先生计划过许多次,没有能如愿。

(二) 我们的家乡修通志,我向他提议去承揽语言志的工作用新方法编纂。他很高兴的赞成了,趁回南之便进行接洽,但据吴稚晖先生说是这件事停顿了,只好作为罢论。最近江苏通志重新由尹石公先生主编,半农先生在旅行前遇见尹君便又提起。他告诉我,尹君是答应了他的提议了。现在他却死了!

(三)二十二年夏天,半农先生和郑颖孙先生偕往巩县考察关于音乐的美术雕刻,与河南通志馆约定今年暑假往河南调查方音,代编语志的部分。后来没有得那方面的消息,因此取消我和涤洲一同三人前去工作的约会。

这些粗略回忆,使我不忍再想这次绥远之行的计议的情形,那是在一个人家结婚仪式的礼堂的一角,我们三个人鸠首耳语商量着他提出的一件问题,他告诉我们,瑞典考古学者斯文赫丁博士70岁的纪念,一个与赫丁有关系的地理学会来向他征文,他教我们帮他想个既合纪念赫丁而又在他专门研究方面的题目。我们起初商定了征求许多甘肃宁夏的人来发音,写一篇关于西北的声调的论文。工作开始了,收集的结果殊不满意,于是半农先生和涤洲改议调查沿平绥线的声调去。本来为纪念在沙漠里出生入死的老学者,竟丧失了我们正年富力强的刘先生!在我们连年相亲,共同前进的方向上,突然的袭击了一下,我的悲伤何可言喻!

我觉得半农先生之死,固然是为了在大学服务的责任上尽劳的结果,而这用纯科学的态度对国家在国际学术的地位上努力的精神尤有重大意义。ㄞ!世人认识半农先生多半是注意他业余表现的生活趣味,竟至误以为是他一生的重要事迹,谨作此篇,敬望读者得一个较严肃的印象!

半农先生在语音学上努力的贡献,容于他文述之。至于用所谓幽默的文辞来纪念他,余不敏,不能为,更何忍为!ㄞ!ㄟ!

二十三年七月十八日,距半农先生死后五日。

(原载1934年7月23日《世界日报·国语周刊》第147期)

挽刘半农先生

无奈虮虱怀毒螯,剧怜桃李正春风。

(原载1934年10月13日《国语周刊》第159期)

回忆敬爱的老师钱玄同先生

二十六年(1937)七月二十八日夜间,宋哲元将军的部队撤退离开了北平。第二天早晨,我的老师钱玄同先生提着他的皮包手杖走进我家客厅里来。我们师徒俩相对无言,好大一会儿。先生先开口说:“我们都是‘南人’,只有回南方去了!”他的声音有些哑了似的。从此我们在郁闷的空气里住着,不断的用电话互相通问。记不清楚是哪一天敌人做文化侵略工作者受了他们军部的指使到北平来了几个人(内中有服部宇之吉的儿子,我们叫他“小服部”),展转挽出人来邀约他们所注视的北京大学文科的教授谈话;我拒绝了邀约人的邀约,先生当时根本称病,连与这些从中邀约的人见面的机会都没有。敌人又另外由文化特务武田熙们用一种什么名义(我根本没有记忆它),发出通函邀北平各学校的人到怀仁堂开会,我曾为了这件事避居到友人家几天;先生呢,他自己应门接着了通知,立刻交还送信的人,说:“钱玄同回南去了,没有在家。”

我们白天看报纸,专把新闻反过来解释;夜里偷偷的收中央广播,第二天互相传告,一直到我赴长沙临时大学为止。当我快要动身以前,先生对我说:“我要你替我刻一方图章,现在我恢复我的旧名了——就刻‘钱夏玄同’四个字。”这是先生从事革命、反对满清时候的名字。自从8月8号日本兵进了北平,他又再拿来表示一个新的民族分野。记得我是11月17日离开北平,图章大约是15日刻好的,在他给我饯别的那天交去。

他给我饯别是亲自到我家来邀约了我的妻和儿女们,一同在淮扬春吃了一餐午饭。向来我们师徒之间有一种惯例,也可说是先生和他的熟朋友们特别具有的风格,一起吃饭除了专请不许会钞,平均担负名之曰“雅”。这一天当然不是“雅”的。他谈话之间,很想南行,无奈已经闹了好几年血压高的病,弄得不敢走动。他曾经感慨的对我谈过:“我这双腿一点力都没有,实在吃亏大了,全是小时候念书站坏了! 当我父亲在苏州住家的时候,我在家里跟先生念书,整天上下午站在'脚踏'上,等放学到内宅里去,脚麻腿软,走都不能走,奔到一张小凳子坐下好半天还不能立起来。现在走一步路都骇怕!"先生晚年专任在师范大学,那时师大迁在西安,他说:"西安,我是不能去的了! 实在不行,我要上上海去。"

我们临别谈话里,还有一件他最惦记的事要我代为注意:那年七月大师兄秉雄、群新订婚后,一对情人到德清旅行,正为战争所阻隔,消息不通,他把他们的通信地址告诉我,教我到南方打听。后来我曾经托何容兄在武汉登报寻访他们,他们却已安然北返,得侍先生。提起秉雄订婚的事,记得在中山公园来今雨轩,他很兴奋的指点仪式的进行。他自己致辞,主要的意思是女子的婚姻父母管不着。"管不着"! 这三个字用极强调的国音喊出来。先生所以如此提倡"管不着主义",也曾经对我说过其中的缘故。那天来宾致辞由他约定两人,其中一个是我,另一个是他后来要失望的老友周作人!

我起初到长沙,还不断写信给先生。为了避敌人的检查,信里多半用些隐语。先生得着我的信相当高兴,却又相当耽心。他传述隐语给朋友,却在有风趣之中流露着紧张情绪。记得何容在我前些时离北平,过了山东写了一封信来告诉我们韩复榘靠不住,拿"权华"代替了姓韩的,自署为"蓉妹":先生时常引以为谈资。等我知道我们流亡的人随意写去足以使困居的人增加麻烦,并且先生又是极度神经衰弱的,后来也就不再写信了。但是我孤寂的心情时时念着先生,不知道是一种什么力使得我渴望着先生的一字一画,二十七年的同样日期我的妻儿从北平出发,全家南行到昆明。我要求先生给我写一幅字,给家人带出。那就是插印在本刊中间的先生手迹。[1] 我懂得先生的心境,他选了太炎太夫子的《新方言序》中的一段话不是没有意思的。

我用太炎太夫子这称呼,还许违反了先生的精神! 先生的使我佩服,在于他能超脱流俗而表里如一的安素务新各如其分。先生是一位

---

① 见文末所附。

极守礼法的人，所以我说他“安素”。先生又是一位极求进步的人，所以我说他“务新”。安素不是守旧，务新不是炫奇。他自己对他的哥哥念劬先生和老师章太炎，崔觯甫两位先生，都是很恭敬的；但对我们学生们却又很客气的，从没有摆出一点老师架子来。这便是我说他“安素务新各如其分”。记得太炎先生最后到北平的那一回，先生给我向太炎先生介绍说：“这是魏某某，北京大学的同事。”他并不说：“小门生……”我虽可附于门墙引以为荣，先生倒绝端不肯对我们行这一套把戏。这一套把戏里有些魔障——学术不得进步的魔障。所以，我在这里称太炎太夫子实在有些违反先生的精神，“自己装金”了！

先生的伟大在“循循善诱”而“无拘牵罣碍”的引导后辈。只有我相随十多年才晓得先生这一点美德，是若干旧或新的为人师者所不及！中国学问，往往只许老师包罗了一个大圈子，他的学生只算是大圈子里的若干小圈子，如此学生的学生一辈一辈传下去，不应该也不敢向圈子外延长一点儿。学术何以得进步呢？这现象自古有之，于今犹烈！我的先生，他从来不对人说他有那一个学生的；这，我懂得，他不轻易承认是谁的先生也就是不轻易许可哪一个人配当他的学生。例如他对人的称呼：凡是大学里的学生，他一概称“先生”；等相处熟了才改称“兄”，插刊手迹里是对我最后的称呼，“道兄”。先生在这些小节上；不知者以为很脱略，实际是极严肃的。一面保持严肃，一面酷好自由；所以先生对我们论学，不但不遏抑我们的玄想，并且还从而助长。我是很狭陋的研治了先生所长的学问的一部分——文字语言之学，他并不求全责备，偶尔关于经学史学的问题也对我们谈及。当我注意某些问题，提向先生请益，往往接着的回答都是：“这问题呀，我曾经注意过。”这样以后，他叙述了自己一段意见。我有时把我不同的意思说出，先生多半说明他不以为然的理由，之后又说：“不过照你的讲法，……”以下就完全站在我的观点上替我加解释，替我想证据。如此成就了我若干学说的取舍信念。这样，学问的进展，师徒相承正似许多圈练上下相联着，可以延引至于无穷。我惭愧：治学既无以继先生，教人亦不能如先生；愿将先生如此盛德传告国人！抗战初期，北平汉奸伪古物陈列所所长钱桐病故，新闻记者误传是先生。我在昆明，半信半疑，后来接到家信知道确实讹误。钱桐是我们江苏人,似乎与端升先生一家而且是叔侄。当时我们发生了一个对照的趣味:两家姓钱,一叔一侄,一忠一奸,一苏一浙。写到这里,我不禁掩涕,要把先师的幽愤写一写,虽然决不是先生所乐意的。先生的生活在北平极朴素,初住师大教员宿舍(琉璃厂东北园),后住孔德学校(东华门大街),而每日上课以外,必须回家省视,实是一位最好静重情的家长。先生老友间便有句成语道:"无事三十里。"言其在北平城内来回路途之远。若干个无事三十里时,先生便到朋友家谈天,他叫做"生根"。说是到了不走,屁股生了根了:这都是先生的风趣。谈天的人家,大约应该分几个时期,我知道得不十分清楚,姑不确举。但先生"生根"的几处,大致可知,也足以表示他所常往还的人:沈士远先生,胡适之先生,单不庵先生,周豫材先生,刘半农先生,马隅卿先生,马幼渔先生,马叔平先生,黎劭西先生,以及我家。以上单、周、刘、马隅卿四先生,都在先生前作古了,沈先生到南方好久,胡先生中间也离开过北平,只有马幼渔先生,马叔平先生和黎劭西先生以及我比较常见面,尤其是我没有提到的苦雨斋主人周作人。"生根"的习惯,是早在下午四时晚或六时,先生提了他的皮包手杖进了各家的客厅(多半就是书房),坐下了以后,海阔天空的谈起:我所得益于先生的"知人论世""言道治学"种种方面,全是在这些时间里。先生对于思想极注意的,但不爱谈及政治,正是他的个性如此。所以谈话里也许谈到一切的主义,但总有个他自己在那里。我印象最深的是先生极不以"首鼠两端"反复于绝不相容的理想中的人为然。他自己,我觉得"夷夏之防"最严,但又不是狭隘的民族主义或国家主义。这正同他治学的态度一样,我们曾被人叫做"古今中外派"。这样一来,自己就生生的围困在夹墙中间了!他无疑的反对日本侵略中国,而且很敏锐的认识日本人用"亚西亚主义"蜜骗我们。至少在一二八前后,他曾经对我发过牢骚,批评他侄儿的不信任中华民族可以抵抗日本;这种谈话是不断的表示,后来有时几于愤恨从词色上自然显露出来。大师兄原也去日本留学,他中途回国不愿再去,进入北京大学,先生在家庭之间的训言里,我想是有相当关系的。他心中说不出的怒恨,年龄相差不多的叔侄,有什么可以劝诫的呢?

先生在太炎先生最后到北平的一次，要请太炎先生替他写陆象山语录里四句话，而太炎先生竟以为太激烈，没有肯写。我想起这件事就联想到先生立身处世待人接物的何等和平谦虚，而与这四句话表面不相像，但在另一方面正显示着先生光明自由的精神——

激厉奋进，决破罗网，焚烧荆棘，荡夷汙泽！

这里，我钞秉雄兄二十八年一月二十七日给我的信，当做他逝世情形的叙述：

……父亲于一月十七日下午九时三刻逝世。是日午饭后父亲还出门，下午四时余归家，我在五点左右课毕回家，父亲还和我闲谈。六时余，正预备吃晚饭，父亲突然一阵头晕睡在床上，急往扶起已不能言语，只做手势命拍背部，吐出痰唾液甚多。我们急请德国医院史大夫来诊，注射一针，医嘱送医院救治。当就雇病车送往德国医院，经其内科主任伊大夫诊断为右脑部溢血，病势危急。当时又打了一针，仍不清醒，只是呼吸稍匀而带痰声。我当时以为还有希望，谁想得到不久呼吸便突然停止，脉搏也渐细了。唉！从那时候起，我们兄弟三个已经是无父的孤儿了！在病势危急时，我曾和德国医院方面接洽请协和医院医生共同诊断病况，刚接洽好，医生尚未到，父亲已离我们而去了。这次，父亲的突然逝世，我无论如何也想不到。灵柩在家停了七天，现在移殡于法源寺暂厝。讣闻因路远不便寄，又父亲生前朋友学生，我有许多不清楚，现在请先生在昆明报上刊一讣闻。这讣闻稿是兼士、静山、憩之诸先生代拟的。在此发的讣闻署名有大哥方面一系，今稿加上"丧主"二字，则只列我们这一支就行了，这是比较更合于父亲的意思……

当真先生是逝世了，我们一家人都在后方无法证明讹误，我始终用沉默表示悲哀，到今天整整七年！我不做"哭先师"一类的文字，文字写不出我所要说的话，写不完全我所要教人了解的我敬爱的先生！

敌人投降，先生却不及亲见。汉奸就逮，先生也不及目睹。这些对于死者似乎都安排得很妥当。只是我最近所从事的一件工作，先生不及知道，倒很足以憾恨。我从民国十七年受先生命追随做国语统一的运动,一直到现在。我们都是研究中国语文的书呆子,对于正音和识字两件事总想得到贤明的当局励精实行。先生在日对于注音符号标准的改订,译音符号拼音方式的讨论,简体字系统的整理,中国大辞典编纂处的计划,无一不有周密的主张和热忱的倡导。抗战以来,南北阻隔,国语推行委员会到二十九年才继续工作,距先生逝世已一年有余。最近台湾光复,国语推行工作,我们责无旁贷,奉调前往,一切正待请教于先生,偏偏先生下世已有了七年!过沪待机,适逢《国文月刊》为纪念八年来逝世与国文有关的学者,征文于我,教我写关于先生的文字,我只好先写这一篇琐细的回忆,姑且作为我纪念先生的第一次公开的文字。

关于先生学术及其他方面可以写的多着呢,我怕力量还不够写。最后录先生与黎锦熙、罗常培书中语,以见先生处国难与从事国语的态度。在胜利了以后读来,如我这样的心境,也只有个"抱憾终天"的沉默的悲哀罢了!

> ……我以为"国语"一词,涵义甚广,决非"本国现行标准语"一义所能包括;最重要的有"统一国语,研究方言,制造音字"三义("改古文为白话文"亦是一义);而此三义者,刘继庄均已见到,故言及国语,当托始于刘继庄也……信能行刘氏之教,实现国语之三要义,则必能"利济天下后世"无疑也。噫!国难深矣!不佞既无执干戈以卫社稷之能力,只因在过去读了四十年死书,到得现在,靠了做颜习斋所讥之"林间咳嗽病猕猴"之生涯以骗钱餬口,无聊极矣!可耻极矣!因二十余年来陷溺之深,精神麻木久矣,对于国事蜩螗,外寇侵陵,熟视若无睹,虽辽宁之"九一八"与上海之"一二八",尚不足以刺激我顽钝之神经。乃自本年献岁发春,榆关失守,承德再陷,才感到痛楚,镇日价"魂忽忽若有亡,出不知其所往",常常自问"我究竟该做什么事才对呢?"想来想去,还以从事国语为最宜。遵刘氏之教,努力于国语之三要义,这是我分内应做之事,而在民众教育方面厉行注音符号之普及,亦国语中之一义,在今日实为治标中唯一切要之事。我虽无此能力与手腕,然亦当尽摇旗呐喊之责也……刘继庄曰:"人苟不能斡旋气运,徒以其知能为一身家之谋,则不得谓之人。"吾当以此语为座右铭,此又吾欲掇献之一

义也。

这封信是二十二年三月十四日写的，距今凡十三年。他在信中还说：

> 到 1947 年，便是国语纪元三百年纪念。我希望在此十四年之中，咱们对于国语的三要义，都有很多的贡献，则将来举行“国语三百年大祝典”之时，国语的成绩一定斐然可观，很对得起这位国语元祖刘继庄先生了。

我们正要往台湾去，如何能准备好一个“国语三百年大祝典”，如何对于国语的三要义可以有贡献，也许是纪念先生的一个正合宜的工作。因此，我不敢暴弃了先生对我的期望。

（中华民国三十五年，公元 1946 年 1 月 27 日，
距先生逝世七周年又十日，写于上海。
原载《国文月刊》第 41 期）

钱玄同先生手迹

厥古學弗講獨語言猶不遺其雖零殊言絕代之語尚有搜者世人學歐羅巴語多尋其語根溯之希臘羅甸今於國語顧不欲推見本始此尚不足齒於冠帶之倫何有於問學乎

廿七年十一月十八日

錄菿漢師新方言敘語

天行道兄

肄蔴

忆三十年代的鲁迅先生

1922年秋季开始，我是北京大学中国文学系二年级的学生。这一学年，我选修了鲁迅先生的小说史课程。在听讲以前，心里早已向往鲁迅先生。那时候我们不断地读过先生许多言论著作，主要的像《新青年》上发表的《狂人日记》、《我们现在怎样做父亲》和《晨报副刊》上陆续发表的《阿Q正传》。这些言论著作对青年的教育启发很大，感染力很强。他对旧社会的事物分析刻画，显豁而透辟，把形形色色的真相揭露得无可隐饰，字字句句打在青年人的心坎上，引得我们严肃振奋的心情焕发起来。鲁迅先生指引着我们正如他在《我们现在怎样做父亲》里说的："自己背着因袭的重担，肩住了黑暗的闸门，放他们到宽阔光明的地方去；此后幸福的度日、合理的做人。"我一想起先生来，就感到真是他肩住黑暗的闸门，放我们到宽阔光明的地方来的，今日也真正地幸福的度日，合理的做人了！这是我终身的怀念。

小说史课程到这一学年，鲁迅先生在北大已经是第三度讲授。这时候先生的讲稿《中国小说史略》已经写定，第一次排印本就是我们这年的讲义。现在记起，这年刚上课第一章讲义还是用油印印的。序言第二段说明编写的缘起：

> 此稿虽专史，亦粗略也。然而有作者，三年前偶当讲述此史，自虑不善言谈，听者或多不憭，则疏其大要，写印以赋同人；又虑钞者之劳也，乃复缩为文言，省其举例以成要略，至今用之（重点是我加的——功）。

先生自己恐怕说话别人听不懂，所以编这部讲义，讲课的时候并不是"照本宣科"。先生讲课多半就了讲义上的论点加以发挥补充。例如我还记得的，讲第二章"神话与传说"的末了的第二例"紫姑神"，他就提到封建社会妇女地位等问题。总之，先生讲课的精神跟写杂感的风格是一致的。我们那时候听先生讲课实在是在听先生对社会说话。先生的教学是最典范的理论联系实际的。他为着自己的理想,整个精神贯注在教育青年的事业上,我们就幸福地当面受到他伟大思想的教育。

鲁迅先生讲话是有高度艺术的。他自己说"不善言谈",其实并不。只要跟先生听过课或谈过话的朋友,我想会有同感。先生对许多青年讲演或对个别青年谈话,都令人感觉十分亲切。大家常说,鲁迅先生讲话能使一座皆笑而自己依然镇静。这是语言艺术的效果,当然小说史课堂上也经常出现这样的情况。先生说的是普通话,是带有浓厚绍兴方音音色的口头语。他一个音节一个音节地吐字,是那么安详,是那么苍劲。我把读先生的文章——现代汉语典范的书面语所感觉到的那样锋利,那样坚韧,联贯到一起,真有说不出的一种愉快。

小说史上课时间排在星期二上午第三、四堂,教室在沙滩红楼西北角上,四楼或三楼记不清了。每逢星期二上午第二堂还没有下,就有赶来听小说史的人等在教室外边走廊里。赶来听课的朋友像在新潮社工作的李荣第(小峰)、在歌谣研究会工作的常惠(维钧)和在宣武门外晨报馆编副刊的孙福源(伏园),他们多半坐在最后面。我因为是本系选课的便利,座号牌上正式有名,取得一个最好的坐次:第一排第三号。虽然每星期翘盼着听讲小说史略,倒不担心没有坐位。这坐次还是鲁迅先生认识我的标志。

那时候大学里上课不由教师点名,注册组的工作人员按着坐号来查堂。师生之间如有直接往来,才可以认识。鲁迅先生对我倒是从坐号跟人对照起来认识的,这就要谈起一段故事。

打开鲁迅先生的日记第十二册第二页看,1923 年 1 月 14 日星期日记有一句:"夜风,寄伏园稿一篇斥魏建功。"这篇稿子就是《看了魏建功君的〈不敢盲从〉以后的几句声明》。按照先生收集杂文的时序,这篇文章该收在《热风》或《集外集》里,但是一直到 1946 年 10 月唐弢同志编《鲁迅全集补遗》才收录了。唐弢同志的《编后记》说:"我看这两篇是先生故意删去的,理由是'暂时的误解'……"他引先生的《集外集,序言》里自己说明收集文章时的态度的话,有这样几句:

> 也有故意删掉的……或者因为本不过开些玩笑,或是出于暂

> 时的误解，几天之后，便无意义，不必留存了。

这的确是“暂时的误解”。误解的经过是这样的，1922年12月17日北京大学二十四周年纪念（那年起初误算做二十五周年，后来发现错误，将错就错叫做“二十五周成立纪念”），举办了一次大规模的纪念会。纪念会上由“北大戏剧实验社”社员演出托尔斯泰的《黑暗之势力》。俄国盲诗人爱罗先珂写了一篇《观北京大学学生演剧和燕京女校学生演剧后记》，鲁迅先生译载在伏园编的《晨报副刊》上。爱罗先珂文章里针对了我们话剧里男扮女装来演出的事实提出了尖锐的批评。我参加在同学们组织的实验剧社里，就写了一篇辩解的文章，题作《不敢盲从》。由于我年少好胜，意气用事，想不通爱罗先珂怎么能看见我们做猴子学优伶，同时燕京女校同学以女扮男又不见怪。我把辩解的真实话弄成尖刻失态的言语，对爱罗先珂进行了人身攻击，对一个残疾诗人失去应有的同情。先生因而写了这篇斥责我的稿子。跟鲁迅先生文章同时发表的有许多短篇点滴的意见，是伏园等人、鲁迅先生给我都有很大的帮助。

鲁迅先生对我严厉地申斥说：

> 临末，我单为了魏君的这篇文章，现在又特地负责的声明：我敢将唾沫吐在生长在旧的道德和新的不道德里，借了新艺术的名而发挥其本来的旧的不道德的少年的脸上！

我当时觉得先生所讲的正是爱罗先珂文中这样说过的：“中国的年青的男女学生们，难道并没有力量敢将唾沫吐在那生长在旧的道德和新的不道德里，弄赃了戏剧的真艺术的老年和少年们的脸上，而自走正当的道路么？”便自己以为不是这种少年而不再争辩。那时写文章只是对爱罗先珂，连带说到先生，毫无怨怼先生的意思，但是我竟未能向先生诉说，我想只有抱着一向对先生私淑的心怀和悦服虔诚地听讲的态度来回答先生。我的文章1月13日发表，先生的文章14日发表，16日、23日、30日一直下去每星期二的小说史课我堂堂不缺席。这样经过了好久，伏园曾经告诉我过：鲁迅先生就从我虔诚地听讲感到往事是“暂时的误解”，并且鲁迅先生经过伏园的指点小说史教室里我的坐次，大约在 1923 年 1 月下半月就认识了我的面貌。我跟先生见面,作为及门升堂的学生,要在较后了。

唐弢同志的《鲁迅全集补遗》的《编后记》是切合事实的:“这在当时,是哄动古城的论争。魏先生是鲁迅先生的学生,他们后来很接近。”我对先生一直是抱着私淑的心怀和虔诚地学习的态度,回忆先生给我们的光和热,所有跟他接触的青年都感受得到。先生《自嘲》诗的名句“横眉冷对千夫指,俯首甘为孺子牛”我们特别体味深刻,正是由于我们很接近,因而很了解他的这种精神的缘故。也不记得何时何地我跟先生开始谈话的,一开始往还就是我拉着先生支援我工作,答应到我办的黎明中学去教课。1925 年“五卅”运动里,我们有几个人发起开办了黎明中学,那时的新学书院(英帝国主义分子办的)的同学大部分转过来了。这个中学一开办就有四百多学生,高初中年级俱全,校址设在北京西城丰盛胡同。我负责办教务,就请鲁迅先生担任高中的课,讲小说。我请鲁迅先生担任课是很匆促的,1925 年 8 月 28 日晚上首次进见先生,邀了伏园一起去,9 月 7 日晚上我自己一个人再去了一次,当我提出请求,先生没有游移,满口应允,9 月 10 日就到黎明中学上课(见日记十三)。总计这时期先生担任教课的学校共有北大、女师大和中国大学三个高等学校,又加黎明中学,以外还有一个大中公学,每周讲授的时间就得十小时,交通又不方便,一出门就是半天,事实上十小时等于五个半天。一个星期几乎去了一半,这些光阴都是鲁迅先生为了广大的青年花费的。不但讲授,还照常写作、翻译、替青年审校稿了和编辑报刊如《莽原》、《国民新报副刊》之类,往往夜以继日地工作。正在同时,这年 8 月里先生因北京女师大事件被章士钊非法免职,先生跟“正人君子”们进行坚决斗争,更费了许多心血。尤其令人感动的,现在细按 1925 年到 1926 年先生的日记了解了先生的健康情况,先生为青年累病了!他一面严重地病着,一面严肃地工作,当时人不知鬼不觉绝口不提一个“病”字。28 日我去见他,记得跟伏园我们三人谈话内容大半谈的这个问题,先生说要对章士钊进行行政诉讼;那时北洋军阀政府下面被免职的“属僚”对骑在头上的作威作福的“上司”不可能进行这种诉讼的,但是鲁迅先生做到了,三十一日日记记着:

赴平政院纳诉讼费三十元控章士钊。

谁知9月1日起到次年1月5日日记不断记“赴山本医院诊”，四个多月凡二十三次，恰恰在这一阶段，我就把黎明中学讲课的事烦劳先生加重了负担！固然黎明中学在先生热情支持之下，对大部分脱离英帝国主义分子奴化教育的青年是起过很大的鼓舞作用的。我在不久之后离开黎明中学，先生也就辞职了（见1925年12月13日日记）。先生每星期四下午到黎明中学上课，我们一定见面一次，并看不出来他是在病中，可是我看了1934年11月18日先生给母亲的信里一段话：“男因发热躺了七八天……大约是疲劳之故和在北京与章士钊闹的时候的病一样的。”一对照日记才恍然明白先生病情之严重。

从前读到《热风》末了，看见“身热头痛之际”的附记，总以为是先生的一种讽刺，因为《热风》出版的时候正在女师大复校斗争激烈的时候，就穿插联系来领会先生的战斗精神了。现在想来，先生的坚韧顽强，疾病痛苦，虽不能堪，只记下一笔而绝口不言，固然可以赞叹；尤其令人感动的，身热头痛的时候，竟还照常写作，并且谨严地做着编纂工作。《热风》就这样在先生跟反动势力和缠扰的病痛内外交错的坚强斗争里编订的。

大约是先生将要离开广州回到上海的时候，刘半农先生托静农从北京去信征求同意，想给先生进行接受“诺贝尔奖金”的活动。他复静农：

……请你转致半农先生，我感谢他的好意，为我，为中国。

诺贝尔赏金，梁启超自然不配，我也不配，要拿这钱，还欠努力。世界上比我好的作家何限，他们得不到。你看我译的那本小约翰，我那里做得出来，然而这作者就没有得到。

或者我所便宜的，是我是中国人，靠着这“中国”两个字罢，那么，与陈焕章在美国做“孔门理财学”而得博士无异了，自己也觉得好笑。

……

我眼前所见的依然黑暗，有些疲倦，有些颓唐，此后能否创作，尚在不可知之数。倘这事成功而从此不再动笔，对不起人；倘再写，也许变了翰林文字，一无可观了。还是照旧的没有名誉而穷之为好罢。（一九二七，九，二十五，《影印书简》页七）

刘半农托付静农这件事，我还在场。这一件事情的发动是由于瑞典人斯文赫定的关系。斯文赫定名义上是个瑞典地理学家，实际上是在我国大西北做侦探工作为帝国主义服务的“学者”。他曾经在蒙古新疆一带单独地进行过若干次的旅行；就在1926年、1927年的当儿，他又通过瑞典公使向北京政府交涉，要做飞渡蒙古新疆沙漠地区的“科学考查旅行”。那时国内正是大革命前夕，北京政府是保护不了本国主权的。斯文赫定的要求被留在北京的大学方面以及其他方面的文化人士听到了，就向当时政府表示了意见：要作科学考查旅行必须有中国学者参加，否则不能允许他的要求。这样就成立了一个“西北科学考查团”，北京大学的教授们是对斯文赫定谈判的负责中心，担任着常务工作的就是刘半农教授。这个团的组织情形不需要多说，只要读斯文赫定自著的《长征记》就可以看出他是怎么改变态度接纳中国学者参加的了。这斯文赫定是用阴谋手腕的老手，拿瑞典诺贝尔奖金的华冕来收买中国学者是一份现成的人情，刘半农向先生动议就是斯文赫定给他谈后的事。这一段经过回想起来，鲁迅先生的回信不仅仅表示自己的谦虚，实在还严正而又坚决地拒绝了帝国主义阴谋分子斯文赫定的“诱惑”。我们并没有更多地知道鲁迅先生这时候对刘半农是怎么看法，但从1934年8月1日先生写的悼念文《忆刘半农君》（《且介亭杂文》）看，先生是“爱十年前的半农，而憎恶他的近几年”。这所谓“近几年”，我想谈“诺贝尔奖金”的时候恐怕已经渐在开始了。商谈接受奖金的时候有人提梁启超，而半农是愿意推荐鲁迅先生，先生信里提到梁启超，当是静农叙明动议经过，先生从而答复的。由此可见半农对先生，这时候还很好。但是先生说，半农居“要津”以后，他就不满意了。管西北科学考查團虽非要津，可能是所谓“履霜整至”吧。先生悼文最后这样说了：

因为我希望他常是十年前的半农，他的为战士，即使“浅”罢，却于中国更为有益。我愿以愤火照出他的战绩，免使一群陷沙鬼将他先前的光荣和死尸一同拖入烂泥的深渊。

从这一件事情上，也可以看出鲁迅先生的为人，看出他对朋友的深挚的爱护，和当朋友（如刘半农）走向倒退时他的深深的惋惜和愤怒。从这里也可以映照出鲁迅先生高大的人格和品行。

我们已经到了宽阔光明的今天，为了创造更美的明天，还得赓续着先生的方向，继承着先生的精神努力前进。

（原载 1956 年《文艺报》第 10 期）

继往开来出力多

——在纪念罗莘田先生座谈会上的发言，广伸其意，而作短文

回首论交五十多年，不图庸驽后死，乃与唯一初组的北京语言学会筹备会同人聚首一堂来纪念莘田，意义特别深远。我的心情和大家一样非常激动。

我和莘田先生都是北京大学中国文学系的学生，算起来他比我要早上几年，1919 年下半年我进北大预科，他已经毕业了。因为他继续转入哲学系学习，我们就同共朝夕一个时期，可并没有相见，间接互相知名。1926 年、1927 年，他去厦门、广州任教，我在朝鲜，后来他就任历史语言研究所研究员，我们便有书信往还，其中友谊纽带系于故人白涤洲。1928 年，我回北京在母校服务，同时追随本师钱玄同先生从事"国语运动"，1929 年莘田也回到北京在北海静心斋史语所工作，两人业余和白涤洲常过从，当时是"三人行"，工作岗位不在一起，而工作方向却是一致的。涤洲专职从事"国语运动"，有人说我们搞"国语运动"是"白莲教"，我固然也是一个"白莲教"，莘田做了大宗有关"国语运动"的历史研究，所以实际也是一个"白莲教"。那时候，我有幸得读莘田的每一著述论文初稿，获益良多！他和涤洲两位的工作对于我掌握北京话和普通话语音史知识帮助很大。1934 年涤洲襄助刘复（半农）教授调查语音乐律，到京绥路内蒙地区做学术旅行，刘复教授感染回归热不幸殉学而死，次年涤洲又患伤寒症相继谢世。刘复教授逝世，莘田被邀聘到北大中文系来补缺。我是追随他的一个小兵，足足四十来年。

北大中文系当时老一辈的教授，"五四"时期新文学运动的中坚已经分散，课程转进一个新阶段，开始分 ABC 三组，即文学、语言文字、古籍校订三组，颇具解放后党领导下所分专业的规模。从语言学方面说，从旧的传统转向新的科学体系，那是个开端。现在回忆那个开端，正是莘田先生和我忙语言文字学组教学方案所反映的方向。我们共同草拟

了一个《中国文学系语言文字学组课程总纲》，谨录原稿（见附件），用以纪念。我们所拟课程，除“东方语言研究”，都有具体担任的人，并非空论幻想。例如“中国文字学”部分就有沈兼士、唐兰先生和我开过那些课，而“中国语言学”部分除了沈兼士、钱玄同、何容等先生和我担任的以外，莘田先生担任过以及准备担任的课程就有许多，如语言学、语音学、等韵图摄及音标运动、域外中国音韵论著研究、方音调查实习、声韵学择题（汉魏六朝音）等。当时语言科学我国还处于混沌时期，莘田先生的工作却已经是属于继往开来的了。他一直在“方音调查实习”的一条线索上，逐步带领出一大批学者专门发展了少数民族语言的研究。这也是“星星之火，可以燎原”在科学建设上的验证。现在我们的语言学有这么多的方面，都和莘田先生有关系，他称得起是中国语言学的奠基人，他是继往开来出力最多的人。

我们这一代都处在继往开来的历史时期，继往开来最重要的方面则是四十多年前莘田所开辟的，解放后正用上了。新中国体现民族政策，发扬各个民族的文化，落实民族语言的科学研究，莘田先生荜路蓝缕之功不可没，他为人民立了大功。今天我们在唯一初组的北京语言学会筹备会同人纪念他八十岁诞辰的时候，来纪念他不朽的事业成就，意义特别深远！

老友竟尔中寿，离开我们已经二十又一年了！音容笑貌，直谅多闻，令人难忘！我年来疲癃多病，几成废人，回顾往日，风雨同舟，愧为“杂家”，庸驽后死，思念当此新长征开始，更进一步语言学应现代化，如君对工作那样认真做出继往开来的伟大业绩不可再得！这是我于公于私纪念莘田时心情分外凄切的一点！

一九七九年十一月二十六日。

（原载商务印书馆 1984 年《罗常培纪念论文集》）

附:中国文学系语言文字学组课程总纲

罗常培 魏建功 谨拟

甲　中国语言学

A　语言

一　语言学(2.3)*〇　二

二　语义学(训诂)(2.3)*　二

三　中国训诂学史纲(3)*〇　二

四　方言研究(2)　二

五　东方语言研究

六　汉语学择题研究(联绵格、殷周词类)(3.4)*〇　二

七　中国文法研究(古文法、现代语法)(3.4)*〇　二

B　声韵

一　语音学(附实验)(1.2)*〇　三

二　中国声韵学概要(横的叙述)(1)*〇　二

三　中国声韵学史纲(纵的叙述)(2)*〇　二

四　古音考据沿革(3.4)*〇　三

五　韵书系统。(3.4)*〇　三

六　等韵图摄及音标运动(3.4)*〇　三

七　域外中国音韵论著研究　二

八　方音调查实习　二

九　声韵学·择题研究(汉魏六朝音)(3.4)*〇　二

乙　中国文字学

一　中国文字学概要(1)*〇　二

二　汉字变迁史纲(2)*〇　二

三　中国文字学史(3.4)*〇　三

四　古文字学导论(3.4)*〇　二

五　甲骨文字研究　三

六　钟鼎文字研究　三

七　文字学择题研究(3.4)*〇　二

加*者必修。分年者加1.2.3.4字样。照分年必修之规定如有应修未修者,必须补修。

教育系辅系生选习科目加〇,除一年级功课须必修,余为选修。

第七组　大学语文教学研究

致中文系教授会书[①]

幼渔先生暨国文系教授会诸先生：

下面的条陈是我年来久已要说的话，想也是诸位先生所愿意采纳的。我谨以爱“母系”的热诚将这个条陈提在诸位先生之前。

我唯一的条陈是想请把国文系的课程组织整理完密起来。从前的国文系只觉得科目多。科目多而给一般人的印象只是个“多”，而实在下面这几件缺点是显然的事实：1. 学生选课无一定系统；2. 学生选课避难就易，只凑单位数目；3. 别系学生选习功课漫无限制；4. 本系学生除一年级必修单位外，无专习功课；5. 课程徒多而不能使人了解其门类，为一般人所误解，以为本系教授太多。

我们固然不是要“君子可欺以其方”的遮人眼来改换组织；过去的课程组织，我不敢说全然不对，然而假使给他明白地分门别类的组织起来，我想：1. 学生选修功课能有个一定标准，将来的功效要比较好些。2. 旁人看了，知道实在情形如何，进行发展上可以少许多非难的阻滞。

我常妄想我们国文系该有这样的分类：

---

① 此为作者1925年就读北大中文系时致系教授会的信，教授会接受了此建议，并于当年秋季按其建议改进了学科组织办法。

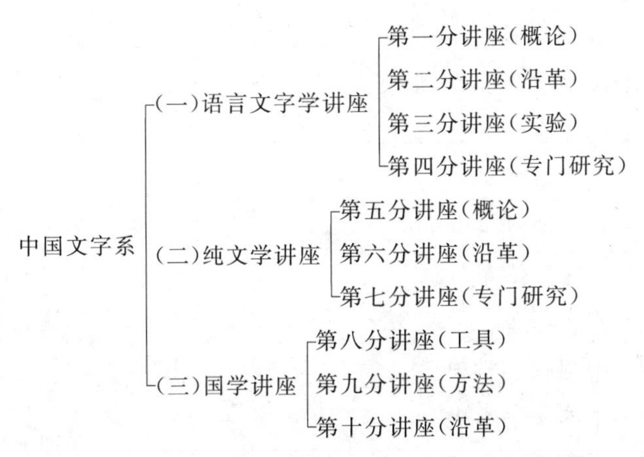

我们将国文系的科目分析一下，显然可分成以上三类。这三类再分由几位教授担任各讲座；便可以教一般误会国文系教授太多的事实明瞭。语言文字学是治学的根本，所以我写作第一类。这个讲座中分一至四(概论、沿革、实验、专门研究)四讲座。文学本指纯文学，中国文学却包括的太广，我们既将广义文学中的哲学、史学提开，小学归到语言文字学里，当然可以不必再标明了；可是在一切不相统属之中非止纯文学，还有一个古怪的“国学”。所以，我写纯文学为第二类。这类中分五至七(概论、沿革、专门研究)三讲座。本来国学不是课堂上可以讲授的东西，而且这东西究竟应该不应该在国文系教也是个问题；然而目前和将来的需要，治“中国学”的技能一定不可不预备教给治国学的人。所以，我写国学为第三类，其目的在给学生得到治国学的门径，而不是提倡“经学”。“国学”这个名词虽不很安详，然而只要我们的精神所在的地方不错，名字差点那又何妨？这个讲座中分八至十(工具、方法、沿革)三讲座。入本系学生分别填明要学那类的功课；第一年必修一五八各讲座的功课，自第二年起各就填明的类专习。别系学生选课，只可在指定讲座中选习。这样，国文系学生至少普通国文的内容可以有个认识，而专门方面也可有相当的心得，总比乱选四年凑足单位的好处多。

用国文系原有科目与我说的三大类比照起来，可以列写如下；那臆度要有的，另加星符分别它。

中国文学系

第一大讲座　语言文字学

第一分讲座　概论

中国文字学大意(形义)

中国文字学大意(音韵)

* 发音学原理

* 音乐原理

第二分讲座　沿革

* 国音沿革

* 中国音韵学史

* 中国文字学史

* 语言学史

第三分讲座　实验

* 四声实验

* 方音分析

* 方音调查

第四分讲座　专门研究

文字形义学

音韵学

* 方言学

* 文字音韵学专书研究

第二大讲座　纯文学

第一分讲座　概论及工具

文学概论

* 文学评论

* 中国文学通论

* 中国文学之背景(中国思想史)

* 修辞学

* 美学

第二分讲座　沿革

中国文学史

* 东方文学史

* 欧洲文学史
* 中国文体变迁史
诗史
词史
戏曲史
小说史
第三分讲座　专门研究
文名著选
诗名著选
断代文选
断代诗选
词选
词家专集
戏曲
* 小说
* 话剧
声律学
和声学
作曲
第三大讲座
第一分讲座　工具之学
* 中国书目学(版本)
* 图书馆学
金石学
第二分讲座　方法之学
校勘学(古籍校读法)
* 编目学
* 考据学
第三分讲座　沿革
“经学”历史

“诸子学”史

学生听讲的要求是要知道每科学问的门径，及其本身价值的批评，而不全在于字句间的疏解。断代文学的讲授也似觉比通盘线索讲的为次要。三四年级专修科目宜注意课外读书报告，作为单位之若干分加以考虑，从今年起就试行起来。如此，我敢说能令进国文系的学生知道他自己的责任，就决定他要治何种学问不可，自然国文系的成绩就有进步，而视国文系为“逃逋薮”的人也不能不有所警觉；就是教书的也才会觉得有兴趣。师生隔阂这件事实是北京——尤其是北大——方面的最大弱点。我们处处不能不受政治环境影响，有些教人不能不留神。不过我们的园地是由我们耕耘的；我们在学术上时常教我们师生间有相当的了解，我想倒不致有什么危险。我常听到无聊的问话，便常想把师生间的了解加深，从前在读书会主张出版刊物便有此意。读书会或有种种不便的地方，但我总希望先生们能常有教同学了解的机会，就是在言论上学术的思想的政治的各方面的关系要有建设。

这两年来，国文系在社会上的地位很显得责任的重大。在这样重大责任之下，最易招人猜忌；我们惟有切切实实把组织整理完密起来，教他们知道不是他们所想象得到的那样简陋或纷杂！

我所说的或者有些不当的地方，还愿先生们抉择！

魏建功，1925年9月2日

（见《魏建功文集》第五卷，第60—64页）

大学一年级国文的问题

一　现行大一国文教材之统计

二十九年我曾经为编选大学一年级国文的预备工作，做过一次各大学现行选文材料的统计。这一个统计，我只能叙述出十四点事实而不能有什么更好的结论。十四点事实是：

（一）在战时的后方所征集到的全国大学校院（包括专科学校）选文约在二十个单位。二十个单位的选文篇目总共有 1051 篇。1051 篇选文凡为作家 353。[①]

（二）353 作家 1051 篇在下列八时代中的总分配：

<table>
<tr><th>时代</th><th>先秦</th><th>汉</th><th>魏</th><th>晋六朝</th><th>唐五代</th><th>宋元</th><th>明</th><th>清</th><th>近代</th><th>待考</th><th>共计</th></tr>
<tr><td rowspan="2">作家数</td><td rowspan="2">23</td><td rowspan="2">30</td><td>10</td><td>52</td><td rowspan="2">17</td><td rowspan="2">43</td><td rowspan="2">40</td><td rowspan="2">86</td><td rowspan="2">52</td><td rowspan="2">待考</td><td rowspan="2">353</td></tr>
<tr><td colspan="2">62</td></tr>
<tr><td rowspan="2">篇　数</td><td rowspan="2">138</td><td rowspan="2">101</td><td>15</td><td>91</td><td rowspan="2">106</td><td rowspan="2">161</td><td rowspan="2">70</td><td rowspan="2">237</td><td rowspan="2">121</td><td rowspan="2">11</td><td rowspan="2">1051</td></tr>
<tr><td colspan="2">106</td></tr>
</table>

作家多寡之时代序

1. 清
2. 魏晋六朝
3. 近代
4. （晋六朝）

---

① 现有国立专科以上学校当在一百上下，我们辗转征集到的有些只是课程纲要没有选文篇目，有些篇目举例而不全，故称“约有二十单位”。此处家数与篇数，纯文艺概不在内。

5. 宋元

6. 明

7. 汉

8. 先秦

9. 唐五代

10.（魏）

篇数多寡之时代次序：

1. 清

2. 宋元

3. 先秦

4. 近代

5. 魏晋六朝

6. 唐五代

7. 汉

8.（晋六朝）

9. 明

10.（魏）

（三）各时代中作家与其被选篇数之种种分析

1. 被选篇数最多之作家与其被选之篇数：[1]

时代	先秦	汉	魏	晋六朝	唐五代	宋元	明	清	近代	共计
作家数	1	1	2	1	1	1	1	1	1	10
篇　数	22	26	3	18	49	36	14	34	14	216
作　家	左传	史记	曹丕 曹植	文心雕龙	韩愈	欧阳修	归有光	曾国藩	章炳麟	

① 人名与书名并归入作家中，不及详分。

2. 被选单位最多之作家篇数与单位数：

时代	先秦	汉	魏	晋六朝	唐五代	宋元	明	清	近代	共计
作家数	2	2	1	2	2	1	2	1	2	15
被选单位最多之篇数	2	2	1	2	3	1	3	1	5	20
单位数	7	6	9	6	9	5	9		2	
作家篇目	韩非说难 孟子许行章	蔡邕郭有道碑 贾谊过秦论	曹丕典论论文	丘迟与陈伯之书 稽康与山巨源绝交书	始得西山宴游记 柳宗元封建论 韩愈张中丞传后序	胡铨戊午上高宗封事	史可法复多尔衮书 归有光先妣事略	曾国藩圣哲画像记	严复天演论例译言 告癸丑以来死义诸君 救学弊论儒侠 章炳麟徐锡麟传	

3. 被选篇数在五篇以上十篇以上二十篇以上之作家数：

时代	先秦	汉	魏	晋六朝	唐五代	宋元	明	清	近代	共计
廿篇以上作家	1	1	0	0	2	3	0	1	0	8
十篇以上作家	6	1	0	1	0	0	1	2	1	12
五篇以上作家	4	2	0	0	1	4	2	9	6	28
一时代总计	11	4	0	1	3	7	3	12	7	48

4. 被选单位自二至九之篇数：

时代	先秦	汉	魏	晋六朝	唐五代	宋元	明	清	近代	共计
九单位选用篇数	0	0	1	0	3	0	0	1	0	5
八单位选用篇数	0	0	0	0	5	0	0	0	0	5
七单位选用篇数	2	0	0	0	2	0	0	0	0	4
六单位选用篇数	2	2	1	2	2	1	0	0	0	10
五单位选用篇数	2	4	1	2	0	1	3	1	0	14

（续表）

<table>
<tr><td>四单位选用篇数</td><td>7</td><td>5</td><td>2</td><td>2</td><td>4</td><td>6</td><td>0</td><td>5</td><td>0</td><td>31</td></tr>
<tr><td>三单位选用篇数</td><td>7</td><td>7</td><td>1</td><td>6</td><td>6</td><td>9</td><td>2</td><td>4</td><td>0</td><td>42</td></tr>
<tr><td>二单位选用篇数</td><td>28</td><td>31</td><td>0</td><td>26</td><td>18</td><td>22</td><td>7</td><td>34</td><td>5</td><td>171</td></tr>
<tr><td rowspan="2">一时代总计</td><td rowspan="2">48</td><td rowspan="2">49</td><td>6</td><td>38</td><td rowspan="2">40</td><td rowspan="2">39</td><td rowspan="2">12</td><td rowspan="2">45</td><td rowspan="2">5</td><td rowspan="2">282</td></tr>
<tr><td colspan="2">44</td></tr>
</table>

（四）依前条(3)被选篇目过十篇的二十家中间所有篇数最多的是四十九。兹列二十家，再分与前条(2)比对，则被选单位最多之作家篇数并不相同，如下：

(1) 二十家以篇数多寡排列先后：

1. 韩愈四十九篇
2. 欧阳修三十六篇
3. 曾国藩三十一篇
4. 苏轼二十八篇
5. 史记(司马迁)二十六篇
6. 柳宗元二十六篇
7. 王安石二十四篇
8. 左传二十二篇
9. 汉书(班固)十八篇
10. 文心雕龙(刘勰)十八篇
11. 姚鼐十八篇
12. 归有光十四篇
13. 章炳麟十四篇
14. 礼记十三篇
15. 孟子十二篇
16. 顾炎武十二篇
17. 论语十一篇
18. 战国策十一篇
19. 荀子十篇

20. 管子十篇

(2) 二十家时代之分配及与前条(2)比对被选单位最多之作家篇数：

时代	先秦	汉	魏	晋六朝	唐五代	宋元	明	清	近代	共计
作家数	7	2	0	1	2	3	1	3	1	20
篇　数	86	44	0	18	75	88	14	61	14	400
与前条(2)比对单位最多作家及篇数	1	0	0	0	2	0	1	1	1	6
	1	0	0	0	3	0	2	1	4	11

被选单位最多之作家在二十家中为 6/20；

被选单位最多之篇数在二十家中为 11/400。

(五) 每篇选用的单位最多的有九校，依(三)条(4)所列 282 篇中仅有 5 篇，依(四)条(1)所列二十家中则得 4 篇。兹取(三)条(4)表中选用单位在 3 个以上的作家篇数，计得 54 家 105 篇，列成次表：[①]

选用单位	9	8	7	6	5	4	3	共　计
作家数	4	1	3	9	11	21	27	76(54)
篇　数	6	5	4	9	14	28	39	105

(六) 前条所得 54 家 105 篇，按照(二)条各个时期分划以见篇数和作家数的分配情形：

1. 各期选文在三单位以上的篇数：

唐五代	两汉	魏晋六朝	先秦	宋元	清	明	近代
22	18	17	16	16	11	5	0

2. 各期作家被选数：

甲，每家被选总数在十篇以上的：

先秦	宋元	清	两汉	唐五代	魏晋六朝	明	近代
5	3	3	2	2	1	1	0

① 有一作家被选数篇者，故总计数以括号中实数 54 为准。

乙，每家被选总数不足十篇的：

魏晋六朝	两汉	宋元	清	先秦	唐五代	明	近代
13	7	6	4	3	2	2	0

丙，各期作家总数：

魏晋六朝	两汉	宋元	先秦	清	唐五代	明	近代
14	9	9	8	7	4	3	0

3. 各期三单位以上的选文与作家的分配：

时代		先秦	汉	魏晋六朝	唐五代	宋元	明	清	近代	共计
总数十篇以上的	作家数	5	2	1	2	3	1	3	0	17
	篇数	11	11	2	19	10	3	5	0	61
总数不足十篇的	作家数	3	7	13	2	6	2	4	0	37
	篇数	5	7	15	3	6	2	6	0	44
合计	作家数	8	9	14	4	9	3	7	0	54
	篇数	16	18	17	22	16	5	11	0	105

（七）依第四条所列被选总篇数过十篇的作家与被三单位以上选用的篇数比例情形如次：①

作家	韩愈	欧阳修	曾国藩	苏轼	史记	柳宗元	王安石	左传	汉书	文心雕龙	姚鼐	归有光	章炳麟	礼记	孟子	顾炎武	论语	战国策	荀子	管子	共计
被选总篇数	49	36	31	28	26	26	24	22	18	18	18	14	14	13	12	12	11	11	10	10	403

① 这里的篇数指选文的一个片段，与向来篇卷无涉。例如孟子本书七篇，选目为十二篇，实即本书之十二章，读者审之。

（续表）

三单位以上选用篇数	7	2	1	5	8	12	3	1	3	2	3	3	6	3	3	1	0	1	3	0	67

实得作家 17/20。

（八）前条作家更以被五单位以上选用为标准，其作家篇数比例情形如次：

作家	韩愈	欧阳修	曾国藩	苏轼	史记	柳宗元	王安石	左传	汉书	文心雕龙	姚鼐	归有光	章炳麟	礼记	孟子	顾炎武	论语	战国策	荀子	管子	共计
五单位篇数之比例	2	0	1	0	3	10	0	0	0	0	1	2	0	1	1	0	0	0	2	0	23
	49	36	31	28	26	26	24	22	18	18	18	14	14	13	12	12	11	11	10	10	403

实得作家 19/20。

（九）选文 1051 篇在二十单位中间被选的情形：

1. 全数单位选用者无，即二十单位皆选之文没有。

2. 二分之一单位选用的无，即十单位皆选之文没有。

3. 三分之一单位以上选用的有六家十四篇：即选用单位七至九者占家数 6/353，篇数 14/1051。

4. 四分之一单位选用者有二十一家、二十五篇，即选用单位五至六者占家数 21/353，篇数 25/1051。

5. 五分之一单位以上选用者有二十一家、二十八篇，即选用单位四者占家数 21/353，篇数 28/1051。

6. 七分之一单位以上选用者有二十六家、三十八篇，即选用单位三者占家数 26/353,篇数 38/1051。

(通共作家 54/353、篇数 105/1051)

(十) 每家被选总篇数与三单位以上选用的篇数的比例,依次列下:

1. 3/3 曹丕。

   1/1 许慎、刘歆、曹操、孔融、范晔、丘迟、鲍照、马端临、史可法。

2. 1/2 蔡邕、郑玄、陈琳、嵇康、颜延之、萧统、庾信、郑樵、胡铨、王炎午。

   2/4 陆贽

3. 12/26 柳宗元。

4. 2/3 恽敬。

5. 1/5 贾谊、刘向、扬雄、三国志、陶潜。

6. 3/10 荀子。

7. 8/26 史记。

8. 1/4 袁宏道、汪中、洪亮吉。

   3/12 孟子

9. 3/13 礼记。

10. 3/14 归有光。

11. 2/5 章学诚。

12. 1/5 史通。

13. 5/28 苏轼。

14. 3/18 汉书、姚鼐。

15. 3/7 庄子。

16. 1/7 韩非子、通鉴。

    7/49 韩愈

17. 1/8 曾巩。

    3/24 王安石。

18. 1/9 国语。

    2/18 文心雕龙。

19. 1/11 战国策。

20. 1/12 顾炎武。

21. 2/36 欧阳修。

22. 1/22 左传。

23. 1/31 曾国藩。

（十一）依第九条所举的最多单位选用的材料，即是第五条表中选用单位九八七三者一共十四篇，我们可以假定认为是公认必选的，得作家六，但是与第三条(2)就略有出入。兹列篇目，只与第三条(2)相同者加＊标明：

篇目	作家	选用单位数
1. ＊封建论	柳宗元	9
2. ＊始得西山宴游记	同上	9
3. ＊钴鉧潭记	同上	8
4. ＊小丘记	同上	8
5. ＊小石潭记	同上	8
6. ＊袁家渴记	同上	8
7. ＊石渠记	同上	8
8. ＊石涧记	同上	7
9. ＊小石城山记	同上	7
10. ＊典论论文	曹　丕	9
11. ＊张中丞传后序	韩　愈	9
12. ＊圣哲画像记	曾国藩	9
13. ＊许行章	孟子	7
14. ＊说难	韩非子	7

（十二）若依第十条所列的比例在二分之一以上者，即作家被选篇数与其三单位以上选用篇数之百分比为100％及50％者，作为公认必读的材料，就有作家二十一，篇数二十四，而作家被选总篇数只有两家是过了三篇，根本没有一家过十篇的。兹列篇目，与第三条(2)及前条相同者加＊标明：

篇目	作家	选用单位数	百分比
1. *典论论文	曹　丕	9	100%
2. 与朝歌令吴质书	同　上	6	同上
3. 典论自序	同　上	3	同上
4. 说文解字序	许　慎	4	同上
5. 让太常博士书	刘　歆	5	同上
6. 让县自明本志令	曹　操	4	同上
7. 论盛孝章疏	孔　融	4	同上
8. 狱中与甥侄书	范　晔	3	同上
9. *与陈伯之书	丘　迟	6	同上
10. 登大雷岸与妹书	鲍　照	4	同上
11. 文献通考序	马端临	6	同上
12. *复多尔衮书	史可法	5	同上
13. *郭有道碑	蔡　邕	6	50%
14. 戒子书	郑　玄	5	同上
15. 为袁绍檄豫州	陈　琳	5	同上
16. *与山巨源绝交书	嵇　康	6	同上
17. 陶徵士诔	颜延之	3	同上
18. 文选序	萧　统	3	同上
19. 哀江南赋序	庾　信	5	同上
20. 通志总序	郑　樵	3	同上
21. *戊午上高宗封事	胡　铨	5	同上
22. 生祭文丞相文	王炎午	3	同上
23. 请罢琼林大盈二库状	陆　贽	3	同上
24. 拟奉天改元大赦诏	同　上	3	同上

（十三）作家篇数在五篇以上，而选用无足三单位者的，二十一家146篇。

1. 章炳麟 14　2. 论　语 11　3. 管　子 10　4. 方　苞 8
5. 魏　禧 7　6. 黄宗羲 7　7. 梅曾亮 7　8. 蔡元培 7
9. 严　复 7　10. 张　謇 7　11. 蒋中正 7　12. 张煌言 6

13. 梁启超 6　14. 鲁　迅 6　15. 苏　洵 5　16. 苏　辙 5
17. 宋　濂 5　18. 侯方域 5　19. 张惠言 5　20. 陈弘谋 5
21. 全祖望 5

（十四）选用单位为二校者共计 171 篇，合第五条所列的三校以上者 111 篇，共 282 篇。选文全数 1051 篇，除了 282 篇，所馀的就是一个单位选用的。一个单位选用的凡 769 篇。

从这十四点的叙述，我们感觉在二十个单位的大学院校选文里找不出一个客观的共同的标准。我们没有找到一篇文章在二十个大学院校过半数的单位里不约而同的选授，如果把这 353 个作家，1051 篇选文，平均分配成二十个单位，每一单位就该各有不同的作家 17 个多人，选文 52 篇多，虽非合理的办法，倒反近乎实际。一个学生要在一年之内读 17 个作家 52 篇选文，本甚合理；但是二十个单位有各不相同的 17 个作家 52 篇多选文，每一个学生就靠二十分之一的机会来与任何 17 个作家 52 篇多选文发生关系，似乎不算合理了！这事实告诉我们，我们的大学生所该修习的作家和选文，是由或然的机会来决定。我不敢说这样的事实一定有什么过错，但却能说这种情形实在对我们初入大学校院的青年没有什么好处。我想谁也不能说这不需要一个“意志集中”的调整。

二　大一国文选目编选经过

说到调整，我预备在这里叙述一下我们参加教育部大学用书编辑委员会大一国文编选会议的经过。

大学用书编辑委员会在二十九年秋季开第一次委员大会，议定大一国文选本由会议推定若干人负责编选，结果推定了黎锦熙、朱自清、卢前、伍俶傥、王焕镳诸先生和我六个人，并且指定由我负责联络进行，作为召集人。我从教育部高等教育司得着司中主持的大一国文谈话会纪录，再因大学用书编辑委员会供给征集到的各大学院校现行教材，分别统计编目并拟订编选办法，征询诸位的意见。原拟编制分“统一”和“补充”两项教材，选法由各人先行初选若干篇，集中整理后开会复选决定。三十一年六月十五至十六两天,我们由各地聚在重庆教育部商定了一个选目。

经十目	子七目	史十九目	集十四目	时代
1. *易(乾坤文言) 2. *书(秦誓) 3. *诗(蒹葭七月东山) 4. *礼记礼运 5. 礼记乐记 6. 左传殽之战 7. 左传鞌之战 8. *左传季札观乐 9. *孟子知言养气章	11. *庄子秋水 12. 列子杨朱篇 13. *荀子天论篇 14. 荀子赋篇	18. 国语重耳之亡	37. *屈原离骚	先秦十五目
10. 许慎说文解字序	15. 淮南子览冥训 16. 论衡艺增	19. 史记淮阴侯列传 20. *史记魏其武安侯列传 21. 史记货殖列传 22. *汉书李广苏建传 23. 汉书张骞传 24. 汉书霍光传	38. *赋选(贾谊惜誓司马相如长门赋) 39. 董仲舒贤良对策(一首)	汉十一目

（续表）

经十目	子七目	史十九目	集十四目	时代
	17. 文心雕龙神思	25. *后汉书马援传 26. 后汉书黄宪传 27. 后汉书郭林宗传 28. 后汉书儒林传序 29. *三国志诸葛亮传 30. *晋书阮籍传 31. 北史文苑传序 34. 高僧传慧远传 35. 水经注（江水“又东巫溪水注之”一段） 36. 洛阳伽蓝记景林寺白马寺	40. 庾信思旧铭	魏晋六朝十二目

（续表）

经十目	子七目	史十九目	集十四目	时代
		32. * 通鉴肥水之战 33. * 郑樵通志总序	41. 韩愈答李翊书 42. 柳宗元封建论 43. * 唐宋诗选 李白梦游天姥吟杜甫北征哀江头 白居易琵琶行 苏轼题王定国所藏烟江叠嶂图 44. 欧阳修胡先生墓表 45. 王安石上仁宗皇帝万言书 46. 苏轼拟校正陆贽奏议上进劄子 47. * 张载西铭 48. * 朱熹 大学章句序 中庸章句序 49. * 王守仁答顾东桥书（论拔本塞源一段） 50. 姚鼐与鲁絜非书	唐宋以降十二目

这一个选目产生的手续,至少我们开会出席的人都还觉得相当公允,可并不敢说是决断不疑的满足。我们中间有专精选学的,有宗主桐城的,有创新的作家,有解故的学人,大家先参考大一国文谈话会纪录讨论这门学科的教学目的,分“了解”“发表”“欣赏”“修养”四方面作了个决定:

1. 在了解方面,养成阅读古今专科书籍之能力。

2. 在发表方面,能作通顺而无不合文法之文字。

3. 在欣赏方面,能欣赏本国古今文学之代表作品。

4. 在修养方面,培养高尚人格,发挥民族精神,并养成爱国家、爱民族、爱人类之观念。

然后从这一个决定上议决把原来拟议教材编制分“统一”“补充”两项的办法改变了,就是“统一补充不严分,先混合编定,再行分配”;更进而决定选定五十篇目(实为五十目,六十篇),以便学者有浏览的余地,而指定二十篇目(表中有 * 符者)必须精读,作为讲授选择的根据。复次,决定选文的标准,作为复选条件和方法。我们商量定了三条:

1. 酌量避免与中学重复。

2. 生人不录。

3. 时代后排,文体后分,四部不论。

因为我们觉得很多中学选文和大学重复,想教学者多得一些读物,所以有第一条的决定;如果认为虽与中学重复仍有必选的意义的还是要选的,所以决定措词用“酌量避免”的字样。我们觉得向来选文“存者不录”的例子很有道理,因此决定了第二条。我们既决定教材不严分“统一”和“补充”,为了复选的便利,所以作了第三条的决定。于是综合了我们初选的篇目进行复选,当时逐一篇目提出,随时商决“必选”“可选”“不选”,用三种符号记注:◎必选,○可选,×不选。如此一读、二读,到三读的时候,得六十四个篇目,于是把单圈的礼记大学、后汉书宝章传、朱熹与陈同甫书、双圈的礼记中庸,四篇割爱了,减成六十篇目。[1] 最后,将六十篇目逐细研议,有时是异口同声的取消某一目,有

① 礼记中庸大学,以朱熹两章句序替代。后汉书仍有四篇。

时却互相争持着存删某一目。删去了作家复篇六目,割爱了作家单篇四目,成功五十篇目。我们又商定用“四部”分类的习惯排列次序,因为这样比较合宜于材料的编排。

预备一年之中用的教材要包罗古今笼罩各体,本来不是一件容易的事。我们这一次工作实在是不得已中间的办法,如何可以满足我们理想的要求呢?但我却相信这可以做一个比较集中的标识,使得上面所述的二十单位有353作家1051篇选文的事实合理化一下。我的回忆忘不了这一次工作时间里整个和衷共济的精神。所以我敢于表白,我们编选的经过是没有什么偏私的成见;或者更坦白地说我们未曾有预定的企谋。这就是我说的我们对于这个选目并非决断不疑的满足而仅是自信公允而已。[①]

三　从现在大学一年级之地位对选材标准与学生程度实际间措置之态度(上)

大学课程规定根本上的问题非本文所论。我们就事论事,应该承认最近规定的一年级共同必修科目的意义有些等于从前六年制里的预科作用。目前高中学生毕业后进不了大学有先修班作补习的地方,进了大学与志愿专修的学科有不得近者一年以至二年,岂不和预科时代的阶段正相当?预科有两个重要的作用:一个是把来自各个不同的中学的学生整齐集中的训练一下;二个是承前启后的养成从吸收普通常识进到作专门学术研究的习惯,就是造就青年有大学生的素养。停预科,兴高中,于今十多年的表征,我个人以为就是一些不能否认的事实实现了。

1. 大学预科与高中两者不能相当;

2. 现在的大学一年课程的设置几于不能比上从前的预科;

3. 现在高中的课程和大学一年的课程又几于没有多少分别。

现在大学一年级课程的规定我们应该从其历史演变的形势上认识

---

① 请参看拙著《答朱孟实先生论大一国文教材兼及国文教学问题》。

它的来源。这也许是我的偏见，也许是我的认识不够，但是因为今日要探讨这大一国文问题却顾不得掩盖自己的谬误，只好姑妄言之！我这个妄见并不想算倒账去评判那学制改变的是非，不过要指明由一个制度发生的消极方面的影响往往需要若干人力去顺势利导而改善，改善过程中又往往不能尽如人意而和理想以及事实都相调协。目前大学课程的问题，我们站在各种立场上都可以有绝不相容的意见产生，但是客观事实的经过却要平心静气的检讨。种瓜种豆，一季得果；制度成效，历纪历世。我们正看到这个演变的起落，而了解改善工作的意义。我相信我们这一次的选目根本说不到有什么企谋，或许连教育部大学用书编辑委员会也说不到就完成了如何的积极企谋——因为这时期大学课程的成因是如此；关于这课程内容的工作后果又有谁能说是如何呢？

从这一个选目和客观情形两相比较，或许失之过源。我们就不得不一论这说法的来由，我们这里所谓“深”“浅”，是以现在大学一年级的学生程度为主的。这种尊重事实的态度极有意义。我们也从事实上去看。教育部最近修正的高级中学国文课程标准；教材大纲分“精读”“略读”两部分。精读选文规定“各学年均以文言文为主（第一学年约为七与三，第二学年约为八与二之比例，第三学年全授文言文）”。又从另一种文体分别规定“记叙文”“抒情文”“议论文”的分配比例。别有略读的“文法”“修辞学”“文章作法”。由这标准说来，一个高中毕业生已受了三十分之二十五的文言文训练，到大学一年的时候应该不至于再发生文言白话表现工具上的问题，何况初中时期又早经培养过若干分读文言文的能力？如今大学生是从这种标准之下训练出来的，而客观的判断都说他们程度不深，请问大学的选材标准又如何不看作过深呢？说到这里，可以有两种理论发生：一种是将就学生的程度，一种是提高学生的程度。

我个人的意见以为学生程度的高低应该有条件的承认他们一个水平线：从课程标准的规定说，似乎他们的水平线本不至于怎样低，从实际成绩的现象看，似乎他们的水平线也太不应该这样低；我们相信取法乎上，仅得乎中，如今大学一年级学生国文程度低浅并不是一种合理的结果，似乎不可以悬格先卑来将就。我们注意事实的说法是要有条件的,不然,恐怕愈注意事实而事实上要愈加无法进步。何况我们所见到的二十个单位的大学院校所有的选文标准并没有多少将就学生程度的呢!譬如典论论文被选率之高,试问这些大学青年程度果都相当吗?因此我敢于说这种说法是皮相之谈,是成见。

四 从现在大学一年级之地位对选材标准与学生程度实际间措置之态度(下)

就我见到些个单位选文的系统,既没有将就学生程度的,却很有些兼顾学生程度的。兼顾的表现,就我的看法,才是一种提高的企谋。这些个企谋值得我们参考,可算是若干个院校对于现在大一国文性质确定认识的表现。我先举浙江大学选文编目后面的说明做代表:

> 大学一年级国文之目标,在补高中国文之不足,使学生更能深切了解本国文化,能读解古书欣赏文学名著,并能为修洁之文以抒情达意。

他们的选文是:"以时代为经,以体裁为纬;上起先秦,下逮清末,每时代皆于其代表作家中选录精品,内容与形式并重。"时代与体裁经纬的办法也许是对于现在实际需要最切的一种。我们知道这一个科目也有人称作"基本国文",或者就是表示我们国家受大学教育的青年应该有的认识、了解、运用、享受我们国家民族语文历来表现的形式和内容的最普通的训练吧。那么,像浙大的选文态度就是这一种企谋的精神了。他们二十八年度起选了101篇,兼顾到"课堂讲授"与"课外阅读"两方面,讲授的篇数明白指定了46篇。与这精神相同并未加说明的,我觉得也是以表示这种意义,是武汉大学的选目。这个选目从近代排次到古代,从他们的抉择,也见到有兼顾学生程度的苦心,但并没有将就学生程度的意味。[①]

有的人把大一的学生当做全都是专门研究文学的，而且是研究广义的中国文学的；他们选文内容几乎成了从前大学文本科专习的许多科目的总汇；他们是否能适用于实际每周二、三、四小时讲授颇成疑问。我们不能忘了大一国文就是从高中新毕业进入大学预备各从其志去学习专门的学术的许多青年共同修习的本国语文；又不能忘了前面提过的现在大学一年级相当于从前六年大学制度中的预科；更不能忘了现在的规定每周讲授时间连作文在内法文理商学院三小时，工农学院二小时，师范学院四小时。我们一面感觉这是陈义过高，而一面恐怕这不免有些不切实际。这种可以代表对于大一国文性质的认识是以为应该着眼于“知”，而不十分注意于“能”的，当然不失为一种积极的主张。不过我所见的现在大一国文教学上“知”和“能”的表里相关的需要，并非这一种主张所重视的“知”。

目前大家叹息的大学生国文程度低的实情，以我经验所知道的最普遍而严重的现象是：

1. 文言和白话的体裁分不清楚。

2. 无论文言和白话，根本没有做成一篇文章。

3. 遣辞造句以意为之，对于字词音意不加深究。

4. 文言既未写好，白话也未写好，文言白话不能分的根本两体都写不好。[②]

从这些现象上，我们应该知道，这是一般青年对于我国语文工具的常识还缺少。他们根本无“知”，自然不“能”了。他们实际需要的“知”，连文章形式还谈不到，更说不上内容的充实。例如第一项文言白话分

① 两校细目从略。兹撮记其时代作家篇目如下表（浙大以指定课堂讲授46篇为主）：

时代		近代	清	明	宋	唐	魏晋六朝	汉	先秦	合计
作家	浙大	1	5	0	3	2	12	3	7	33家
	武大	1	10	2	5	6	10	5	5	44家
篇数	浙大	1	6	0	4	3	14	4	14	46篇
	武大	1	11	2	7	18	13	5	6	63篇

② 从这点现象上，我们应觉悟文言白话有同样的困难，不能有语体文比文言文浅近的成见。

不清楚,我们就不能不推求到中学时期教学上的实际状况;第二项写不成篇,自然要追问到一向作文训练的情形;第三项第四项也都一样。我们不能讳言有百分之五十左右程度坏的,坏的里面像第一项的要比第二项好些,第三项第四项也算不了痼疾,最成问题是第二项的情形。大一国文的性质,以目前的变态说,只有像浙大所加的说明"在补高中国文之不足"为切用了。这"补不足"的具体任务实在是训练语文工具常识即文章形式的"知"和"能"了,哪能专重内容?"

问题说到这里,我们可以回照第二段末了的话,我相信现在大一国文的教材编选不能算是合于理想的,因为大一国文的规定设置也还没有恰如其分,至于大一国文的教学问题就牵连得很大了,也许整个连到中小学方面。我这里只为指明大一学生有些带了文章的废疾进来,我们不能全不顾到这个实际。不顾实际与那顾虑实际而作将就学生程度之论的是同样的成见。

五　大一国文设置仍须再使之合理化

教育是树人大计,举措毫厘之差,成效绝远至于不可捉摸。我总觉得制度本身都有其原理上的真价值,而从其先后变更的事实上往往生出缺陷来。现在我们是替撤消大学预科广设高级中学的制度在努力改善它发生的消极影响。我很恳挚的同情于今日的大学一年级学生,他们自己是随着制度一步一步学习上来的。我很奇怪,依照中学课程标准编行的各种国文课本内容也许还比大学一年级的选文分量重些,何以他们没有能把国文的基础打好!这问题值得主管方面注意。

我们回想到大学有预科的时候国文设置情形,与现在大学一年级比较,就可以明白真正的调整还没实现。我记得民国九年以后的北京大学预科的国文分为四部分:[①]

1. 模范文

2. 作文

---

① 当时无所谓"国文"的名目,而分成这几个科目。

3. 文法——所谓模范文纯为训练表现的标准文字讲授;可算注意文章形式“知”“能”两方面的,文法是同样的性质。作文当然专为训练“能”一方面的。

4. 学术文——纯为培养灌输中国古今学术思想的,属于内容“知”一方面的。讲授时间合起来一星期有八小时以上。学的有作文和文法,可以得到工具应用技能的经验和解释;有学术文足以启发充实发表的内容;有模范文足以作发表的借镜。模范文教材由教者各自选择,而学术文是归中国文学系教授会统选的。那是两大部分:一部分是“学术论著集要”。一部分是“文论集要”。学术论著集要由单不厂(丕)钱玄同诸先生商订的;总序由钱先生执笔。这实际是一部常识书,一般人所谓“国学”的重要资料,一个受高等教育的国民深刻了解关于本国文化学术思想内容的参考。文论集要似为文学院而特别分出的,直至抗战还未印完,由郑石君(奠)先生主持的。前书早已成了旧籍,不易寻求,自从预科停止以后的大学一年级便没有用,因为时间的规定不足。过去一校的例子固不能做原则,却可以供参考。近年西南联合大学大一国文分成“读本”“作文”两部分,与“模范文”“作文”分列的意味相似。但在这一年之内一星期二至四小时的混笼国文一科,把了解发表欣赏修养四大方面全要兼顾,想完成什么样企谋便都不易办到。所以目前大一国文设置的分量实在表现给人以无关轻重的印象,这也值得我们考虑。

除非我说的现在大学一年级等于预科的话根本错误,不然我们是无法确定这大一国文的性质和它的教材与教学方法。如果我们理想的大学预科等于现在的一年级,那么我们的课程似乎也得与理想上的预科相当才好。因为高级中学本是代替大学预科的,今日结果反变成大学一年级不及大学预科。我们实在不能太责备陈义过高不切实际的先生们,他们就在大学本位上着想,并没有什么不应该。目前的变态不足为病,不足为准。我们只有再说一句:大一国文的设置还需要更合理化!

六　从高中国文课程标准实施效果论大一国文

以上从大一国文教材和设置各方面说的，现在就第四段举出大学生国文程度低的实情，我还可以在第四节所述的以外再举一些事实和高中国文课程标准做对照。我们发现许多大学一年级生写作的技能与高中课程标准教材分配训练的技能恰恰相反，也就是和所订的需要正相合。教材中文体分配的百分数，三学年合计是：

记叙文　90％　说明文　95％

抒情文　40％　议论文　75％

这制定标准的意思是认为学生技能的训练需要之大小以说明文叙事文议论文抒情文为次的。我们见到学生写作的成就是抒情文议论文说明文叙事文为次的，恰恰与标准里的百分比数大小相应，貌似证实了标准的正确，深刻的分析他们所写的就无从说起是这四种文体的哪一种。学生写作的情形：客观事实叙不出，客观言辞记不下，主观意见说不清楚，主观情感表不明白；标准自标准，成绩自成绩，结果无以对照。

我们看见高中国文课程标准的目标第一条："除继续使学生能自由运用语体文外，并养成其用文言文叙述说理表情达意之技能。"至少每个中学生写语体文都能有"自由运用"的程度，然而前面举出有"文言白话的体裁分不清楚"和"文言既未写好白话也未写好，文言白话不能分的根本两体都写不好"的现象，语体文中间叙事说理表情达意的技能还都成了问题！所以又有那"无论文言和白话根本没有做成一篇文章"的现象。然则高中国文目标开宗明义的养成学生运用文言文叙事说理表情达意之技能的成效在哪里呢？如果我们用下面的说法作答，或许不为过甚其词，还是前面说过的：

1.无论文言和白话，根本没有做成一篇文章！

2.文言既没有写好，白话也又写不好了！

3.文言白话分不清楚，两体都写不好了！

如此，教大学一年级国文的先生就是神仙也难于搭救这些国文病根深入了膏肓的学生！我敢说现在大一学生国文程度不好是一个积久的羸弱症候。

课程标准的实施方法概要中教法要点第二点文章法则第一条："文法应继续注意语体与文言文之异同。古书上文法特例，亦应分别说明，以为学生读解古书之助。"第二条："修辞应注重文章之组织与体制，遣词之方式，词格及类例。关于文学作品之玩味，作家风格之识别，亦应注意，以培养青年欣赏中国文学名著之能力。"制定之初不为不周到，而毕业后学生的成绩变成目前的情形，究竟是什么道理？按立文之意，教材大纲似乎(1)以文言文为高深的作品，(2)精读的对象是"记叙""说明""抒情""议论"等体裁，(3)略读的对象与精读的对象显然分为二事。本来，我个人不十分相信所谓文言语体的工具足以判别深浅，实际还是内容有深浅。文言语体都有古今时代的不同，所谓略读的对象，倒实在是国文教学上应该精读的基本知识。工具表现能正确，文体的认识才能清楚。现在这个问题由教育行政的分划，成了高等教育上大一国文课程设置的问题，其实明明是中等教育里国文课程标准教学实施成效上未完满的问题。

七 结论——大一国文问题是下一代乃至几代语文教育的整个问题

我把大一国文问题讨论成了中学国文课程标准成效的问题，并非转移责任，而是老老实实探究出这个问题的严重性来了。最后，我认为大一国文问题表现的严重性不仅在现在高等教育上，又不独是连带到中等教育里课程标准的实施，也已经显示出未来语文教育的整个问题了。我们希望切实有个调整，愿关怀学术文化的专家学者听取我的刍荛微言来注意这个下一代乃至下几代的严重问题！

一九四三年元旦，白沙白苍山庄，国立女师院。

（原载《高等教育季刊》二卷三期）

魏建功先生学术年谱[①]

1901 年 11 月 17 日(农历十月初十)　清光绪二十七年辛丑　出生

先生生于江苏省如皋县赤岸乡西场镇(今属海安县西场镇)。祖籍江苏省高淳县立信乡中堡村。父讳晋藩,字锡侯,母仲氏,讳延康,生四子一女,先生居长,取名建功,字盖三。先生入大学后改字天行,别号山鬼。

1906—1911 年　　五岁——十岁　小学学习阶段

先生在玉成公小学(今西场小学前身)读书。此校于光绪三十一年(公元 1905 年)创办,校创办人之一魏霖(字慰农)是先生的祖父,为清末原籍高淳县秀才,任西场镇董事达三十余年,是先生的启蒙老师。课程除了算术、珠算、图画、体操、唱歌和修身以外,都是国文。国文课程有"缀方""文法""书方"的分别,缀方即联句课,书方又叫习字。上课用的是四书五经以外的"教科书"(也叫"洋书")。地理、历史、博物和读经都是国文科目。"联句就是一种祖国语文规律的基本训练,它包括现在构词和造句两方面的实践意义。"教学法是"俗语译文言",即老师说口语令学生作文言,学生把老师的话书面化。(见《魏建功文集》第五卷,第 604—608 页)

1911—1914 年　　十岁——十三岁　高小学习阶段

1911 年考入位于如皋县城东南隅的如皋初级师范兼中学附属两等小学堂(简称如师附小),住如皋师范校园。课程大多由师范部老师兼任。高小一年级学过文法,课本是商务印书馆编印的《国文典》。

---

① 魏建功先生的诗作,有诗集《求知音斋诗抄》和《独后来堂十年诗存》,收入《魏建功文集》第五卷。本学术年谱未加罗列。

1914—1918 年　　十三岁——十七岁　中学学习阶段

1914 年初,先生高小毕业。依新学制,须等到暑假才能参加中学招生考试,住在如师校园内复习迎考,一边听取舅父仲民新所请师范教员个别辅导,一边到师范部听课,听过化学实验课、舞蹈课,窥听缪文功的国文课,开始知道《说文解字》。缪文功字敏之,清末秀才,1914—1919 年任南通江苏省立第七中学校长,精通小学和书法,有《小学训练法》等多种著作行世,是先生中学时期第一位国文教员。

1914 年 7 月,先生考入南通江苏省立第七中学(今江苏省南通中学),9 月入学。在缪文功、孙锦标、徐昂等老师的启发下,对语言文字学发生浓厚兴趣。孙锦标字伯龙,清末廪贡,著名训诂学和方言学家,著有《南通方言疏证》、《南通乡音字汇》、《通俗常言疏证》。徐昂字亦轩,清末庠生,著有《徐氏全书》30 种,其中《声纽通转》、《等韵通转图证》、《易音》、《说文音释》、《诗经声韵谱》、《楚辞音》等都是音韵学名著,讲授《文字源流》,先生受其影响最深,开始读段注《说文》,立志学文字学。

1918 年夏,高中毕业,回到母校如皋师范,拜刘之洵老师学习外语,兼攻音韵训诂。刘之洵字企苏,毕业于日本早稻田大学,教授国文、博物(植物学、动物学)、图画、习字等课,精通国画,诗作颇丰。又拜管劲丞、陈问涛老师学习新文学,管、陈皆黄炎培高足。参加高考,考取北京大学文预科俄文班,因肺病吐血未入学,在家休养一年。

1919—1925 年　十八岁——二十四岁　大学学习阶段

1919 年　　十八岁

夏,赴北京大学上海考区应试(主考刘半农),第二次考取北京大学文预科乙部英文班,由原籍赴京入学,开始参加北大学生干事会活动。

1920 年　十九岁

在 2 月 5 日《北大学生周刊》第 7 号上发表小小说《什么话?》。

秋,参加北大平民夜校教学工作。

在 12 月 22 日《北大日刊》上发表《关于歌谣中正俗字问题给顾颉刚先生的一封信》,信中与沈兼士先生争论歌谣俗字的写法和歌谣的分类问题。

1921 年　　二十岁

夏，预科毕业，转入北京大学本科中国语言文学系学习。

与平民夜校部分教师组织“平民教育实验社”，并开办北大第二平民夜校，任师范班语文教员。

1922 年　二十一岁

在 8 月 29—31 日《晨报副刊》上发表小说《傻子们》。

秋，任北京大学研究所国学门临时书记，从事整理档案、编索引的工作。参加“歌谣研究会”活动。

参加“北大实验话剧社”，在北大成立 25 周年（应为 24 周年）纪念会上演出托尔斯泰的话剧《黑暗之势力》。

1923 年　二十二岁

1 月 6 日，《晨报副刊》刊登了由鲁迅先生翻译的、俄国盲诗人爱罗先珂的《观北京大学学生演剧和燕京女校学生演剧的记》，针对北大实验话剧社在演出托尔斯泰话剧《黑暗之势力》时男扮女装的舞台实践，做了尖锐的批评。1 月 13 日，先生在《晨报副刊》发表了《不敢盲从——因爱罗先珂先生的剧评而发生的感想》，进行辩解和反驳，言语尖刻。鲁迅先生为此发表《看了魏建功君的〈不敢盲从〉以后的几句声明》，加以严厉斥责。引起了文坛热议，《晨报副刊》连续刊登了周作人、李开先、孙景章、陈晴皋等人的评论文章。鲁迅先生生前编订自己的集子时“故意删掉”了这篇批评文章，是由于“暂时的误解，几天之后，便无意义，不必留存了。”（见鲁迅《集外集 · 序言》）后来，唐弢在《鲁迅全集补遗》的《编后记》里对此有说明。

先生当时在北大听鲁迅先生讲授中国小说史课程，1 月下旬经孙伏园引见，认识了鲁迅先生，从此密切交往。“我对先生一直是抱着私淑的心怀和虔诚地学习的态度，回忆先生给我们的光和热。”（见魏先生《忆三十年代的鲁迅先生》）

5 月，参加北大研究所国学门“风俗调查会”组织的妙峰山进香调查活动，为奉宽先生所著《妙峰山》一书作引用书目。

参加编辑《慧琳一切经音义引用书辑佚》，并开始与钱玄同先生往来,成为钱先生的入室弟子。

12 月,在《歌谣》增刊上发表论文《搜录歌谣应全注音并标语调之提议》。

1924 年　二十三岁

1 月,参加北大研究所国学门"方音调查会"。该会于一月二十六日成立,由林语堂主持,后由林语堂、刘半农共同主持。

在 1 月 9 日《歌谣周刊》41 期发表论文《歌谣表现法之最要紧者——重奏复沓》。

在 4 月 20 日《歌谣周刊》51 期发表论文《拗语的地方性》。

在 10 月 26 日《歌谣周刊》65 期发表论文《医事用的歌谣》。

在 11 月 2 日《歌谣周刊》66 期发表论文《方言标音实例》。

在 11 月 2 日《歌谣周刊》66 期发表《"耘青草"歌谣的传说》。

在 12 月 7 日《歌谣周刊》71 号发表论文《歌曲之辞语及调谱》。

在 12 月 14 日《歌谣周刊》72 号发表论文《"嘏辞"》。

在 12 月 25 日《京报副刊》20 号上发表小小说《断简》。

1925 年　二十四岁

1 月,参与《国语周刊》的编辑工作,为主要撰稿人之一。《国语周刊》由钱玄同、黎锦熙创办。

在 2 月 6 日至 7 月 30 日《京报副刊》上发表论文《琐碎的记载清故宫》。

在 3 月 29 日《歌谣周刊》第 86 号上发表论文《杞梁姓名的递变与哭崩之城的递变》。

在 6 月 20 日天津《益世报》上发表论文《竈户苦——〈陋轩诗〉读记》和《李家娘——〈陋轩诗〉读记》。

在《国学季刊》2 卷 1 号上发表《戴东原年谱》,撰谱至戴震三十岁。

暑假以优异成绩毕业于北京大学中文系,获文学士学位。沈兼士先生称赞他为"乙丑科状元"。毕业前,作《致中文系教授会书》,建议改进学科组织办法,将国文系课程分为语言文字学讲座、纯文学讲座和国学讲座三类,为教授会采纳。

《歌谣》停刊,扩充为《北京大学研究所国学门周刊》(简称《国学周刊》),先生参与了扩充工作并任编辑。

在《国学周刊》第1卷10期、11期、12期、第2卷第13期和1926年第1、2期上发表《吴歌声韵类》。

在《国学周刊》第1卷第3期上发表《到底怎么样(方言调查)》。

在《国学周刊》第1卷第7期上发表《音韵识小录》。

在《国学周刊》第1卷第9期上发表《华长忠〈韵籁〉》。

在7月31日《猛进》第22期上发表《一段小校勘》。

8月,与陈仲益等创办发起黎明中学(解放后为北京市女九中),任教务主任,聘请鲁迅、钱玄同、黎锦熙等授课。

在8月26日《国语周刊》(北新)第8期上发表论文《从中国文字的趋势上论汉字(方块字)的应该废除》。

在8月30日《国语周刊》12期上发表散文《打到国语运动的拦路虎》。

在9月3日《京报副刊》258号上发表散文《科举议》。

在9月4日《猛进》第27期上发表散文《学术救国》。

在10月19日《国语周刊》发表歌词《夜哭(拟曲)》。

1926—1980年　二十五岁——七十九岁　在北京大学等大学任教阶段

1926年　二十五岁

春,由北京大学聘任委员会批准留校任助教,协助刘半农先生做语音乐律实验室工作。并任《北京大学研究所国学门周刊》(后改为《北京大学研究所国学门月刊》,简称《国学月刊》)编辑。

在2月5日《猛进》第48期上发表散文《"国骂"》。

7月,受鲁迅先生之托,用北大图书馆藏明刻大字本校《太平广记》。

7月,赴徐州江苏省立第三女子师范任国文教员。仍任《北京大学研究所国学门月刊》编辑。

在《国学月刊》第1卷第2期上发表《吴歌与山东歌谣之转变附记》。

在《国学月刊》第1卷第3期上发表《读〈帝与天〉》。

在《国学月刊》第2卷第15,16期合刊发表论文《新史料与旧心理——论用文字证史,兼评〈说文〉之谊例》。

在本年12月至1927年12月《语丝》107、111、115、116、117、136、138、139、142、143、145期及第4卷第1、2期上发表系列散文《觭零的梦》。

1927年　　二十六岁

4月,由沈尹默、张凤举等教授推荐,先生赴朝鲜汉城任京城帝国大学(今汉城大学的前身)法文学部支那文学系中国语讲师,成为中国大学赴朝鲜用现代汉语教学的第一人。先生用《老残游记》作教材,以注音符号为工具,借助英语讲授"中国文学"与"中国哲学"讲座。

在4月1日《语丝》第125期上发表散文《猫捕鼠喻》。

6月,北京大学等九校合并,改名为京师大学校,国学门改名为国学研究馆,叶恭绰任馆长,聘先生为特约通讯员。同时,先生受北京图书馆馆长袁同礼之托,在朝鲜为该馆收集旧书。

在本年5月14日至1928年3月5日《语丝》131、134、137、139、141、142、147、148期及第4卷第7、8、10期上连续发表15篇论文、散文和随笔,总标题《侨韩琐谈》。

在《语丝》第83期上发表5月20日写给顾颉刚先生的信《〈邶风·静女〉的讨论》。

在9月24日《语丝》第150期上发表散文《变物的情歌》。

在《语丝》第151期上发表散文《撒帐歌》。

1928年　　二十七岁

在《语丝》第4卷第11期上发表随笔《祖宗积弱》。

在《语丝》第4卷第33期上发表随笔《榛子店养闲的》。

8月,回国,任中法大学服尔德学院教授,兼北平大学女子文理学院讲师。

在8月21日《新晨报副刊》第16号上发表论文《姜女庙之朝鲜人记录》。

在8月25日《新晨报·文化特刊》上发表论文《蒙文四印考音》。

在9月3日在《新晨报副刊》第30号上发表随笔《鲜史拾零》。

在9月22日《新晨报·文化特刊》上发表论文《蒙文四印考音后记》。

在10月14日《新晨报·文化特刊》上发表论文《秋梦庵藏畏吾儿文印识语》。

在10月25日《新晨报·文化特刊》上发表论文《与庄庄上人释蒙古文昌平路印篆书》。

12月，参加钱玄同、黎锦熙等筹办的“国语统一筹备会”，任常委、编审，编辑《国语旬刊》，兼大辞典编纂处资料员。

1929年　二十八岁

在《国学月刊》第1卷第1期上发表论文《古音学上的大辩论——〈歌戈鱼虞模古读考〉引起的问题》(此前，在1926年3月1日、2日、3日、8日《京报副刊》上已经发表一部分，因《京报副刊》停刊而停笔。此文是全文发表)。

在《国语旬刊》第1卷2期上发表论文《说“相”“斯”》。

在《国语旬刊》第1卷13期上发表论文《再说“相”“斯”》。

在《国学季刊》第2卷第4期上发表论文《古阴阳入三声考》。

在《A. C.》月刊第3期发表论文《论文学体制所以演变之原则》。

在4月29日《语丝》第5卷第8期上发表论文《与人论方音之由来》。

在《新晨报·文化特刊》第212、232期上发表论文《论六书条例不可迳用于甲骨文字责彦堂》。

8月1日，写成论文《〈范翁自传歌〉注录》，为《未名丛刊》之一种。

9月，回北大中文系任助教，开始兼任辅仁大学中文系讲师。

秋，与台静农、庄尚严、常维均、金满叔等在北海团城结“圆台印社”，首创以拼音符号治印，并在《国语周刊》上设奖征答。

冬，发表《妙峰山进香调查专号卷头语》。

1930年　二十九岁

任北大《国学季刊》编辑委员会主任，主编《国学季刊》至1937年。

兼任燕京大学中文系讲师、女师大研究所研究员。

在《辅仁学志》第2卷第1期上发表论文《释午》。

在《女师大学术季刊》第 1 卷上发表论文《朝鲜景教史料钞(附钞后记)》。

在《北大学生》第 1 卷第 1 期上发表论文《阴阳桥》。

1931 年　三十岁

晋升北京大学中文系副教授。

在《北大学生》第 1 卷第 5、6 期合刊发表论文《生肖偶说》。

在《女师大学术季刊》第 2 卷第 2 期上发表论文《可斗说音》。

在《世界日报·国语周刊》第 14、15、16、17 期上发表论文《关于"石"和"千"的讨论——答齐铁恨先生》。

1932 年　三十一岁

在北京大学中文系开设《古音系研究》课程。

在《国学季刊》第 3 卷第 1 期上发表论文《唐宋两系韵书演变之体制(敦煌石室存残五代刻本韵书跋)》。

在《辅仁学志》第 3 卷第 1 期上发表论文《记姬鬻彝铭释例》。

在《国学季刊》第 3 卷第 2 期上发表论文《陆法言〈切韵〉以前的几种韵书》。

在《国学季刊》第 3 卷第 4 期上发表论文《中国古音研究上些个先决问题》。

在 8 月 6 日《世界日报·国语周刊》第 46 期上发表论文《谈文翻白》。

6 月 19 日,给沈兼士先生写信《上兼士师论右文研究书》。

在 11 月 12 日《世界日报·国语周刊》第 60 期上发表论文《论汉字声韵研究转变之旨趣》。

在《世界日报·国语周刊》第 67 期上发表散文《胡适之寿酒米粮库》。

1933 年　三十二岁

在《世界日报·国语周刊》第 72 期上发表论文《白涤洲著〈广韵通检〉序》。

在 9 月 2 日《世界日报·国语周刊》第 101 期上发表论文《谈何容易文翻白》。

在《世界日报·国语周刊》第103、104期上发表论文《说辙儿》。

1934年　三十三岁

在《文学》(生活书店)第2卷第6期上发表论文《中国纯文学的形态与中国语言文学》。

撰写论文《释张协状元戏文中诨砌谈论》,收入《魏建功文集》第五卷,308—309页。

在《世界日报·国语周刊》第140期上发表论文《读"韵典"》。

在《世界日报·国语周刊》第145期上发表论文《一续读"韵典"》。

在《世界日报·国语周刊》第146期上发表论文《二续读"韵典"》。

在《世界日报·国语周刊》第169期上发表论文《古音系研究自序》。

为纪念赴绥远调查方言染回归热逝世的刘半农先生,在7月23日《世界日报·国语周刊》第147期上发表纪念文章《十年来半农先生的学术生活》。

在10月13日《世界日报·国语周刊》第159期上发表《挽刘半农先生》。

为纪念染伤寒病逝世的挚友白涤洲先生,在10月27日《世界日报·国语周刊》第161期上发表《挽白涤洲先生》。

在11月24日《世界日报·国语周刊》上发表《呜呼!傻!——纪念亡友白涤洲先生》。

在《国学季刊》第4卷第4期上发表《林成章先生遗著编后记》。

为马廉教授影印的天一阁旧藏《雨窗倚枕集》写序文。

为鲁迅先生刊印的《北平笺谱》写序文。

1935年　三十四岁

专著《古音系研究》由北京大学出版组出版。

为纪念刘半农先生,在《国学季刊》第四卷第四期上发表《中华民国故国立北京大学教授法国国家文学博士刘先生行状》。

在《国学季刊》第四卷第四期上发表论文《黟县方音调查录》(魏建功、刘复、白涤洲记音,首尾的《记事》与《方音音素之整理》由魏建功完成)。

在《世界日报·国语周刊》第171期上发表论文《古音系研究后序》。

在11月23日《世界日报·国语周刊》第217期上发表《白涤洲传》。

编写讲义《民间文艺讲话》,北京大学出版组石印。见《魏建功文集》第五卷。

撰写讲义《中国声韵学史纲》,北京大学出版组铅印。见《魏建功文集》第二卷。

1936年　　三十五岁

《十韵汇编》由北京大学出版组出版,该书先由刘复主编,刘先生去世后由罗常培主持,魏建功编辑并写序。

在《国学季刊》第五卷第三期上发表论文《论〈切韵〉系的韵书》(《〈十韵汇编〉序》)。

北京大学研究所国学门歌谣研究会刊物《歌谣》复刊,先生任编辑。

在《歌谣》第2卷第5期上发表论文《从如皋山歌与冯梦龙山歌见到采录歌谣应该注意的事》。

在天津《益世报·读书周刊》第44期发表论文《影印皇明遗民传跋》。

在8月13日《益世报·读书周刊》第61期发表论文《汉魏六朝韵谱序》。

在10月8日《益世报·读书周刊》第69期发表论文《辽陵石刻哀册文中之入声韵》。

在11月15、22日《中央日报·文史》第2、3期上发表论文《快嘴李翠莲话本中的"快语"》。

在12月13、20日《中央日报·文史》第6、7期上发表论文《为汉字安排计议》。

1937年　　三十六岁

晋升北京大学中文系教授。

在4月1日、8日《益世报·读书周刊》第93、94期发表论文《汉字局部改造的问题——简体字表、简体字典和标准行书述评》。

在4月2日《歌谣周刊》第5卷第2期上发表论文《歌谣采辑十五年的回顾》。

在《世界日报·国语周刊》第282、283、284、285期上发表论文《张洵如〈北平音系十三辙〉序》。又载于1937年中华印书局印行的《北平音系十三辙》,张洵如编著,魏建功参校并序。

在《文学年报》第3期上发表《关于〈南戏拾遗〉的一封信》。

在6月《歌谣周刊》第3卷第1期上发表论文《谈"儿"赘说》。

在6月20日、27日《中央日报·文史》第28、30期上发表论文《元代搬演南宋戏文的唱念声腔》。

7月,手书《鲁迅先生旧体诗存》长卷完成。

10月,北大、清华、南开三校在湖南组成长沙临时大学。11月,只身离家经香港转道广西入湘。12月中,抵达长沙,赴南岳分校文学院授课。

1938年　三十七岁

3月1日,经广西绕道越南到达昆明,转赴西南联合大学蒙自分校文法学院授课。8月,随分校迁回昆明。

撰写讲义《汉字形体变迁史》,见《魏建功文集》第四卷。

撰写讲义《韵书研究纲目》,见《魏建功文集》第二卷。

1939年　三十八岁

在1月31日《益世报·读书周刊》第110期上发表论文《关于孟孝琚碑》。

12月23日,在昆明才盛巷北大公舍写成论文《唐代行用的一种韵书的目次》(《干禄字书》所据韵目考),西南联大油印。

在12月26日《中央日报·读书》第9号上发表论文《读高邮王氏叠韵转语遗稿》。

1940年　三十九岁

在《辅仁学志》第1期上发表论文《读〈天壤阁甲骨文存〉及〈考释〉》。

6月,任大学教科用书编辑委员会专任编辑。迁居四川白沙。

7月,国语统一筹备会改名国语推行委员会,先生任常委,月底赴重庆参加第一次会议。与黎锦熙、卢前负责编辑国家韵书《中华新韵》。

7月，在四川白沙国立编译馆写成《汉字整理工作计划》。

为陈独秀先生校勘他的《小学识字教本》而作论文《文字类纂》，见《魏建功文集》第四卷。

在《图书季刊》新2卷第1期上发表论文《读〈广韵校勘记〉》。

1941年　　四十岁

春，赴重庆参加并完成了《大学国文选》的编选，先生是编委之一。

夏，数次赴江津会晤陈独秀先生，与他讨论学术问题，并校勘其语言文字学论著《小学识字教本》和《古音阴阳入互用例表》。10月15日，魏先生在江津中白沙黑石山写成《〈古音阴阳入互用例表〉序》。后来发表在《女子师范学院学术季刊》1945年第1期上。与陈先生的通信，见《魏建功文集》第三卷398—413页，总标题《与陈仲甫先生论学书》。

9月，赴昆明任中法大学教授，创办文史系，兼系主任。

10月10日，当时的国民政府颁布了由先生编纂、黎锦熙、卢前和萧家霖参订的国家韵书《中华新韵》，此书以北平音系为标准音，读音标准依据1932年教育部公布的国音常用字汇，用注音符号表现其声韵。

在《图书月刊》第1卷第6期上发表论文《〈中国音韵学研究〉(高本汉)——一部影响现代中国语文的著作的译本读后记》。

1942年　　四十一岁

5月，返白沙任国立西南女子师范学院国文系教授。

在6月15日《抗战文艺》第7卷第6期上发表《对周作人〈谢本师〉的果有其人》。

在11月24日《文化先锋》第1卷第13期上发表论文《关于〈中华新韵〉——1942年7月在中央大学的讲演》。

1943年　　四十二岁

在西南女子师范学院创办国语专修科，任主任。这是当时在全国设立的三个国语专修科之一。

在《高等教育季刊》第2卷第3期上发表论文《大学一年级国文的问题》。

在《高等教育季刊》第 2 卷第 3 期上发表论文《答朱孟实先生论大一国文教材兼及国文教学问题》。

11 月 11 日，在江津中白沙国立西南女子师范学院写成《〈江津杨鲁丞士钦先生遗著五种〉跋语》。

1944 年　　四十三岁

年底，在同盟国准备结束二次世界大战筹备战后诸项接收事项中，先生接受当时(民国)教育部邀请，主持规划台湾光复后在民众语言中消弭“皇民化”后果，实行以推广“国语”为核心的语言统一大事。

1945 年　　四十四岁

2 月，兼任西南女子师范学院教务主任。

上半年，应教育部邀请，为台湾行政干部训练班教育组讲授国语课。

8 月，日本投降。先生以国语会常委的资格，被台湾行政长官公署邀请在台湾主持推行国语诸事。

在《女子师范学院学术季刊》第 1 期上发表论文《〈古音阴阳入互用例表〉序》。

11 月 7 日，写信给周祖谟讨论音韵问题，这封信刊登在周祖谟《问学集》429—433 页，中华书局 1966 年出版。

1946 年　　四十五岁

在《国文月刊》第 41 期上发表《回忆敬爱的老师钱玄同先生》。

2 月，农历年前到达台北。着手组建台湾国语推行委员会。

在 2 月 28 日《现代周刊》第 1 卷第 9 期上发表论文《“国语运动在台湾的意义”申解》。

在《现代周刊》第 2 卷第 9、10 期上发表论文《国语常用“轻声”字》。

4 月 2 日，台湾省行政长官公署国语推行委员会正式成立，先生任主任委员，何容任副主任委员。同时受聘组建国立台湾大学，任命为首届中文系系主任。主持编订《国音标准汇编》，作为推行标准国语的根据，由台湾省行政长官公署公布，作为地方政府法令施行。该书是以魏先生为主任委员的台湾国语会的标志性贡献，是台湾省光复后推行国语的最重要的“物质遗产”。(参看鲁国尧《台湾光复后的国语推行运动和〈国音标准汇编〉》)。

在5月21日台湾《新生报·国语副刊》第1期发表《国语运动纲领》。

在5月28日台湾《新生报·国语副刊》第2期发表《何以要提倡从台湾话学习国语》。

在6月4日台湾《新生报·国语副刊》第3期发表论文《国语的四大涵义——跋劳乃宣先生致中外日报书并答吴守礼先生》。

在7月16日台湾《新生报·国语副刊》第9期发表论文《谈注音符号教学方法》。

在7月16日台湾《新生报·国语副刊》第9期发表7月11日在台湾电台的广播词《学国语应该注意的事情》。

在7月30日台湾《新生报·国语副刊》第11期发表论文《国语辞典里所增收的音》。

在7月30日台湾《新生报·国语副刊》第11期发表论文《台湾语音受日本语影响的情形》。

在7月30日台湾《新生报·国语副刊》第11期发表论文《日本人传讹了我们的国音》。

11月,回北京招聘国语推行员。为研究中小学语文问题,召开中国语文诵读法座谈会。

在《辅仁学志》第14卷第1、2期合刊发表论文《草书在文字学上之新认识》。

在《国语通讯》创刊号发表《国语通讯书端》。

在12月《国语通讯》第2期发表书信《国语通讯两则》。

撰写论文《怎样从台湾话学习国语》,见《魏建功文集》第四卷。

撰写论文《由"高雄"说到"不得"》,见《魏建功文集》第四卷。

1947年　　四十六岁

3月2日,中国语言学会在上海成立,先生为七人理事之一。

4月,国语会改组,何容任主任委员,先生以常委身份主持工作。并改任教育部国语推行委员会闽台区办事处主任。任台湾大学特约教授,在中文系创办国语专修科。并着手筹办《国语日报》。

在4月2日《大公报·文史周刊》上发表论文《十二辰歌》。

在6月6日《大公报·图书周刊》12期上发表论文《国语辞典论评》。

夏，赴南京参加联合国太平洋远东教育会议国内预备会议。

8月，撰写论文《国立台湾大学一年级国语课程旨趣》。

1948年　　四十七岁

6月，返回北京。在北京大学中文系上课，并婉辞台湾大学校长庄长恭聘任他为台大文学院院长。

秋，被聘为北平研究院学术研究委员会委员。

9月，返台办理国语会交接手续，并创办《国语日报》社，任社长。10月25日，《国语日报》创刊号正式发行。

在《国文月刊》第73期上发表论文《中国语文教育精神和训练方法的演变——〈国语说话教材及教法〉序》。

在《国文月刊》第76期上发表论文《文法学的理论与实际——〈实用国语文法〉序》。

在《汉学杂志》上发表论文《故宫完整本王仁昫〈刊谬补缺切韵〉》。

12月初，从台北返回北京大学，任中文系教授。

12月，在《北京大学五十周年纪念论文集》上发表论文《〈十韵汇编〉资料补并释》。

1949年　　四十八岁

2月，北京解放。

3月，任北京大学中文系主任。

在《语文现代化论丛》第2辑上发表论文《编辑字典计划》。这个计划是4月17日和4月24日由同人两次商谈的结果，4月27日由先生执笔写成，商谈的同人还有金克木、周祖谟、张克强、吴晓铃。此文的基本思路，在先生以后主编《新华字典》时得到完全的贯彻落实。

在《"五四"卅周年纪念专辑》上发表《"五四"三十年》。

在北京大学开设中国语文概论课程和现代中国语课程（与周祖谟合作）。

10月，中国文字改革协会成立，先生任常务理事。

1950 年　　四十九岁

在 5 月 22 日《光明日报》上发表论文《语文的民族形式》。

在 5 月 22 日《大公报》上发表《鲁迅先生的〈悼范爱农〉等诗》。

7 月，兼任出版总署新华辞书社社长，开始主编《新华字典》。北大中文系主任工作由杨晦接任。

8 月，参加教育部召开的常用字座谈会，为简化汉字做准备。

10 月，先生被聘为中国科学院专门委员。

1951 年　　五十岁

4 月，参加"九三学社"。

在《国学季刊》第 7 卷第 2 期上发表论文《故宫完整本王仁昫〈刊谬补缺切韵〉续论之甲》。

在《语文教学》第 2 期上发表论文《祖国语文的特点》。

在 6 月 23 日、7 月 7 日、7 月 21 日《光明日报》上发表论文《汉语、汉字和汉文——〈中国语言文字概论〉课的总结汇录》。

6 月，出席文改研究会召开的汉字拼音注音问题座谈会。

9 月，出席第一届全国出版会议。

先生被聘为北京市政协第一届委员会委员。

1952 年　　五十一岁

2 月，中国文字改革研究会正式成立。先生任委员，兼汉字整理组副主任。完成了《简化字方案》第一稿。

在《新建设》第 2 期上发表论文《从汉字发展的情况看改革的条件》。

在《语文教学》第 6 期上发表论文《从"语"到"文"的教学观念》。

在《中国语文》第 10 期上发表论文《汉字发展史上简体字的地位》。

1953 年　　五十二岁

10 月，《新华字典》(第一版)由人民教育出版社出版，第一次印刷 30 万册，以后多次修订再版，1998 年统计已发行 3.4 亿册，是我国历史上使用最为广泛的一部工具书。

11 月，完成《简化字方案》第二稿。

在《语文学习》第 11 期上发表论文《说"的"》。

1954 年　　五十三岁

上半年,完成《简化字方案》第三稿、第四稿。

7 月,参加对《简化字方案》第四稿再次整理工作。

10 月,《简化字方案》第五稿完成,提出拟简化汉字 803 个。

11 月,国务院设立直属机构中国文字改革委员会,先生任委员。同月,文改会第一次常委会将《简化字方案》第五稿分成三个表,合称《汉字简化方案草案》,上报中央。12 月,中央发出《关于讨论汉字简化方案的指示》。

1955 年　　五十四岁

1 月 7 日,文改会发表《汉字简化方案(草案)》,向全国各地广泛征求意见,采取组织各界人士座谈讨论和投票的方式,先生参与主持了对讨论情况的汇总研究。

1 月 8 日,先生被文改会任命为汉字整理部副主任。

2 月,任《中国语文》编委。

在 2 月 2 日《光明日报》上发表论文《跟一位朋友谈〈汉字简化方案草案〉》。这篇文章是魏先生的长文《汉字整理工作和文字改革的关系》中的一部分。

在《中国语文》第 2 期上发表论文《汉字简化的历史意义和汉字简化方案的历史基础》。

在《文学书刊介绍》8 月号上发表论文《略论〈西游记〉的结构形式和语言工具的成就》。

9 月,在汉字简化方案审订委员会第二次会议上,先生做了对《汉字简化方案》投票结果和意见整理情况的汇报。

在北京大学开古代汉语课。

10 月,中国科学院哲学社会科学学部成立,先生被聘为学部委员,同时被聘为科学院语言研究所学术委员。出席现代汉语规范问题学术会议。

在《新建设》第 12 期上发表论文《对"文字改革"的提法和看法的问题》。

1956 年　　五十五岁

1 月,先生被聘为中国科学院语言所普通话审音委员会委员。

在《语文学习》9、10、11 月号上发表论文《同义词和反义词》。

在《中国语文》第 2 期上发表论文《驳唐兰先生的文字改革论》。

9 月 6 日 14 时,写成《给李九魁同志的一封信——〈广韵韵摄反切表〉代序》。

在《文艺报》第 10 期上发表《忆三十年代的鲁迅先生》。

1957 年　　五十六岁

2 月,文改会推定胡乔木、吕叔湘和魏建功三人为汉语拼音方案委员会委员,进一步修订《汉语拼音方案》。

5 月,文改会成立汉字整理临时委员会,先生任委员。

在《中国语文》第 8 期上发表论文《我对汉字改革的一些粗浅看法——1957 年 4 月 27 日在中国文字改革委员会会议上的讲演》。

在《北京大学学报》(人文科学)第 4 期发表论文《〈切韵〉韵目次第考源——敦煌写本〈归三十字母例〉的史料价值》。

在《文艺报》第 29 期上发表《关于鲁迅先生旧体诗木刻事及其他》。

在《中国语文》第 12 期上发表论文《迎接新的文化高潮的前奏——〈汉语拼音方案草案〉帮助汉字通读正音的重大意义》。

撰写《汉语文学语言史讲授提纲(第一部分)》(1957 年初稿),见《魏建功文集》第四卷。

1958 年　　五十七岁

1 月,赴西北地区负责宣传《汉语拼音方案》。被聘为国务院科学规划委员会语言组组员。

在《北京大学学报》(人文科学)第 2 期发表论文《〈切韵〉韵目四声不一贯的解释——附论韵书音类相从问题》。

秋,在全国批判"资产阶级学术"的风潮中,先生与周祖谟一起被北大中文系 55 级语言班聘为"备顾问",参与集体编订建国后第一部成语词典《汉语成语小词典》。

1959 年　　五十八岁

在《中国语文》第 4 期上发表论文《从"国语"运动到汉语规范

化——纪念五四运动四十周年》。

在《语文学习》4 月号上发表论文《五十四年前语文学习的回忆》。

在《剧本》第 5 期上发表《“五四”到“五卅”期间北大戏剧实验社的话剧活动——忆前四十年的大学生文娱活动》。

6 月，在《语言学论丛》第 3 辑上发表论文《文字改革问题和正字法(文字规范)问题》。

在《语文学习》10 月号上发表论文《语文工作发展跃进中的体会》。

夏，先生受中宣部、高教部委托，在北京大学创办古典文献专业，经北京大学行政与文史哲三系协商，设置在中文系。这是全国高校第一个古典文献专业。先生任古典文献专业主任，同时出任中文系副主任。9 月，古典文献专业第一届新生入学。

1960 年　　五十九岁

8 月，在《语言学论丛》第 4 辑上发表论文《关于汉语实词分类的问题——在北京大学中文系 1959 年“五四”科学讨论会上的书面发言》。

12 月，中科院哲学社会科学学部会议和中宣部座谈会。

1961 年　　六十岁

在《中国语文》第 3 期上发表论文《参加辞书编辑和古籍整理工作的体会》。

在《中国语文》第 9 期上发表论文《〈钱玄同先生与黎锦熙先生论“古无舌上、轻唇声纽”问题书〉读后记》。

冬，由国务院任命为北京大学副校长。

1962 年　　六十一岁

在《民间文学》1、2 月号发表论文《〈歌谣〉四十年》。

在《民间文学》2 月号发表论文《〈歌谣〉发刊四十周年纪念》。

9 月，文改会成立《汉字简化方案》总结修订七人小组，先生为小组成员。

先生被聘为国务院古籍整理出版规划领导小组组员。

在北大开文字、音韵、训诂课程，撰写讲义《文字、音韵、训诂》(讲授提纲)，见《魏建功文集》第三卷。

1963 年　　六十二岁

2 月，完成《简化汉字修订方案》（草案）修订。

11 月，出席中科院哲学社会科学学部委员扩大会议。

先生被当选为第三届北京市人大代表和第三届全国人大代表。

1964 年　　六十三岁

5 月，《简化字总表》正式出版。

1965 年　　六十四岁

7 月，出席文科教材编审工作座谈会。

1970 年　六十九岁

国务院科教组组织 30 多人班子修订《新华字典》，先生为七人领导小组成员。

1971 年　七十岁

夏，完成《新华字典》的修订工作。转入修订《汉语成语小字典》。

1972 年　七十一岁

5 月 29 日、30 日、31 日，写信给曹先擢讨论词典编纂问题。这两封信以《关于词典编纂问题致曹先擢同志的两封信》为题，刊登在 1998 年《学术集林》卷 13。

1973 年　　七十二岁

10 月，由中共中央最高层负责人提议，先生任职“清华北大两校大批判组”顾问，参加编制《林彪与孔孟之道》（材料之一），分工查找孔孟原话并做注释。

1974 年　七十三岁

5 月，参加审订法家著作注释稿，整理《三字经》故事，写《幼学琼林》出版说明，圈选《古文观止》。

1975 年　　七十四岁

1 月，当选全国人大代表，出席第四届人大会议。

5 月，出席国家出版局召开的中外语文词典编写出版规划座谈会。

1976 年　　七十五岁

9 月 2 日，写成《对 1976 年修订〈新华字典〉方案（草案）的意见》，见《魏建功文集》第五卷。

1978 年　　七十七岁

抱病参加《辞源》(修订版)的审稿工作。

1979 年　　七十八岁

4 月,先生被聘为北京大学学术委员会委员。

7 月 10 日—12 日,写成回忆文章《讲义费风潮》,刊登在 1980 年《鲁迅研究文丛》上。

10 月,出席第四次中国文学艺术工作者第四次代表大会。

11 月 27 日,出席纪念罗常培先生八十诞辰座谈会,做了《继往开来出力多》的发言,发言稿(附:《中国文学系语言文字学组课程总纲》,罗常培、魏建功拟)刊登在商务印书馆 1984 年出版的《罗常培纪念论文集》上。

1980 年　　七十九岁

元旦,书写老舍 42 年前所作律诗奉送胡絜青。

2 月 18 日中午 11 时 50 分,以尿毒症病逝于北京医科大学第一附属医院,享年 79 岁。

5 月 6 日,魏建功追悼会在八宝山召开,到会有叶圣陶、王力、吕叔湘、周扬等 500 余人。

附:发表时间不详的魏建功先生学术论著目录

1.《中国语言文字学专书选读——〈说文〉》,收入《魏建功文集》第四卷 51—107 页。

2.《国语的德行》,收入《魏建功文集》第四卷 373—375 页。

3.《中国声韵学概要》,收入《魏建功文集》第一卷 332—570 页。

4.《关于戏文》(原题《张协状元(永乐大典戏文)疏札》,收入《魏建功文集》第五卷,310—313 页。

5.《学无不暇簃随笔》(四则),收入《魏建功文集》第四卷,201—206 页。

本年谱引用参考文献

1. 曹达,《魏建功年谱》,《文教资料》1996 年 5 期;

2. 魏乃、魏至、魏重,《魏建功先生传略》,《文教资料》1996 年 4 期;

3. 魏至,《魏天行(建功)先生年表》,《炎黄文化研究》第一辑,大象出版社 2004 年;
4. 顾启,《〈魏建功年谱〉早期部分订补》,《文教资料》2001 年 6 期;
5. 丁赋生、顾启,《语言学家魏建功及其前期学历订补》,《闽江学院学报》2003 年 1 期;
6. 丁赋生、顾启,《魏建功与民间文学研究》,《南通航运职业技术学院学报》2003 年第 4 期;
7. 鲁国尧,《台湾光复后的国语推行运动和〈国音标准汇编〉》,《语文研究》2004 年 4 期;
8. 漆永祥,《魏建功先生朝鲜授课事略》,《炎黄文化研究》第一辑,大象出版社 2004 年;
9.《魏建功文集》,江苏教育出版社 2001 年。
10.《中国现代语言学家传略》第三卷,"魏建功"条,河北教育出版社 2004 年。